国家自然科学基金"中国人口逆向迁徙的空间模
（项目号：423012761001233）

北京市教育委员会社会科学基金"基于京津冀协同视角的北京农产品区域品牌化机理研究"（项目号：SM201610017003）

北京农产品区域品牌化机理研究

—— 基于京津冀协同发展视角

张传统 ◎著

企业管理出版社
ENTERPRISE MANAGEMENT PUBLISHING HOUSE

图书在版编目（CIP）数据

北京农产品区域品牌化机理研究：基于京津冀协同发展视角 / 张传统著 . —北京：企业管理出版社，2023.10

ISBN 978-7-5164-2882-5

Ⅰ.①北… Ⅱ.①张… Ⅲ.①农产品 – 品牌战略 – 研究 – 北京 Ⅳ.① F323.7

中国国家版本馆 CIP 数据核字（2023）第 158835 号

书　　名：	北京农产品区域品牌化机理研究——基于京津冀协同发展视角
书　　号：	ISBN 978-7-5164-2882-5
作　　者：	张传统
策划编辑：	赵喜勤
责任编辑：	赵喜勤
出版发行：	企业管理出版社
经　　销：	新华书店
地　　址：	北京市海淀区紫竹院南路 17 号　邮编：100048
网　　址：	http://www.emph.cn　　电子信箱：zhaoxq13@163.com
电　　话：	编辑部（010）68420309　　发行部（010）68701816
印　　刷：	北京厚诚则铭印刷科技有限公司
版　　次：	2023 年 11 月第 1 版
印　　次：	2023 年 11 月第 1 次印刷
开　　本：	710mm×1000mm　　1/16
印　　张：	15.5 印张
字　　数：	227 千字
定　　价：	78.00 元

版权所有　翻印必究·印装有误　负责调换

前　言

京津冀协同发展，将形成城市经济发达和城乡一体化发展带。无论是从土地资源配置来看，还是从现代城市发展需求来看，京津冀地区传统大宗农产品生产规模将相对缩小，同时，京津冀域内农业生产中，初级农产品供给过剩，高精优品牌农产品供给不足。北京都市农业发展迅速，但是农业品牌化发展滞后，农产品竞争还停留在产品种类竞争和价格竞争等初级阶段，不能适应北京新定位和京津冀协同发展新要求——提供高精优品牌农产品。品牌农产品已成为北京消费者信赖和消费的主要选择。农业品牌化是农业现代化的核心标志。北京农业品牌化发展需要由农产品区域品牌来带动。农产品区域品牌是传递产品质量信息的新途径，有助于北京小规模、高素质农业生产者以较低成本实现品牌化。发展农产品区域品牌，能提携农产品品牌发展，实现农业增效、农民增收，形成稳定市场份额。同时，发展农产品区域品牌，能够挖掘区域农业原生资源价值，强化北京农业品牌发展基础，促进北京农业高质量发展和乡村振兴发展，满足人民日益增长的美好生活需要，继而促进京津冀地区农业协同发展。

农产品区域品牌是一种较优制度设计，但北京农产品区域品牌发展存在现实和理论困境。因此，基于京津冀协同视角来研究北京农产品区域品牌发展机理，既有助于经济学、管理学相关理论在农业经济领域的应用，为北京农业经济发展、农产品品牌发展和区域农业协同发展提供理论指导，又有助于推进北京农业产业升级，解决北京农业生产分散、小规模化和品牌化滞后问题，并有效提升农业竞争力，为政府制定农业品牌政策提供依据。

本书依据经济学和管理学知识，在梳理农产品区域品牌及其特性、原产地效应理论、农业产业化理论和农产品区域品牌发展影响因素等相关理论的基础上，通过研究北京农产品区域品牌发展现状，分析农产品区域品牌发展机理，研究多品牌案例，探索性构建北京农产品区域品牌发展影响因素模型，并采用 SPSS22.0 和 AMOS24.O 统计软件，以北京 60 个农产品区域品牌样本数据进行实证检验，进而提出北京农产品区域品牌发展对策。

本书的研究结论主要有：①北京农产品区域品牌发展整体态势良好，一方面，品牌数量多、地域性强、区域分布差异大、在优势区域内集聚、发展速度快、类别集中；另一方面，北京农产品区域品牌也存在一些问题和困境，主要是农产品区域品牌管理滞后，建设方向不明、建设措施不力、建设权责不清和缺乏顶层设计，区域品牌发展受重视不够、品牌意识弱，品牌产品链短、初级农产品占大多数、农产品质量有待提高，品牌建设主体力量薄弱、农业优势资源挖掘不够等。②多案例研究表明，区域优势、农业产业优势、经营管理优势和政府扶持优势是影响北京农产品区域品牌发展的关键因素。北京各地应根据实际情况，优选有优势的农产品类别，通过充分挖掘区域优势、凝聚农业产业优势，强化品牌经营管理优势，充分发挥政府扶持引导优势，发展农产品区域品牌。③影响因素模型实证研究表明，北京农产品区域品牌发展是基于政府强力扶持优势，及其对区域优势、农业产业优势和品牌经营管理优势等因素实施正向调节的结果。④区域优势通过正向影响经营管理优势，进而间接影响农产品区域品牌发展。自然地理环境依赖为农产品区域品牌提供自然功能价值，人文因素和历史传承为农产品区域品牌塑造出独特文化情感价值。⑤农业产业优势通过正向影响经营管理优势，进而间接影响农产品区域品牌发展。农业产业规模化、农业产业现代化和农业产业经营服务一体化等农业产业优势发展促进了农产品区域品牌发展。⑥品牌经营管理优势对北京农产品区域品牌发展成为区域名牌具有显著正向促进作用。品牌经营管理优势的充分发挥依赖于品牌授权、监督规范、服务指导和营销推广等农产品区域品牌管理机制建立。⑦政府扶持方向和力度，尤其是对区域优势、农业产业优势和品牌经营管理优势等实施正向调节引导，主导着农产品区域品牌的发展方向、发展速度及可持续发展能力。⑧发展北京农产品区域品牌，必须大力发挥区域优势，推进和优化农业产业优势，强化品牌经营管理优势，发挥政府宏观调控优势，谋划北京农产品区域品牌发展顶层设计，建立统一的北京农业品牌管理机制。

  本书的研究特色与创新有：①从农产品区域品牌及其特性、原产地效应理论、农业产业化理论和农产品区域品牌发展影响因素等方面研究北京农产品区域品牌，开辟了农产品品牌研究的一个新视角，丰富了农产品品牌研究的内容，拓宽了农产品品牌研究的内涵。②探究北京农产品区域品牌发展现状和发展机理，通过多案例研究，构建北京农产品区域品牌发展影响因素模型，实证检验北京农产品区域品牌是基于政府扶持引导的区域优势、农业产业优势、品牌经营管理优势等实施正向或间接互动影响的必然结果。③研究北京农产品区域品牌发展对策，为北京农产品区域品牌发展提供有意义的借鉴。

目 录

1 北京农产品区域品牌发展与挑战导论 ……………………… 1
　1.1 研究背景 ……………………………………………… 1
　1.2 研究意义 ……………………………………………… 6
　1.3 研究目标与研究内容 ………………………………… 7
　1.4 研究方法与技术路线 ………………………………… 8
　1.5 研究的可能创新 ……………………………………… 11

2 理论与文献综述 …………………………………………… 12
　2.1 农产品区域品牌及其特性 …………………………… 12
　2.2 农业产业化理论 ……………………………………… 20
　2.3 原产地效应理论 ……………………………………… 23
　2.4 农产品区域品牌发展的影响因素 …………………… 26
　2.5 本章小结 ……………………………………………… 36

3 北京农产品区域品牌发展现状研究 ……………………… 37
　3.1 数据获取 ……………………………………………… 37
　3.2 数据分析 ……………………………………………… 38
　3.3 研究结论 ……………………………………………… 44
　3.4 本章小结 ……………………………………………… 44

4 北京农产品区域品牌发展机理研究 ……………………… 45
　4.1 区域优势对北京农产品区域品牌发展的影响机理 …… 45
　4.2 农业产业优势对北京农产品区域品牌发展的影响机理 …… 50

4.3　经营管理优势对北京农产品区域品牌发展的影响机理 …… 54
　　4.4　政府扶持优势对北京农产品区域品牌发展的影响机理 …… 59
　　4.5　北京农产品区域品牌发展影响因素作用机理分析 ………… 61
　　4.6　本章小结 …………………………………………………… 63

5　北京农产品区域品牌化模式多案例研究 …………………………… 64
　　5.1　案例研究说明 ………………………………………………… 64
　　5.2　多品牌发展模式案例分析 …………………………………… 65
　　5.3　品牌发展影响因素分析 ……………………………………… 108
　　5.4　研究结论 ……………………………………………………… 122
　　5.5　本章小结 ……………………………………………………… 123

6　农产品区域品牌发展影响因素实证研究 …………………………… 125
　　6.1　研究设计 ……………………………………………………… 125
　　6.2　数据收集与变量测定 ………………………………………… 140
　　6.3　数据分析与结果 ……………………………………………… 145
　　6.4　实证检验结果 ………………………………………………… 161
　　6.5　讨论与启示 …………………………………………………… 170
　　6.6　本章小结 ……………………………………………………… 171

7　北京农产品区域品牌发展对策研究 ………………………………… 172
　　7.1　培育区域优势，实现农产品区域品牌精确定位和
　　　　 高质量发展 …………………………………………………… 173
　　7.2　发掘和完善北京农业产业优势 ……………………………… 176
　　7.3　完善北京农产品区域品牌的经营与管理 …………………… 181
　　7.4　强化北京市政府调控与扶持引导 …………………………… 187
　　7.5　建立促进农产品区域品牌发展的国家层面制度 …………… 193
　　7.6　本章小结 ……………………………………………………… 196

8 北京农产品区域品牌化机理研究结论 ……………… 198
8.1 主要结论 ……………… 198
8.2 不足与展望 ……………… 202

参考文献 ……………… 203
附录 ……………… 222

1 北京农产品区域品牌发展与挑战导论

1.1 研究背景

1.1.1 京津冀协同发展背景下北京农产品区域品牌发展面临的挑战

京津冀要打造成以首都为核心的世界级城市群,将形成城市经济发达和城乡一体化发展的都市连绵带。无论是从土地资源配置来看,还是从现代城市发展需求来看,京津冀地区传统大宗农产品生产规模将相对缩小,现代高效农业、休闲农业和都市农业将快速发展。当前,京津冀地区农业生产中,一般性产品、大路产品相对较多、供给过剩,但优质农产品、安全农产品、功能专用农产品相对较少、供给不足,不能满足人民群众日益升级的食品消费需求。

北京都市农业发展迅速,但农业品牌化发展滞后,农产品竞争还停留在产品种类竞争和价格竞争等初级阶段。北京农业企业普遍缺乏品牌建设的意识、动力和能力,普遍认为建设品牌不重要、不值得或者太难。因为农业品牌建设是个长期工程,短期投入或少量投入见效不明显,规模小的农业企业只重眼前利益,不愿意过多投入;农产品区域品牌的假冒伪劣等侵权行为频繁发生,且查处成本大;农业企业没有足够资金用于品牌建设,因为北京农业企业多为中小企业,产业集中度低,效益不理想,资金严重缺乏。

由此可知，北京农业业态丰富，但品牌发展缓慢，不能适应北京新定位和京津冀协同发展的新要求——提供高精优品牌农产品。农业品牌化是农业现代化的核心标志。品牌农产品已成为北京消费者信赖和消费的主要选择。受小农思想影响，农业企业、农户缺乏发展农业品牌的能力。区域品牌需要挖掘农业原生资源价值，强化北京品牌农业发展基础，提携农产品品牌发展，促进北京农业高质量发展和乡村振兴，实现京津冀农业跨区域市场协同发展。农产品区域品牌有助于小规模、高素质农业生产者以较低成本实现品牌化，但北京发展农产品区域品牌存在现实困境和理论困境。

1.1.2 北京农业发展转型升级和提高农产品市场竞争力需要由品牌来带动

促进农业规模化、标准化、产业化和市场化的重要手段之一就是发展农业品牌。国际经验证明，发展农业品牌能够促进农业产业结构升级和农产品质量提高，实现农业增效增收。2013年12月，习近平总书记在中央农村工作会议上指出："要大力培育食品品牌，让品牌来保障人民对质量安全的信心。"因此，品牌化已经成为农业现代化水平的核心标志（李亚林，2010），加快推进农业品牌建设已经成为转变农业发展方式、加快推进现代农业的一项紧迫任务。

农业品牌化可适应中国社会消费升级和农业发展转型升级的需要。随着北京城乡居民收入增加和生活水平提高，城乡居民对高端优质农产品的需求增加，更加注重营养健康和食品安全。品牌农产品逐渐赢得消费者信赖，成为居民消费农产品的主要选择。农产品缺乏值得信赖的品牌，现代农业发展成果将遭到消费者"一票否决"。因此，要尊重农业生产的特殊性，区别农业与工商业的差异性，发展农业品牌，形成农产品多元价值，满足消费者的多元消费需求（韩秉智和王瑛，2010），提升农产品溢价能力和竞争能力，引导象征消费，让品牌进驻消费者内心。农业品牌化过程是促进农业发展升级、实现农业由数量型、粗放型增长向质量型、效益型增长转变的过程（陈亚，2013）。

农业品牌化是实现农业增效、农民增收和提高农产品市场竞争力的需要。品牌能够形成稳定的消费群体和稳定的市场份额，没有品牌的产品难免滞销卖难（张娣杰等，2011）。所以必须挖掘我国农业原生资源价值，基于地域文脉发展农产品品牌。我国许多优质农产品产量位居世界前列，但缺乏具有国际市场竞争力、占据高端市场的农产品品牌。占据中低端市场的优质农产品无法实现高溢价。要基于农业实际，因地制宜，挖掘地域农产品与区域文脉的深度联系，加强农产品品牌发展顶层设计，形成多方参与、结构合理的农产品区域品牌、农业企业品牌、农产品品牌的中国农业品牌金字塔，创造多种品牌互为背书、共同繁荣的发展新局面（崔丽，2015）。

1.1.3 北京农业品牌化发展需要由农产品区域品牌来带动

农产品区域品牌是有效传递农产品质量信息的新途径。当今世界经济发展已经进入品牌经济时代，世界各国开始重视农业品牌化发展，重视农产品的原产国（地）和来源地。区域品牌化的核心是集中一致的沟通战略的产生过程（Hall，1999）。区域品牌形象需要被规划、管理和营销，区域品牌化是区域营销的"正确"方法（Vermeulen，2002）。随着绿色安全农产品成为消费主流，品牌营销也成为农产品经营的主要方式之一（陈建光，2009）。农产品质量特征的隐蔽性，使消费者很难真实完整地了解农产品信息（周发明，2006）。农产品区域品牌作为一种标识，向消费者传递农产品的质量特征（李亚林，2010），成为向消费者传递农产品质量信息的重要信号（黄洁，2008），是消费者做出购买决策的重要信息源（王艳，2008）。

农产品区域品牌是北京农业品牌发展的新价值基础。农产品区域品牌是指在一个具有特定的自然生态环境、历史人文因素的区域内的农业主导产业中，由农业相关组织注册控制，并授权若干农业生产经营者共同使用的、以

"产地名+产品（类别）名"形式构成的、体现为集体商标或证明商标品牌类型的农产品品牌。因此，农产品区域品牌是地域性和产业特色性的有机结合，是各种因素长期沉淀的结果。农产品区域品牌是特定区域代表，被称为一个区域的"金名片"（马清学，2010）。发展农产品区域品牌，可以保护优势农产品品种资源和环境，可以传承地方传统加工工艺，可以开发历史文化民族资源，可以扩大传统农产品原产地声誉，可以创新农业产业集群。每一个农产品区域品牌的发展创建，都是以某种优势资源为主导，综合运用多种资源的成果。这种品牌承载着千百年农耕文化的深厚沉淀，也反映了近年来我国各地区农产品生产与现代品牌管理模式的交互整合，体现了我国特色农业的延续、升级以及新的意义和价值的创造。

农产品区域品牌以"品牌伞"带动北京农业品牌发展。农产品区域品牌突出区域独特性和公共性特征，就像大伞一样，而众多农业企业品牌和农业生产者则受到这把"品牌伞"的提携和庇护。发展农产品区域品牌能够规范相关企业之间的经营行为，促进农业产业健康发展（周洪霞，2012）；克服单个企业参与市场交易的分散性和风险，获得产业化聚集效应和较高市场竞争力（姚晓红，2012）；优化配置生产要素，促使农业增长由粗放增长向集约增长转变，促进农业经济持续稳定发展（曹慧娟，2013）。

农产品区域品牌发展促进农业增效、农民增收。有研究表明，农产品区域品牌对农业总产值的影响贡献系数达到0.36，对农民增收的影响贡献系数达到0.39（张传统和陆娟，2014）。实践也证明，发展农产品区域品牌实现了农业增效、农民增收。农产品区域品牌产品单价比注册前有大幅提高（许文苹等，2012）。农产品区域品牌农产品价格普遍比同类产品价格高出20%~90%（王寒等，2008）。"大兴西瓜"达到每千克13元，比市场上同类产品单价高5倍，大大增加了农民收入（《法制日报》，2010-06-2）。2010年，山东"泰安苹果"从业人口达到24.5万人，总收入4.6亿元，农民人均增收748元，苹果产业繁荣带动了包装、加工、运输、服务等行业全面发展①。通过"平谷大桃"产业,搞活"平谷桃花节"和"秋季采摘节",将旅游、文化、体育和农业紧密结合起来,获得良好经济社会效益。在2009年"平谷桃花节"中,平谷共接待游客190.8万人次,实现旅游收入5045万元,同比分别增长31.8%和32.4%(刘军萍和王爱玲,2010)。

1.1.4 北京农产品区域品牌发展不成熟,需要研究

如何挖掘北京各区域农业优质原生资源?如何通过整体规划设计,确定农业品牌发展明星企业,引导明星企业成为区域品牌龙头企业,共同发展区域品牌和企业品牌,带动北京农业品牌高质量发展?这些问题亟须深入研究来指导解决。

同时,在京津冀协同发展下,北京作为世界性城市,虽然也重视发展农产品地理标志,但农产品区域品牌发展不成熟,缺乏对农业品牌发展机理的研究,且存在理论与现实困境:①北京农产品区域品牌化现象是偶然的还是必然的?②北京农产品区域品牌是如何发展起来的,发展机理是什么,主要影响因素有哪些?③由于农业分散化经营,农民处于弱势,北京农产品区域品牌发展壮大急需一个组织牵线搭桥,是该由政府牵头,还是由龙头企业、农业产业协会或合作社来牵头,还是建立专门机构来牵头,来改变目前品牌经营管理水平滞后局面?亟须研究和实践。④北京农产品区域品牌具有"公共性",易产生"搭便车"、损害品牌声誉、侵害消费者权益等问题,以及"品牌同源"农产品假借"区域品牌"侵权等。如何挖掘整合农产品区域品牌资源潜力,整合品牌传播,打造强势品牌?亟待进行理论研究和顶层设计。⑤北京农产品区域品牌经营管理水平滞后。总之,破解困境需要创新品牌理论和顶层设计。

---

① 资料来源:2011年农业农村部收集农产品区域品牌数据库。

1.2 研究意义

1.2.1 理论意义

通过北京农产品区域品牌发展现状研究、北京农产品区域品牌发展机理研究、北京农产品区域品牌案例研究，构建北京农产品区域品牌发展影响因素模型并实证检验，研究提出北京农产品区域品牌发展对策等，开辟了在京津冀协同背景下研究农产品品牌的一个新视角，有利于充分了解和掌握北京农产品区域品牌发展的现状和基础，掌握北京农产品区域品牌发展机理和发展机制。通过研究北京农产品区域品牌发展影响机理，丰富了农产品品牌发展理论。通过对北京农产品区域品牌发展进行案例研究，构建北京农产品区域品牌发展影响因素模型进行实证研究，掌握了影响北京农产品区域品牌发展关键因素的作用机理，丰富了农产品品牌理论的内涵。通过对北京农产品区域品牌发展的对策研究，进一步丰富了农产品品牌理论的实践指导价值，为北京传统区域名优特农产品资源品牌化高质量发展提供了有价值的理论借鉴。同时，基于京津冀协同视角来研究北京农产品区域品牌化机理，有助于创新品牌理论，促进农业品牌高质量发展、产业升级和乡村振兴，提升农业现代化发展水平，为政府制定农业品牌政策提供依据，为探求京津冀农业品牌高质量发展提供借鉴。

1.2.2 实践意义

为北京农业品牌发展提供新思路。北京农产品区域品牌化机理研究，为集聚优化北京区域优质农业资源，推进北京区域农业高质量发展提供了一条新途径。借助北京农产品区域品牌发展，极大提高农产品附加值，为区域名优特农产品资源的品牌化发展提供了新方法，更好地引导北京各区因地制宜发展农产品区域品牌。引导北京挖掘各区县名优特农产品原生资源和文脉资源，发展区域品牌，优化升级产业结构和品牌结构。促进企业品牌和农产品区域品牌互为背书，完善农产品品牌结构。为北京发展区域特色农业经济和制定农业品牌规划提供依据。北京农产品区域品牌研究能够引导社会各界从战略上重视农产品品牌发展，促进北京农业企业品牌和农产品区域品牌互为背书，形成较为完善的农产品品牌发展结构，促进区域特色农业经济发展。

1.3 研究目标与研究内容

1.3.1 研究目标

研究总目标：探究北京农产品区域品牌发展机理。

1.3.2 研究内容

研究内容：①京津冀协同背景下北京农产品区域品牌发展现状与挑战。②北京农产品区域品牌化模式多案例研究。③北京农产品区域品牌发展机理研究（实证研究）。④北京农产品区域品牌发展对策研究。

基于上述研究目标，本书在对已有文献进行回顾的基础上，通过对影响北京农产品区域品牌发展的区域优势因素、农业产业优势因素、经营管理优势（协会主导）因素、政府扶持优势因素等的深入研究分析，探究北京农产品区域品牌发展机理，研究北京农产品区域品牌发展对策，引导北京农产品区域品牌健康快速可持续发展。研究总思路遵循"北京农产品区域品牌发展现状研究——北京农产品区域品牌发展机理研究——北京农产品区域品牌多品牌案例研究——北京农产品区域品牌发展影响因素案例研究——北京农产品区域品牌发展影响因素实证研究——北京农产品区域品牌发展对策研究"的研究思路（如图1-1所示）。

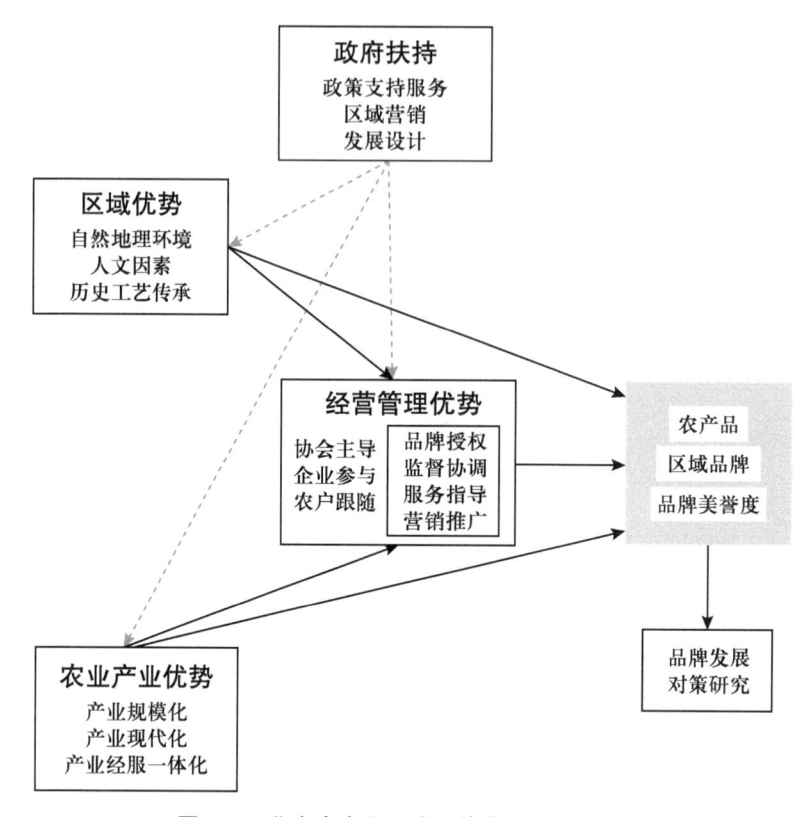

图 1-1　北京农产品区域品牌发展研究总框架

1.4　研究方法与技术路线

1.4.1　研究方法

本书主要采用理论探讨与实证分析相结合的研究方法，具体研究方法如下。

1.4.1.1　文献分析法

通过收集阅读相关文献，特别是近几年国际国内发表的相关论文，对有关区域品牌、农产品区域品牌、原产地效应、现代战略管理、品牌竞争力、管理学、营销学、经济学等方面的文献进行了梳理、总结、归纳，提炼本书所涉及的关键概念与测量指标。

1.4.1.2 案例分析法

案例研究是一种研究策略，关键在于理解某种单一情境下的动态过程。案例研究一般综合运用多种数据收集方法，如文档资料、访谈、问卷调查和实地观察（蔡俊，2008）。案例研究可实现不同研究目标，如提供描述、检验理论或者构建理论。由案例研究构建理论一般采取的完整路径如下：第一步，启动。第二步，案例选择。第三步，研究工具和程序设计。第四步，进入现场。第五步，数据分析。第六步，形成假设。第七步，文献对比。第八步，结束研究，尽可能达到理论饱和。

1.4.1.3 实地调查研究

北京农产品区域品牌的形成和发展受到多种因素的影响，为了获得一手研究资料和数据，并在此基础上进行实证研究，本书主要通过实地调查访谈和征求专家意见进行调查。笔者深入北京、天津、河北、浙江、山东等数个省（直辖市）进行实地调研，通过与所管理和使用品牌的农业企业、生产基地、农村工作委员会（以下简称农委）、合作社、协会等单位高层管理者、部门负责人的面对面交流访谈，征询其对农产品区域品牌发展的意见和建议。

1.4.1.4 问卷调查法

在文献梳理和访谈的基础上，设计本研究的调查问卷，通过咨询相关专家学者及营销专家对本研究问卷的意见，对问卷进行修改和完善。基于大量文献分析和实际调研访谈以及参考专家意见，梳理和设计影响北京农产品区域品牌发展的量表题项。构建了四个北京农产品区域品牌发展影响因素量表：区域优势量表、农业产业优势量表、品牌经管优势量表、政府扶持作用量表。设计调查问卷，实地调研填写问卷，获得数据。

1.4.1.5 内容分析法

内容分析法用定量分析方法来分析定性问题，以文本内容的"量"的变化来推论"质"的变化，是一种定量与定性相结合的研究方法（王丹，2009）。本书主要采用内容分析法技术对深度访谈内容进行分析，结合文献回顾和相关理论基础分析，以尽可能地归纳总结出影响因素维度指标和各维度构成测量指标。

1.4.1.6 结构方程模型分析

根据文献研究综述和相关理论探索，提出研究假设，构建北京农产品区域品牌影响因素模型。通过设计问卷、制作量表、面对面调研访谈与记录获得一手数据。通过预调研、正式调研，基于相关数据，利用 SPSS 软件和 AMOS 软件，实证检验影响因素作用机理模型。

1.4.2 技术路线

本研究的技术路线如图 1-2 所示。

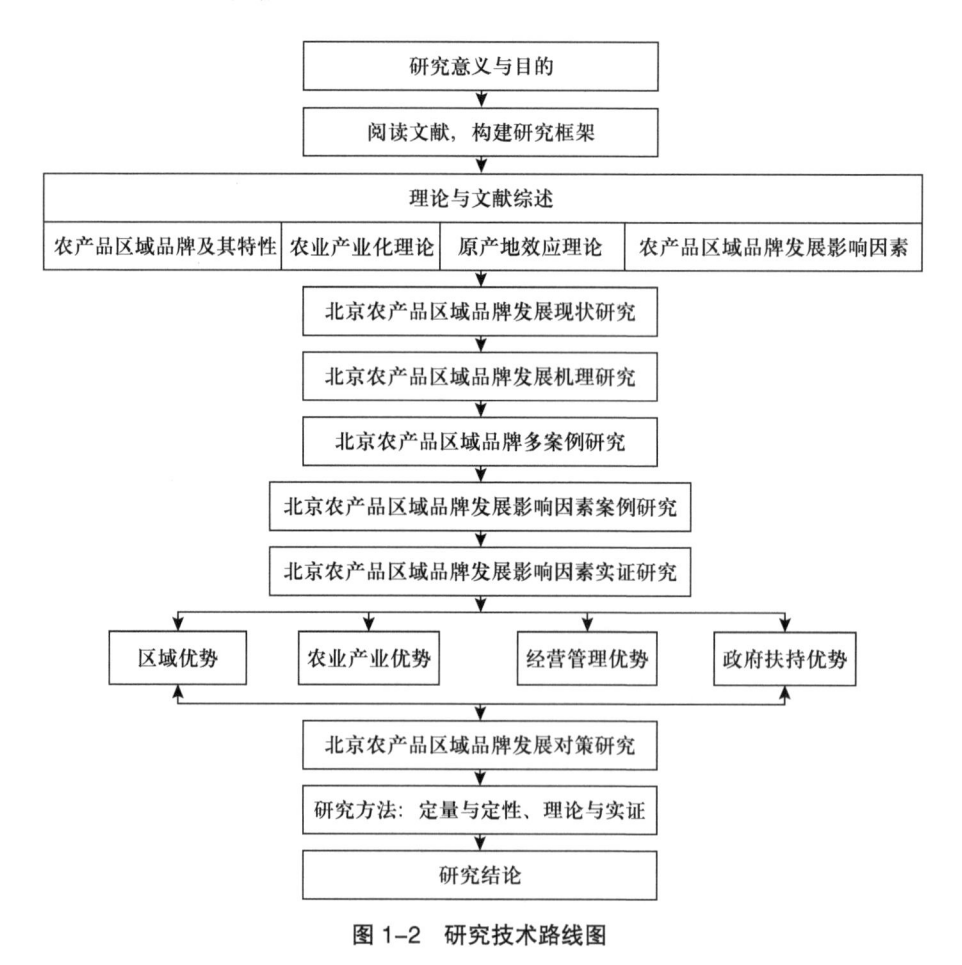

图 1-2 研究技术路线图

1.5 研究的可能创新

本研究可能有以下三个方面的创新。

第一，首次对北京农产品区域品牌发展机理进行了较为系统全面的研究。基于农产品区域品牌及特性、原产地效应理论、农业产业化理论和农产品区域品牌发展影响因素等理论与前人研究成果，探究北京农产品区域品牌发展影响机理，开辟了农产品品牌研究的一个新视角，丰富了农产品品牌研究内容，拓宽了农产品品牌研究的内涵。

第二，创新性探究了北京农产品区域品牌发展现状和发展机理，并且通过多案例研究，构建了北京农产品区域品牌发展影响因素模型，实证检验了北京农产品区域品牌发展是政府强力扶持和调节的区域优势、农业产业优势、品牌经营管理优势等因素正向或间接影响的递进结果，不仅解决了北京农产品区域品牌发展影响机理和发展机制困境，而且从定性与定量相结合的视角进行了科学解释和实证检验。同时，探究北京农产品区域品牌发展对策，从培育区域优势、发掘农业产业优势、完善品牌经营管理、强化政府扶持优势和建立国家层面的品牌发展制度方面进行了具体对策研究，从理论上和实践上对北京农产品区域品牌发展与建设提供了有意义的借鉴。

第三，本书针对北京农产品区域品牌发展机理进行的理论探讨和实证分析都具有一定的开拓创新性。研究逻辑框架和研究内容、实证研究都是在实际调研收集数据、多品牌案例研究、构建结构方程模型分析等基础之上进行的。因此，本书研究成果在一定程度上补充和完善了本领域国内外研究，从理论和实践上为农产品区域品牌发展提供了重要借鉴。

2 理论与文献综述

因为北京农产品区域品牌发展离不开特定的原产地域自然环境,更离不开农业产业化发展,而科学的经营管理能有效提升北京农产品区域品牌的组织化水平和竞争力,品牌影响因素则必然影响品牌发展效率。所以,为了更好地研究北京农产品区域品牌发展,非常有必要对农产品区域品牌及其特性、原产地效应理论、农业产业化理论、农产品区域品牌发展影响因素等理论,以及前人的研究成果进行梳理和归纳评述,从而为后续章节的研究提供重要理论支撑。

2.1 农产品区域品牌及其特性

2.1.1 区域品牌

2.1.1.1 区域品牌的概念

目前学术界关于区域品牌尚无统一术语表达,常见的有 Place Brand、City Brand、National Brand、Country Brand、Geo-Brand、Regional Brand、Urban Brand、Destination Brand 等。

Rainisto(2003)研究认为区域品牌是指一个区域借助其独有的吸引力来建立区域识别。而 Shimp 则认为区域品牌是一个由名称、标识和声誉等构成的、向其消费者提供的、所有区域产品的组合。

国内也有一些学者对区域品牌的概念进行了界定。区域品牌也称"区位品牌""区域产业品牌",是指在某一地域内形成的、具有一定的生产规模和市场竞争力的、以原产地域为名的品牌（洪文生，2005）。区域品牌是以地区名加上该地域特定产业或产品名组成的、具有一定知名度和美誉度、体现为该地域产业整体行为的集体品牌（胡大立，2005）。总之，区域品牌以"区域名+产品品类名"形式出现，泛指以地域命名的公共品牌，包括国家品牌、地区品牌、城市品牌和目的地品牌等。

本书认为，区域品牌是指在某一特定地域内具有一定生产规模和市场占有率的产品，借助产地名形成"区域名+产品名"的形式，为域内生产经营该类产品的企业所共同拥有和使用的，具有较高的整体形象和影响力的集体品牌。区域品牌包含两个要素：一是"区域"，二是"品牌"。"区域"是指它的区域属性，这不同于一般的产品和企业品牌，其限定在一个行政或地理区域内，反映区域内的自然或资源优势。"品牌"是指它的品牌效应，代表着区域产品的主体和形象。

2.1.1.2 区域品牌的性质

关于区域品牌的性质主要有以下四种观点。

两属性观点。区域品牌具有区域特性和品牌特性。区域特性是指区域品牌限定在一个地域范围内，具有强烈的地域特色。品牌特性是指区域品牌是区域产业产品的整体形象代表，对区域经济有很大的辐射带动作用（张光宇等，2005）。集群产业品牌是与某个集群特定的主导产业及其产品联系在一起，同时在区域空间集聚形成的（郑海涛等，2005）。

三属性观点。该观点一致认为区域品牌具有区域特性、品牌特性和产业特性。区域特性是区域品牌的区域特征的表现，品牌特性是区域品牌的基本要素，产业特性构成了区域品牌的基本内容。

四属性观点。该观点一致认为区域品牌除了具有区域特性、品牌特性和产业特性以外，还具有公共品属性。例如学者孙丽辉（2007）研究认为区域品牌具有区域特性、产业特性、品牌特性和公共品特性四种属性。

五属性观点。该观点认为区域品牌具有区域特性、品牌特性、产业特性、公共品特性和外部性五种属性。区域品牌外部性由正外部性和负外部性组成。区域品牌正外部性是指区域品牌塑造良好区域形象，带动区域内企业品牌发展，形成"晕轮效应"。区域品牌负外部性是指区域品牌对"搭便车"管理不善，会形成"柠檬市场"，导致逆向选择，产生"危机株连效应"，使整个区域内企业品牌笼罩在难以摆脱的阴影中。

2.1.1.3 区域品牌的影响因素

（1）品牌管理因素。区域品牌与企业品牌相似，表现在区域品牌经营管理活动中，可以使用企业品牌的营销战略和营销工具（Rainisto，2003）。为了传输一致信息，有必要将区域品牌产品当作一个整体（Kavaratzis，2005）。区域营销可建立统一区域形象，使区域产品更能赢得顾客满意。区域形象非常重要，必须被系统地营销，以形成"区域品牌资产"（Papadopouos 等，2002）。

（2）区域政府因素。政府领导对发展区域品牌具有重要推动作用。发展区域品牌关键在于地区行政领导重视和强力扶持（Allen，2007）。区域品牌化战略成功的关键在于领导。政府具有调动区域内各种资源和制定区域发展战略的功能，政府各个部门在区域品牌化中的目标要协调一致。

（3）利益相关者因素。区域品牌成功的前提是赢得区域内利益相关者的支持（Allen，2007）。区域品牌发展要求区域内利益主体采取统一行动、传递一致信息、兑现统一品牌承诺。政府、企业、社区、社会活动家等都是利益主体，他们会把自身利益作为评价基础。此外，居民和媒体也是影响区域品牌化的重要推动力量。

（4）品牌战略因素。区域品牌战略管理就是将品牌架构和战略管理运用到区域品牌管理中来。目前关于区域品牌战略有三种观点比较流行：第一种是"品牌光谱"理论。该理论提出区域品牌的四种战略模式，即品牌群战略、背书品牌战略、副品牌战略和统一品牌战略（Aker，1992；Dooley 等，2005）。第二种是"品牌关系谱"理论。该理论提出五种模式，即区域品牌整体战略、区域品牌背书战略、区域品牌伞战略、企业品牌战略、区域品牌与企业品牌互惠战略（Mihailovich，2006）。第三种是"品牌连接谱"理论。

该理论提出区域品牌发展战略架构包括四种形式，即区域形象—个体品牌联合模式、地区形象—个体品牌连锁模式、个体品牌策略—地区形象连锁模式、个体品牌专业化模式（Ikuta等，2007）。

（5）区域品牌传播。主要传播策略有广告宣传、事件营销和公共外交。广告宣传是区域品牌最常用传播手段。事件营销是一种塑造区域独特价值、有效塑造区域形象的方法。借助国际公共交往平台，宣传特色国情和有关政策，塑造良好国家形象。另外，区域品牌传播策略还有互联网虚拟营销、农事节庆营销、会展营销、自媒体传播等新型营销传播手段。

2.1.1.4 区域品牌的效应

区域品牌对区域经济有积极辐射带动作用，可以推动主导产业发展和带动区域内其他相关产业发展。因此，区域品牌具有强大的品牌辐射效应。

国内学者从不同角度研究区域品牌效应。从一般品牌效应视角来研究，认为区域品牌效应可概括为：识别效应、搭载效应、聚集效应、辐射带动效应（陈方方等，2005；邓恢华等，2005）。从品牌构成要素来研究，认为区域品牌具有搭载效应（"晕轮效应""光环效应"）、集聚效应和激励效应（熊爱华，2008）。从品牌属性来研究，认为区域品牌具有公共产品属性、管理主体非唯一特性、准统一品牌特性、区域边界特性、产业优势特性和产业集群路径依赖特性。因而区域品牌有辨识促销效应、区域品牌外部正效应、区域品牌伞效应、区域品牌自强化与品牌维护效应、更持久的品牌效应等（梁文玲，2007）。从区域产业集群视角研究，认为区域品牌有企业品牌功能效应、产业集群效应和集群地域效应等（吴传清等，2008）。区域品牌对企业品牌的功能效应主要表现为成本效应、品牌伞效应和产品促销效应；区域品牌对产业集群的效应主要有产业升级效应、集群根治性强化效应和竞争力提升效应；区域品牌对区域的效应主要表现为区域营销效应、区域要素聚集促进效应和区域经济发展的乘数效应。孙丽辉（2004）较为系统地论述了区域品牌与产业集群之间的互动效应机理，把区域品牌效应概括为吸聚效应、扩散效应、协作效应和竞争效应。还有学者研究了区域品牌负效应，认为在区域品牌发展中存在"柠檬市场""羊群效应""公共地悲剧"等现象。

2.1.2 农产品区域品牌

2.1.2.1 农产品区域品牌概念界定

（1）国内外学者对农产品区域品牌概念的研究界定。国外学者只对"区域名+农产品名"形式进行了简单界定，而对农产品区域品牌概念缺乏清晰具体的界定。Thode 和 Maskulka（1998）曾对概念进行了说明，认为农产品区域品牌是以"区域名+品类名"的形式出现，在某一农产品名前冠之以地理产地名称，如佛罗里达橙汁、智利辣椒、华盛顿苹果、比利时巧克力、荷兰郁金香等。在农产品前增加区域名称，能够更好传播农产品的风味、口感、香味及其他质量特征。

国内学者主要从以下三个角度对农产品区域品牌概念进行界定研究。第一，最具有代表性的是部分学者从独特自然环境资源、悠久生产加工历史视角来界定农产品区域品牌。如郑秋锦等（2008）对农产品区域品牌概念进行界定，认为其是指基于独特自然资源和悠久种养加历史的农产品，经区域政府扶持和农业产业组织等营销主体经营管理，形成带有明显区域特征的、经授权被区域内农业生产经营者使用的农产品品牌。农产品区域品牌的表现形式主要有集体商标和证明商标、地理标志、无公害农产品标志。李亚林（2010）界定农产品区域品牌为基于独特自然资源和悠久种养加工艺历史的农产品，经长期发展而被市场公认的、具有较高知名度和美誉度的农产品品牌。李亚林还指出，农产品区域品牌是区域内农业生产经营者共同享用的公共品牌。胡正明和蒋婷（2010）指出区域品牌必须以"区域名+产品名"来命名，必须包含区域、产品和品牌三要素，且区域与产品不可分离，继而指出只有在地域刚性，依靠特有的无法替代的自然资源发展起来的地方农产品及其加工产品才能称之为"区域品牌"。第二，部分学者从农业产业化视角来界定。刘丽等（2006）认为农产品区域品牌是基于农业产业集群，以产业化为载体，以区域为核心，通过创建统一优质农产品品牌行动，增强区域农产品的竞争力，促进区域经济增长。吴菊安（2009）认为农产品区域品牌是以地理标志为主的、由区域内生产经营者共同使用的农产品品牌标志，包括无公害产品、绿色食品和有机食品等标志，其形成是基于区域农业产业集群之上的消费者对原产地形象的总体认知。郭红生（2006）认为农产品区域品牌是指基于区域内农业产业集聚而形成的稳定持续的竞合体，是由地域内农业生产经营者共同使用的公共品牌标志。第三，其他一些学者从市场竞争力视角来界定。马清学（2010）认为农产品区域品牌是某区域内的众多农产品生产经营者竞合的结果，是该区域内某类农产品的知名度和美誉度的总和。

综上所述，国内学者对农产品区域品牌的概念界定，主要有以下三种观点：①从产业集群视角进行界定：农产品区域品牌是农业产业集群发展的结果。②从区域名优特农产品视角进行界定：农产品区域品牌是基于地方名优特农产品、以悠久人文历史为内涵，冠之以行政或经济区域名称，享有较高知名度和美誉度，具有较高商业价值的品牌。③从地理区域视角定义：农产品区域品牌是某个特定地理区域的品牌，是社会公众对该区域核心价值的总体认知，如泰国香米。

（2）农产品区域品牌的概念。品牌是一个名称、标志或符号，用来识别特定生产者、经营者、销售者的产品或服务，使之与其他同样的产品或服务区别开来。

集体商标，又称"团体商标"，是指以团体组织名义进行注册的商标，有组织资格的成员受许可后方可在商业活动中使用。集体商标的作用是展示使用该商标的集体组织成员所经营的商品服务具有共同特点，证明商标是指以区域内具有检测和监督某种商品或服务的能力的组织注册的，由区域内该组织之外成员经授权后方可使用的商品商标或服务商标。

农产品区域品牌是指在一个有特定自然生态环境和历史人文因素的区域内的农业主导产业中，由农业相关组织注册控制，并授权由若干农业生产经营者共同使用的，以"产地名+产品（类别）名"形式构成的，体现为集体商标或证明商标类型的农产品品牌。

农产品区域品牌的发展基于以下三种情形：一是自然环境的独特。独特的地理环境、日照、土壤、气候、水质等条件，直接影响农产品的品质，即使是同一种农产品，在不同产地会形成不同特色，"橘生淮南则为橘，生于淮北则为枳"。二是人文历史的传承。区域内围绕农产品逐渐形成根植民间的故事传说、消费习俗和文化惯例，为品牌发展积累了深厚品牌文化。三是悠久的生产加工历史。世世代代的传承使某区域内的某农产品的种植方法和加工方法与众不同，这也会促使农产品区域品牌的产生。

2.1.2.2 农产品区域品牌的特性

农产品区域品牌属于集体品牌，是地域性和产业特色性的有机结合，是各种因素长期沉淀的结果。因此，农产品区域品牌具有以下四种特性。

（1）无形资产性。农产品区域品牌是一个特定区域生产历史、地方文脉、美誉度和产品质量的整体体现，具有重要的原生资源价值。农产品区域品牌不仅能够提高农产品附加价值，提升区域农业竞争力，而且是一种重要的区域财富，是区域农业持续、快速发展的保证。因此，农产品区域品牌被称为区域"金名片"。

（2）文化传承性。区域内的某一特色农产品的生产、种植、养殖和加工方法，经过千百年的传承，成为区域悠久历史、丰富文化和劳动人民智慧的结晶，显得与众不同，具有很高的信誉度和美誉度。农产品区域品牌具有深厚原生人文内涵，富含特定产地文脉因素，形成产品"地方特色"。农产品区域品牌表现出的"地方特色""地方感"、文化价值感等，赋予区域农产品鲜明的地域个性、品质个性和独特竞争优势，是区域文化的综合象征。农产品区域品牌已经成为区域经济社会发展的一项重要文化资产。

（3）区域公共物品性。萨缪尔森定义的公共物品为：任何一个人对该产品的消费都不会减少其他人对该产品的消费的产品。农产品区域品牌产权属于区域所共有，因而农产品区域品牌具有公共物品性，具体表现在两方面：第一，农产品区域品牌具有非排他性，即区域内所有经济主体都可使用农产品区域品牌而不受阻止；第二，农产品区域品牌具有非竞争性，即该区域内任一经济主体使用农产品区域品牌都不增加社会成本、不影响其他主体使用。农产品区域品牌的公共物品性，如果管理不善必然产生"搭便车"，形成"柠檬市场"，从而导致逆向选择。

（4）农业产业化是农产品区域品牌发展的基础。农业产业规模化、产业集中度、产业竞争力是农产品区域品牌发展的重要基础，为农产品区域品牌发展提供持续的产业原生动力支持。因此，农产品区域品牌一般须建立在独特区位资源产业基础上，借助名优农产品原生资源优势才能形成。

2.1.2.3 农产品区域品牌的产权特点与发展模式

（1）农产品区域品牌的产权特点。农产品区域品牌具有公共物品性，属于公共产权。农产品区域品牌产权具有以下特点：①区域内外产权排他性不同，对区域内所有从事该农产品生产经营的经济主体具有非排他性，对区域外经济主体则具有排他性；凡是区域内的生产经营该农产品的经济主体有资格使用该区域品牌，而区域外的经济主体则必须得到授权方可使用。②农产品区域品牌具有非竞争性，区域内任一经济主体使用农产品区域品牌不影响其他主体的使用权利、不增加社会成本。

由于农产品区域品牌具有公共产权特点，导致产权不清晰、"所有者缺位"，因而产生一系列问题，如"搭便车""公共地悲剧""柠檬市场""危机株连"等。因此，非常有必要建立和完善农产品区域品牌产权治理机制，明晰产权，依法确定农产品区域品牌所有权主体，同时对农产品区域品牌产权进行分割，促进所有权和使用权分离，依法对农产品区域品牌使用权进行管理授权等。农产品区域品牌属于区域共有，其所有权及其收益权属于区域内全部主体，但其品牌使用权可以采取协议或有偿转让形式建立排他性权利。

（2）农产品区域品牌的发展建设模式。我国农产品区域品牌发展模式主要有以下三种。

第一种，人文历史传承型。虽然这类农产品区域品牌与当地土壤富含营养元素、气候适宜、地理地质独特等有关，但最主要的原因是有关农产品内涵的人文历史文化传承。而这类农产品区域品牌最为重要的不是产品本身的物理价值，而是其悠久的历史和深厚的文化底蕴。这类农产品区域品牌以西湖龙井、洛阳牡丹等为代表。

第二种，特优自然原生资源型。农产品区域品牌产品的优良品质主要是由区域特殊地理区位的自然原生资源决定的，具有刚性。这类农产品区域品牌是利用当地特优农业原生资源优势而逐步发展起来的，新疆哈密瓜、中宁枸杞就是典型代表。

第三种，产业链型。这类农产品区域品牌主要基于当地规模化种植和产业化发展，依靠当地政府的强力扶持及龙头农业企业大力发展，积极利用现代科技、引进现代管理模式、强化品牌管理，不断延伸产品链条，形成以"名优农产品"为支柱产业的"向上、平行、向下"纵横向一体化建设的农业产业集群。这类农产品区域品牌以金乡大蒜、龙口粉丝、云南花卉、五常大米、平谷大桃为代表。

2.2 农业产业化理论

农业产业化是农产品区域品牌发展的重要基础，为农产品区域品牌发展提供产业动力支撑，并提高品牌竞争力。

农业产业化起源于第二次世界大战后，最早从美国开始发展起来，此后逐渐传入西欧发达国家，如英国、法国等，后来传入亚洲的日本、韩国等发达资本主义国家。农业产业化的核心是建立农业生产经营服务一体化结构，通过经济法律纽带将农业产前、产中、产后等环节有机串联成一个运行整体。20世纪80年代中后期，随着我国农村经济改革实践的发展，农业产业化才开始起步。

农业产业化是农业市场经济发展到一定阶段的必然产物。农业产业化促进了区域经济、农业产业集群、农产品商品基地等的发展。农业生产规模的扩大，特别是农业企业规模的扩大和数量的增加，尤其是农产品生产、加工和运销企业等生产要素的组成比例的匹配性扩大，为农业产业化发展奠定了坚实基础。

2.2.1 农业产业化概念

国内外学者对农业产业化概念进行了界定研究。

农业产业化又叫"农业产业一体化"。美国学者戴维斯和戈尔德伯格研究认为农业产业一体化就是农业综合经营。牛若峰（2000）认为农业产业化是以市场为导向，以农户经营为基础，以龙头农企为依托，以经济效益为中心，以综合服务为手段，通过种养加、产供销、农工商一体化经营，将农业产前、产中、产后等环节连接为一个产业系统。熊爱华（2010）认为农业产业化是把农业产供销各环节连接起来，构成涵盖农业生产全过程的一体化经营产业链条。

总而言之，农业产业化是以市场为导向，以效益为中心，以产品为重点，优化整合各种要素，形成区域化布局、规模化发展、专业化生产、系列化加工、社会化服务、企业化经营的种养加、产供销、农科教等一体化经营体系（孙丽辉，2009），促使粗放注重数量的生产农业向集约注重质量的现代农业转变的产业组织形式。

2.2.2 农业产业化的特征

国内学者李秉龙在其著作《农业经济学》中对农业产业化的特征、组织模式和运行机制等进行了较为系统的论述。他指出农业产业化是把农产品的生产、加工、销售诸环节连接成完整农业产业链的一种经营体制（李秉龙，2008）。

相比于传统封闭的农业生产经营方式，农业产业化具有以下四个特征（李秉龙，2008）：①农业生产专业化。农业产业化把农产品生产、加工、销售等环节连接为一个完整的产业体系，形成每类主体专业化、每个环节专业化和每块区域专业化的农业产业化经营发展格局，继而形成更大范围的农业专业化分工与社会化协作的格局。②农业企业规模化。农业产业化是通过多种形式联合，形成"市场牵龙头、龙头带基地、基地联农户"的贸工农一体化经营方式（杨迎春，2005），将农业"小生产"与"大市场"紧密联系起来，促使城乡一体化发展、农业工业化发展和一产三产化发展，形成适应市场需求、提高产业档次、降低交易成本、提高经济效益的现代农业。③农业经营一体化。农业产业化通过多种形式联合，形成"市场牵龙头、龙头带基地、基地联农户"的贸工农一体化经营体制，使外部经济内部化，降低交易成本，提高农业比较利益（胡宇婧，2014）。④农业服务社会化。农业产业化经营各环节的专业化，促使龙头农业企业、生产基地、合作社组织和农业科技机构等对产业化经营体内各部分提供产前、产中、产后的信息、技术、经营、管理等全方位服务（马清学，2010），促进生产要素更加合理配置并有效结合起来。

通过农业产业化经营，可形成"市场牵龙头、龙头带基地、基地连农户"等的贸工农一体化、产供销一体化等格局，增加农业附加值，提高农业比较收益。服务社会化促进农业服务的专业化、规范化和综合化发展，形成一个综合生产经营服务体系，提高了农业的微观效益和宏观效益。

2.2.3 农业产业化的形式

农业产业化经营形式多样，但大致有以下三种类型。

第一，"企业+农户"类型。这是一种最普遍且较容易的组织形式，主要是龙头农业企业通过与农户签订经济合同（生产协议）的方式，将农户生产并入农业龙头企业的生产经营当中，建立起一个相对比较紧密的有机体系。农业龙头企业根据合同为农户提供良种等生产资料，提供技术指导服务，最后企业以特定价格收购农户的农产品，进行统一加工和对外销售。这种方式根据当地资源优势，通过农业龙头企业带动千家万户，推动农业支柱产业走上规模化、一体化道路。

第二，"合作社+农户"类型。这种合作社属于经济合作组织，是由农民自愿联合组建的，具有某种农产品的专业化、规模化生产特征。其以市场为导向，通过联合形成跨区域的农业产加销一体化经营的合作组织，形成适度规模生产，联合走向市场。有些行业把合作社称为"专业协会"，如茶叶专业协会、水果协会等。专业合作社一般采用股份合作制形式来进行联合。

第三，"集体服务组织+农户"类型。国家在各个地方的基层技术服务组织，普遍在当地提供从技术服务到参与农业生产经营活动的一系列服务。乡村集体组织也从加强统一服务出发，建立起一些经营性的服务组织。这些服务组织与农户结合起来，以中介组织的身份承担起把农民生产和市场有机连接起来的责任。

2.2.4 农业产业化的组织模式

农业产业化组织模式主要是指农产品生产者与加工营销商的连接方式。农业产业化经营的组织模式主要分为纵向协作和横向协作，其中纵向协作方式主要有公开市场、合同制和纵向一体化，而通过横向联合纵向协作的组织模式主要是农业合作社经营模式。

2.3 原产地效应理论

农产品区域品牌理论的重要理论基础之一是原产地效应。

品牌原产地是指品牌来自哪个国家或地区。这些国家或地区被称作"原产地"（Country of Origin，COO）或"××制造"（Made in）。Jaffe 和 Nebenzahl（2001）研究认为原产地形象是指消费者对来自某国某地的产品的总体感知。

原产地效应是指消费者对品牌原产地的总体认知会影响消费者对原产地产品的评价和购买决策（Schoole，1965）。消费者对某国（地）产品所具有的总体性认知（Perception），是源于消费者长期形成的对该国（地）生产和营销的感知。国外学者 Anderson 和 Jolibert 研究认为原产地形象对消费者购买意向的影响系数达 0.19。国内学者李东进等（2008）认为原产地效应是指在一个国家内某一地区形象影响消费者评价产品的程度。

2.3.1 原产地效应的起源与发展

自从美国学者 Schooler（1965）提出原产地效应（Country of Origin Effect）以来，学术界开始重视关注原产地效应。随着研究的深入发展和范围的扩大，原产地效应研究从最初的概念界定，逐渐扩展到原产国效应的存在性（Schooler，1965）、原产地效应的影响因素（Nagashima，1970）、原产地效应作用机理（Erickson 等，1984；Han，1989）、混合来源国效应（Tse 等，1993）。后来又发展到"民族优越感对原产国效应的影响""发展中国家的原产地效应""原产国效应的管理应用"等。

2.3.2 原产地效应影响因素

2.3.2.1 影响原产地效应的产品因素

不同的产品种类或产品属性会产生不同的原产地效应（Han 等，1988；Roth 等，1992）。原产国效应是否发生及其作用大小应该视产品属性信息是否存在、是否具有可诊断性、是否容易评价而定。当产品信息明确时，熟悉产品的消费者不会利用来源国信息进行产品评价；但当产品信息模糊时，他们就会利用原产国信息来评价。而且对于比较复杂的产品，消费者倾向于使用原产国线索，因而会产生较强的原产国效应；对于卷入程度低的便利品类别，原产国效应就会减弱。而且产品类别对原产地效应的影响更显著。

2.3.2.2 影响原产地效应的消费者因素

消费者的产品熟悉度、产品卷入程度和消费者人口统计因素等对原产地效应会产生巨大影响。消费者多次购买使用某国（地区）产品，会降低原产地效应影响（Johansson 等，1985）；相反，如果消费者缺乏购买外国产品的经验，则会利用对产品或品牌的原产国的刻板印象来评价产品。消费者产品卷入程度高低与原产地效应作用大小负相关。消费者年龄、文化程度与原产地效应之间存在正相关关系，女性受原产地效应的影响显著（Schooler，1965）。

2.3.2.3 影响原产地效应的消费国因素

产品来源国与消费者本身（本国）所拥有价值理念的相似程度，以及产品制造国的政治制度和文化背景，都会影响消费者对产品来源国（制造国）形象的感知评价（Bilkey 等，1982）。消费者决策不但受"认知因素—原产国形象和情感因素—爱国主义或民族情感"这几种因素的影响（Han，1989），而且国家形象偏见对产品评价的影响差异也具有跨文化性，如人们往往对与消费国本身拥有相近信仰或价值观的来源国（制造国）品牌产品给予更积极的评价。

2.3.3 原产地效应的作用机制

原产国作为一种标志，通过传递产品质量信号来影响消费者对产品的评价（Han，1989），消费者也可依据原产国来推断产品的属性信息。原产国是一种已经形成的有关国家的刻板印象，消费者利用这种刻板印象来评价该国新产品。这种通过原产地形象来影响消费者的产品评价被称为原产地效应作用机制。

原产地效应主要有光环构念、总结性构念（Han，1989）和灵活性模型（Knight 和 Calantone，2000）三种作用机制。光环构念是指当消费者对某国产品不了解且缺乏使用经验时，原产国形象就直接影响消费者对该国其他产品的信念和态度的作用过程。总结性构念是指消费者对某国产品比较了解或有使用该国产品的经验，产品知识和经验抽象出消费者的原产地形象，间接影响消费者对该国其他具体产品的态度的作用过程。这就是原产地形象效应的第二种作用机制。灵活性模型认为基于消费者体验和受到国家形象影响的产品信念直接影响消费者的产品或者品牌态度（汪伟，2013）。

国内一些学者也对原产地效应进行了研究。王海忠和赵平（2004）研究认为品牌原产地显著影响消费者的品牌信念和购买意向。吴坚和符国群（2007）研究认为产品制造国对消费者的产品品质评价产生显著影响，品牌来源国对消费者购买意愿产生显著影响。将品牌从形象高的来源国转移到形象低的发展中国家生产，有可能降低消费者的产品品质感知，但不一定影响消费者的购买意愿（陈姝婷，2010）。因此，品牌来源国在影响消费者的方式上明显有别于产品制造国。

2.4 农产品区域品牌发展的影响因素

纵观国内外研究，国内外学者主要从区域因素、农业产业因素、品牌经营管理因素和政府因素等来定性论述研究农产品区域品牌发展的影响因素。

2.4.1 区域因素

国外学者的研究主要强调"区域名"和"产地来源"对农产品品牌的重要性和作用。把品牌"联系"到其地理来源地，表明某农产品产生于特定地域，用地理来源区别表示农产品的特定口感、质量、声誉或其他特性，从而成为地方性的独特身份证明，凸显其产品的正宗身份，赢得目标消费者的信任，并提供一种质量保证（Lury，2004）。Lilly White等认为爱达荷州马铃薯委员会注册了"爱达荷州马铃薯"商标，乔治亚州农业部注册了"Vidalia"洋葱品牌，主要是为了促进和保护区域识别特有的农产品。Clemens和Babeock（2004）基于对新西兰羊肉的案例研究，认为在羊肉前冠之以国家名，能够帮助消费者有效识别并区分开新西兰羊肉和其他地区肉类产品，从而使消费者考虑优先购买新西兰羊肉。产地来源（区域）是一个重要的品牌差异化工具，通过强调地理来源和产地关键因素建立基于地理的营销战略，进而提升品牌价值（Thode和Maskulka，1998）。在同质化竞争中，通过地方（区域）元素品牌化，既突出了产品的地理差异，又可以获得消费者认同（Amin，2004）。地理来源在消费者决策中扮演了一个重要角色，包括愿意为食品区域品牌产品支付更高的价格。地理位置是酒品牌定价中的一个重要组成部分（Brooks，2003）。对购买类似牛肉和新鲜产品等食品产品的消费者而言，地理来源将是一个重要的考虑因素（Wolfe 等，2001；Hayes 等，2002）。

国内学者对区域优势因素的研究很多，但主要是从自然地理资源优势、人文历史传承等方面来研究区域因素对农产品区域品牌发展的影响。指出区域自然地理资源优势为农产品区域品牌发展提供物质基础，而区域文化历史传承积淀则丰富了农产品的区域品牌内涵、塑造了独特的品牌文化、提高了知名度和美誉度、赢得了消费者忠诚和信任。

区域自然地理资源对农产品区域品牌的影响。国内学者研究认为区域自然地理资源禀赋是农产品区域品牌形成发展的基础和核心。区域独特自然地理环境和特有的种养方式，是发展农产品区域品牌的基础（夏雷，2007）。农产品区域品牌的区域特征、资源优势和人文历史内涵与原产地域密切相关，如烟台苹果、新疆哈密瓜、库尔勒香梨、西湖龙井等（王爱红，2009）。薛桂芝（2010）认为农产品生产高度依赖区域自然地理资源条件。何迪（2011）指出自然资源禀赋可赋予并强化农产品品牌的区域特征，农业的资源禀赋主要是指特定地域的先天资源禀赋因素，如气候、纬度、水土、土壤类型、植被特征等，都会直接影响农产品的生长过程和质量品质，赋予农产品独特的区域特征。

区域人文历史传承对农产品区域品牌的影响。国内研究主要强调人文因素的历史传承是塑造农产品区域品牌的重要文化基础，是获得消费者信赖的重要因素。每一个特定地域（区域）都有自己普遍沿袭的人文历史传承和人文精神（夏雷，2007）。区域人文风貌、历史文化、传统工艺等在农产品区域品牌发展中起着重要作用（黄洁，2008）。农产品区域品牌地方特色化发展的主要影响因素之一是区域人文环境（许基南等，2010）。河南"四大怀药"（怀山药、怀地黄、怀菊花、怀牛膝）因盛产于怀庆府辖区而扬名，这是"四大怀药"具有最名贵区域品牌形象的核心要素（马清学，2010）。"洛阳牡丹"之所以"甲天下",成为洛阳的名片,最根本的原因是洛阳所具有的与牡丹相关的悠久人文历史文化。文化基因是沟通连接农产品与消费者情感的一个特殊支点(黄俐晔,2008)。

国内一些学者也强调了人文历史传承因素在建设农产品区域品牌中的重要作用。依托地域独特历史人文资源,挖掘农产品区域品牌的历史文化底蕴,将品牌宣传融入当地的文化生活中,不仅能丰富区域品牌的文化内涵,增强区域品牌的情感价值和精神价值,而且最终会凝聚成区域品牌的特色(李亚林,2010)。挖掘品牌文化内涵,从文化底蕴方面来强化农产品区域品牌的整合营销传播(曹垣,2007)。挖掘文化底蕴是扩大区域品牌知名度的捷径。应充分利用地域传统文化资源优势,有效提升农产品区域品牌知名度和美誉度(瞿艳平等,2005)。把区域文化注入农产品区域品牌,可赢得消费者群忠诚,增加消费者认同(沈鹏熠,2011)。

还有部分学者强调农事节庆活动、科技创新因素对发展农产品区域品牌的作用。胡晓云等(2011)以美国大蒜节、加拿大枫糖节、中国洛阳牡丹节、中国北京大兴西瓜节、国际祈门红茶节、中国西湖龙井开茶节等节庆活动为例,构建农事节庆活动对农产品区域公用品牌发展的影响力评价模型,认为农事节庆活动正在成为中国农产品区域品牌发展的新型营销手段。利用现代科技来培育良种、创造优良生长环境,同样可以创造出适销对路的具有优良品质的产品和农产品区域品牌。河南原阳县通过"引黄淤灌、改土治碱、种植水稻"技术创新,采取培育优良品种、科学种植和精加工等措施,使"原阳大米"获得"中国第一米"美誉(马清学,2009)。

综上所述,国内学者的研究表明区域优势因素对农产品区域品牌的发展起到很大的促进作用,要注重有效利用自然地理资源优势、充分挖掘人文历史工艺传承资源优势,打造农产品区域品牌的差异化。同时也强调了自然地理环境资源优势对农产品区域品牌的发展具有刚性约束,文化历史传承利于品牌文化内涵的挖掘和品牌形象的塑造。国内学者都强调区域优势是打造农产品区域品牌的手段和工具,这与国外强调原产地效应和区域营销的研究有相同之处，而且国内研究多采用定性描述而缺少实证分析，较少系统地深入研究区域优势对农产品区域品牌发展的影响。

2.4.2 农业产业因素

国内学者主要从优良农产品品质、产业规模化、产业现代化、农业产业经营服务一体化等方面，来定性研究农业产业优势对农产品区域品牌发展的影响作用。

2.4.2.1 农产品品质对农产品区域品牌的影响

国内研究强调优良农产品是农产品区域品牌发展的核心要素。马清学（2010）研究指出名特优农产品是农产品区域品牌发展的核心。刘丽和周静（2006）提出要塑造农产品质量文化。吴菊安（2009）认为农产品区域品牌是区域内的以"三品一标"为主的品牌。刘丽和周静（2006）认为在建设农产品区域品牌时，应按照WTO协议中有关食品安全和动植物卫生健康标准，积极推行ISO9000、ISO14000系列质量环境标准。沈鹏熠（2011）指出为有效提高农产品质量，要按标准组织生产管理、健全农产品质量安全体系。刘丽和周静（2006）指出利用现代育种技术，加快品种优化过程，应用储运和加工技术提高农产品区域品牌附加值。

2.4.2.2 农业产业规模化对农产品区域品牌的影响

国内学者认为农业规模化是农产品区域品牌发展的产业基础。大力发展农产品区域品牌，需要支持龙头农业企业，实施产业化经营，让龙头农业企业成为区域品牌创建主体（熊明华，2004）。农业标准化是农产品区域品牌发展的重要保障（瞿艳平等，2005）。扩大基地建设规模，加大基地投入，增加科技含量，完善基地利益关系，能提高农产品区域品牌的原料质量（陈建光，2009）。牟子平等（2004）指出"寿光蔬菜"品牌产业化模式是蔬菜产业领跑、科技助力、产业化经营，将品牌纳入农业发展整体规划中，延伸了蔬菜产业链，形成储藏包装、运输流通、服务科研、会展旅游等一大批产业。

2.4.2.3 农业产业现代化对农产品区域品牌的影响

国内学者主要从农业产业化、农业标准化、农业信息化、提高劳动者素质和可持续发展等方面,来研究农业产业现代化在农产品区域品牌发展中的作用。农业产业化组织是区域品牌发展的产业组织基础(周华,2009)。发展农产品区域品牌要建立健全农业和农产品标准化体系(刘丽等,2006)。卢岚、邱先磊和王敬(2005)研究认为农业标准化建设要结合农产品地域品牌建设,建立农业标准化示范区。吴菊安(2009)认为实施农业标准化生产,制定农产品质量标准,实行严格产品质量控制,强化农产品基地生产管控,严控肥料、农药等其他农业投入品使用,实行产前、产中、产后全程质量控制。李亚林(2010)指出为保障区域品牌农产品品质,必须建立农业质量标准保证体系和严格质量管控机制。农业产业化集生产、加工、储运、营销及相关产业于一体,既能实现区域品牌农产品全程质量控制,又能吸纳同类企业共创品牌,是发展农产品区域品牌的有效途径(陈建光,2009)。

2.4.2.4 农业产业经营服务一体化对农产品区域品牌发展的影响

农业产业经营服务一体化是发展农产品区域品牌的重要推手。农产品区域品牌是农业生产专业化、产业经营一体化和服务社会化发展的必然结果(吴菊安,2009)。农业产业体系在区域品牌发展中发挥着重要的中介作用(张月莉,2012)。农业企业在特定地域集聚,促进了农产品区域品牌发展(吴菊安,2009;沈鹏熠,2011),促进农产品产供销等供应链体系的一体化,保证了农产品质量和标准体系的完善(沈鹏熠,2011)。农产品区域品牌发展的主要因素之一是农业产业集群优势(胡正明和王亚卓,2010)。产业集群是农产品区域品牌发展的重要基础(吴菊安,2009)。农业产业集群促进农产品区域品牌产业化发展(崔俊敏,2009)。培育和发展农业产业集群是发展农业区域品牌的首要任务(朱玉林等,2006)。刘丽和周静(2006)认为"龙头农企+产业集群+农户"的产业模式,更易发挥规模优势,塑造良好农产品区域品牌形象。要扶持龙头农业企业来发展农产品区域品牌(陈建光,2009)。龙头农企是发展农产品区域品牌的支柱(沈鹏熠,2011)。

综上所述，国内学者研究认为农业产业优势对农产品区域品牌发展具有重要影响，也从农产品品质、产业规模化、产业现代化和产业经营服务一体化视角，采用定性研究方法进行研究论述。但由于缺少或很少采用定量分析和实证研究，研究缺乏系统性，从而使研究结论缺乏实践可操作性和指导价值。

2.4.3 品牌经营管理因素

国内外学者都强调品牌经营管理对农产品区域品牌发展具有重要影响。

2.4.3.1 品牌授权、品牌注册与农产品区域品牌

商标注册使农产品区域品牌获得合法身份，且向消费者提供了信誉保证，是依法保护农产品区域品牌的重要途径（马清学，2010）。积极申请地理标志保护产品和原产地证明等集体商标和证明商标注册，使农产品地域品牌合法化（熊明华，2004；周发明，2006；黄俐晔，2008；薛桂芝，2010）。注册农产品区域品牌网络域名并在国外注册，依法防止被侵权（刘丽等，2006；马清学，2010）。建立农产品区域品牌使用许可制度（曹垣，2007；薛桂芝，2010）。明确农产品区域品牌定位（曹垣，2007），推行农产品品质认证和安全认证，实施农产品安全质量监控（沈鹏熠，2011）。品质认定标志是农产品区域品牌的一个重要保障措施（刘丽等，2006）。

2.4.3.2 品牌经营与农产品区域品牌

首先，要增强农业经济主体的品牌意识，建立专业协会，实行"龙头企业+生产基地+农户+地理标志"的产业化模式（吴菊安，2009），积极培育大型农业产业化龙头企业，发挥龙头农企对农产品区域品牌发展的带动作用（马清学，2010）。其次，建立农产品区域品牌授权使用和管理监督机制（李亚林，2010），重视区域品牌危机管理，建立危机预警系统（曹垣，2007）。加强企业自律教育，杜绝"搭便车"和品牌滥用（李亚林，2010）。再次，实施成本领先战略，提高区域品牌竞争力（瞿艳平和徐建文，2005）。加大对农民的科技培训，提高农民素质、经营能力、品牌意识（孙双娣，

2009；沈鹏熠，2011）。最后，强化区域品牌定位、包装和传播，树立良好区域品牌形象（黄洁，2008）。完善区域品牌发展技术支撑，强化品牌设计和质量设计（黄俐晔，2008），做好区域农产品区域品牌规划（吴菊安，2009）。

2.4.3.3 品牌营销与农产品区域品牌

建立农产品区域品牌的营销推广体系（沈鹏熠，2011）。拓宽农产品区域品牌的营销渠道，例如农超对接、农社对接、订单农业、电子商务、事件营销、会展营销和农业旅游等（刘丽和周静，2006；沈鹏熠，2011）。大力实施体验营销（吴菊安，2009）。实施名牌战略，参加农产品博览会和展销会（王志刚等，2010；沈鹏熠，2011）。利用农事节庆活动来发展农产品区域品牌（胡晓云等，2011），为农产品区域品牌搭建集休闲观光、品牌传播、商贸交易于一体的平台。实施顾客满意工程，加强农产品区域品牌服务体系建设（沈鹏熠，2011）。

2.4.3.4 品牌质量管理与农产品区域品牌

建立健全农业标准化体系，制定农产品质量标准，实施农业全程质量控制（刘丽和周静，2006；吴菊安，2009；沈鹏熠，2011）。建立完善的农产品区域品牌供应链体系（易正兰，2008）。建立健全农产品质量检测体系（吴菊安，2009）。建立行业标准和质量保证体系，实施质量监督（李亚林，2010；马清学，2010）。加强质量教育，建立执行服务标准体系，加大科技投入，提高农产品品质（马清学，2010）。积极推进农产品区域品牌的产品质量认证、质量管理认证和环境管理认证（薛桂芝，2010）。强化农产品区域品牌的质量控制，打击假冒伪劣（王志刚等，2010）。

2.4.3.5 品牌形象塑造与农产品区域品牌

加强区域品牌管理，规范品牌经营，维护区域品牌形象（曹垣，2007）。依靠科技来打造强势区域品牌形象（熊明华，2004）。挖掘区域独特的人文历史资源，丰富农产品区域品牌文化内涵，塑造良好品牌形象（熊明华，2004；常国山，2009）。通过精心策划和营销推广，提高农产品区域品牌知名度（王志刚等，2010）。鼓励农产品区域品牌产业的龙头农业企业上市融资（王庆，2009）。政府建立对农产品区域品牌发展投入人力、物力、财力的系统工程，塑造区域品牌整体形象（黄俐晔，2009）。许基南等（2010）认为特色农产品区域品牌形象是由农产品的产品形象、区域形象、消费者形象和企业形象四个维度构成的；独特地理位置和厚重人文历史传承是区域品牌形象的亮点；特色农产品的质量保证、食品安全、农产品的口感、营养及社会认同等都对消费者感知品牌产生影响；产销企业的社会营销，如无公害食品、绿色食品和有机食品等，以及产销企业的规模和实力等能提高消费者对产销企业形象的感知；消费者对品牌形象的感知有赖于农产品的消费价值观，例如环保、无污染、营养、方便及农产品消费的地位联想。李安周（2011）认为原产地形象与区域品牌具有天然关联，必须把原产地形象纳入区域品牌形象建设中，同时有效防范各种侵害侵权行为，制定各种保护措施来维护农产品区域品牌合法权益。

综上所述，品牌经营管理因素对农产品区域品牌发展发挥着重要作用。国内学者虽然从商标注册认证、授权管理、营销推广和质量管理等多视角来探讨研究农产品区域品牌发展，但国内研究大多以定性分析论述为主，缺少定量实证研究和系统化研究，而且没有明确农产品区域品牌的经营管理产权机制，使农产品区域品牌发展缺少具体责任主体，"所有者虚位""公地悲剧"问题仍然存在，不利于解决农产品区域品牌的公共产品难题。

2.4.4 政府因素

国内学者对政府在农产品区域品牌发展中的作用也进行了较多的定性研究，强调政府在政策支持（财政政策、税收政策、金融政策、土地政策）、区域规划、发展战略、区域经济发展、区域营销、提供公共服务、人才引进等方面发挥了重要扶持作用，领导农产品区域品牌发展和建设。

2.4.4.1 政府为农产品区域品牌发展提供了各种政策支持服务

政府作为市场的监管者，对农产品区域品牌发展主要进行宏观层面管理，建立区域品牌发展机制，将区域品牌发展纳入区域经济发展总体规划和顶层设计（彭代武等，2009）。政府进行科学合理的农产品区域布局规划（吴菊安，2009），采取强有力政策促进特色优势农业产业化经营，依法保护农产品区域品牌，重视区域公共营销，塑造农产品区域品牌形象，提高品牌知名度和市场竞争力（郭锦墉，2005）。政府的政策扶持和宏观管理，为区域品牌发展提供良好环境（瞿艳平和徐建文，2005）。而朱玉林（2006）研究指出区域政府在农产品区域品牌发展中必须发挥"制定农业区域品牌战略、创造良好区域环境、发挥人才培养引进的优势"三个职能作用。

政府是领导农产品区域品牌发展的重要主体，必须加强宏观调控，优化名优农产品区域规划（黄俐晔，2008；胡正明，2010）。政府要大力支持并主导区域品牌的发展（沈鹏熠，2011）。政府加强农田水利设施、道路交通、农村电网、通信、能源供给设施等建设，将强力支持农产品区域品牌发展（黄俐晔，2009）。政府作为市场的监管者，能创造一个良好区域环境，并引导建立一个良性竞争局面（彭代武等，2009）。政府要积极搭建和完善技术研发推广、信息服务指导、质量检测监管、区域营销推广、物流高效配送等多层次立体公共服务平台，为区域品牌发展营造一个服务高效的政务环境（沈鹏熠，2011）。

政府是农产品区域品牌发展建设的主要推动者。政府要完善法规政策，保障农产品区域品牌发展（沈鹏熠，2011）。政府通过发挥引导职能、监督职能、服务职能三项职能来促进农产品区域品牌的发展（何吉多等，2009）。政府作为市场监管者加强对区域品牌的监管、指导和服务（彭代武等，2009；陈建光2009），为农产品区域品牌发展提供物质保障、环境保障、资金保障、制度保障、品质保障和特色保障（李亚林，2010）。政府要积极建立和完善农产品区域品牌供应链体系、积极建立和完善品牌管理体系，推动"龙头企业+基地+农户"农业产业化经营模式（胡正明等，2010）。

政府要强化农产品质量标准（如农药污染等食品安全标准）的制定与执行，扶持农产品区域品牌产业的龙头企业（郑秋锦等，2007）。政府可以大力促进"企业＋农户"的农业产业化发展，培育农业龙头企业来带动农产品区域品牌发展（夏雷，2007）。

政府支持产业协会运作，授权产业协会管理农产品区域品牌（曹垣，2007）。政府还要对行业协会进行活动的经费提供财政补贴（郑秋锦等，2007）。政府要加强对农民合作组织和农业协会的指导、引导与扶持（夏雷，2007）。政府发挥招商引资的职能，鼓励工商业资本进入，鼓励大型龙头农企投资，带动农产品区域品牌发展（郑秋锦等，2007）。

2.4.4.2 政府提供培训、科技推广、品牌评价等公共服务指导，引导农产品区域品牌更好发展

政府要通过建立公共培训机构，加强对农民和涉农企业的培训（曹垣，2007）。要强化对农民的科技培训，提高农民整体素质，培养有文化知识、有品牌意识、有科学技能、懂管理经营的新农民（夏雷，2007），培育和增强农民的品牌主体意识（黄俐晔，2009）。政府要组织农产品区域品牌建设的培训和专家指导（张可成等，2009）。政府部门要实施区域名牌战略，加大对农业科技研发、技术推广和环境治理的投入，促进农业产业结构调整（沈鹏熠，2011）。各级政府相关部门，特别是质量技术监督部门，要引导名优特农产品大力开展原产地域保护产品注册或地理标志产品注册，使农产品地域品牌合法化，禁止原产地域范围以外的任何生产者使用，保护当地区域农业的发展（熊明华，2004）。政府要加强区域品牌质量认证体系建设（曹垣，2007）。农产品区域品牌的认证体系和区域品牌竞争行为的仲裁监理，均有赖于政府积极作为（黄俐晔，2009）。

2.4.4.3 政府采取多种措施实施区域化营销，树立良好区域形象和品牌形象

政府还是地域形象宣传、农产品市场和竞争秩序规范的主体（黄俐晔，2009）。政府做好农产品规划布局，实施农产品区域品牌营销（吴菊安，

2009），是推动农产品区域品牌发展的重要力量（黄俐晔，2009）。政府要加强农产品区域品牌顶层设计，实施"走出去"战略（王志刚等，2010）；还要积极组织农业企业和协会参加各级名优特产品展销会（熊明华，2004）。政府要协助农企做好区域品牌宣传（张可成等，2009），通过举办农事节庆，提高地域农产品品牌知名度，树立良好区域形象（熊明华，2004）。彭代武等（2009）研究指出，政府作为市场监管者，应实施农产品区域品牌发展战略，将农产品区域品牌发展纳入区域经济发展规划。王远（2011）研究指出，寿光政府优化农业布局规划，培育龙头农企，拓宽农企融资渠道，实施科技兴农，完善质量体系和搭建品牌推广平台，促使"寿光蔬菜"品牌快速发展。

综上所述，政府对农产品区域品牌发展的引导扶持，如提供各种政策支持、实施品牌战略、实施区域营销、塑造区域形象和组织品牌评价等，归根结底是政府宏观调控农产品区域品牌发展模式。但以上研究都是以定性研究或案例研究为主，缺少对发展机理的定量分析和实证研究，且研究缺少系统性。

2.5 本章小结

本章主要研究梳理了农产品区域品牌发展的相关理论和前人研究成果，为北京农产品区域品牌发展提供理论支撑。首先对农产品区域品牌及其特性进行了梳理总结，主要梳理区域品牌理论和农产品区域品牌及特性，从而为农产品区域品牌发展研究提供理论支撑。其次对原产地效应理论进行了梳理、总结，从而为从原产地效应视角研究农产品区域品牌提供理论支撑。再次对农业产业化理论进行了简单梳理和归纳总结，从而为从农业产业化视角研究农产品区域品牌产业发展奠定了理论基础。最后对农产品区域品牌发展影响因素进行了研究梳理。通过对农产品区域品牌相关理论基础的研究梳理，为下一步研究北京农产品区域品牌发展现状、发展机理及案例研究和实证研究等奠定了坚实的理论基础。

3 北京农产品区域品牌发展现状研究

在京津冀协同发展大背景下，北京地区农业用地逐渐缩减和农业低质量发展，导致农产品不能很好地满足人民日益增长的美好生活需要，不利于更好地实施乡村振兴战略。这样一来，北京农产品区域品牌化便成为解决现实困难的重要举措，因而非常有必要了解和把握北京农产品区域品牌发展的现状特征，掌握其发展节点。因此，本章主要基于实地调研数据和二手资料数据，重点研究分析北京农产品区域品牌发展现状、特点和存在的问题，从而为后续章节北京农产品区域品牌发展的进一步研究提供铺垫。

3.1 数据获取

为了能比较全面地掌握我国农产品区域品牌发展整体情况，笔者从2019年开始注重收集北京农产品区域品牌发展统计数据。基于实地调研，参考国家市场监督管理总局、农业农村部及博雅特产网（http://shop.bytravel.cn）等统计的地理标志保护产品、地理标志证明商标和集体商标、农产品地理标志等认证名优特新农产品数据。农产品区域品牌数据统计主要遵循以下要求和程序：①根据数据来源，逐区、逐个、逐类进行甄别统计，被统计品牌农产品须至少获得地理标志保护产品、地理标志证明商标、农产品地理标志等荣誉认证之一，或获得北京特产、名优农产品、安全绿色农产品、无公害农产品和有机产品等荣誉认证之一；②被统计品牌数据获得认证时间截至2022年12月底；③除去重复认证品牌数据，最终共计获得北京区域内86

个农产品品牌数据。

本次研究将认证农产品数据按照类别分为水果类、蔬菜类、茶叶类、粮油类（粮食油料的简称）、畜牧类、渔业类和其他共七大类。其中，水果类包括各种干鲜果品；蔬菜类包括各类新鲜脱水蔬菜；茶叶类包括各种绿茶、黄茶、黑茶、青茶、白茶和红茶等；粮油类包括稻米、小麦、食用玉米、杂粮、杂豆、薯类、大豆和花生等；畜牧类包括肉类、蛋类和蜂产品类等；渔业类包括鱼类、虾蟹类、贝类、藻类和其他等；其他类包括枸杞、花椒、鲜花等其他种植业类产品。同时通过分析不同区域、不同种类的农产品区域品牌数据，对北京农产品区域品牌发展现状进行解读。

3.2　数据分析

3.2.1　北京农产品区域品牌发展整体态势良好

3.2.1.1　北京农产品区域品牌数量较多

数据表明：截至2022年12月底，北京地区共计有86个农产品区域品牌，其中北京南部区域的大兴区有8个、丰台区有5个、房山区有10个，北京西部区域的石景山区有1个、门头沟区有11个，东部区域的朝阳区有3个、通州区有5个、顺义区有3个、平谷区有9个，北部区域的海淀区有2个、昌平区有7个、怀柔区有7个、延庆区有7个、密云区有8个等。其中水果类60个、粮油类3个、蔬菜类12个、畜牧业类5个、渔业类1个、其他类5个。从北京农产品区域品牌总体数量、分布区域和类别及其建设状况来看，北京农产品区域品牌数量多，区域分布广，种类涵盖全，品牌发展建设势头良好。

3.2.1.2　北京农产品区域品牌有力促进区域农业经济升级

北京郊区利用自然地理区位优势、农产品原生资源优势和距离市场近的区位优势，因地制宜发展农产品区域品牌，以整合农业企业、生产基地、农户、涉农机构等实现集聚规模化发展。①通过发展农产品区域品牌，优化提高了农业资源效率，提高了农产品质量水平，促进农产品原生资源价值的深度开发，使农业增效、农民增收。②通过发展农产品区域品牌，促进了农业产业集群结构升级，进一步优化了优势农业的布局，形成规模化发展、标准化生产、科学化管理、产业化经营的农业产业体系，提高了区域名优农产品附加值和市场竞争力，有力地促进了区域农业经济的发展和升级。③通过发展北京农产品区域品牌，促进了北京乡村振兴战略的实施和美丽乡村的建设。

3.2.2 北京农产品区域品牌地域性强

农产品的生长对自然条件有较强的地域依附性。农产品区域品牌作为某一地区特色农产品的代表，具有较强的地域性、公共性。根据北京各地区资源优势和经济发展程度，86个农产品区域品牌大体上分为两类（如图3-1所示）：①具有农业资源优势的区域，如门头沟（11[①]）、房山（10）、平谷（9）、大兴（8）、密云（8）、昌平（7）、怀柔（7）、延庆（7），这些区域拥有优越的自然地理条件，名优农产品种类多产量大。②农业资源少且城市化

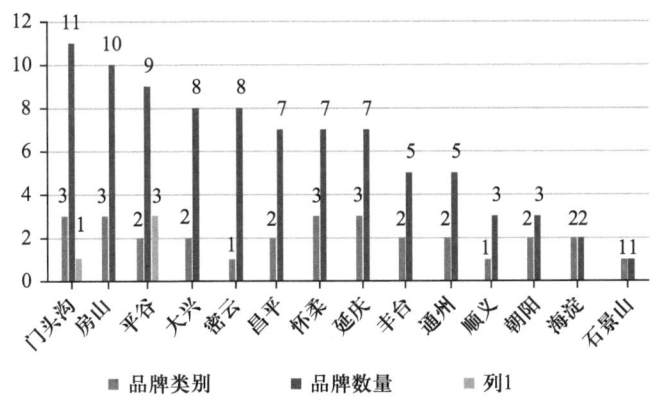

图 3-1 北京农产品区域品牌的地区发展差异

[①] 括号内的数字表示拥有农产品品牌的数量，余同。

发达的区域，包括丰台（5）、通州（5）、顺义（3）、朝阳（3）、海淀（2）、石景山（1）等区域，这些区域城市化发展快速，农业经济发展水平一般。农产品区域品牌数量和类别差异反映了北京各区域资源条件和城市经济发展类型的差异。

3.2.3 北京农产品区域品牌发展区域间差异大

86个农产品区域品牌不均衡地分布在北京远近郊行政区域（如图3-2所示）。北京远郊区域包括怀柔、密云、延庆、平谷4个行政区域，拥有31个农产品区域品牌，占比为36.05%。北京近郊区域包括门头沟、房山、大兴、顺义、通州、昌平6个行政区域，拥有44个农产品区域品牌，占比为51.16%。城区包括丰台、海淀、朝阳、石景山4个城市区域，拥有11个农产品区域品牌，占比为12.79%。表明农产品区域品牌的整体发展规模在远郊、近郊和城区间存在差异，远郊区域和近郊区域的门头沟、房山、大兴和昌平等发展最好，近郊区域的顺义和城区丰台等品牌发展次之。

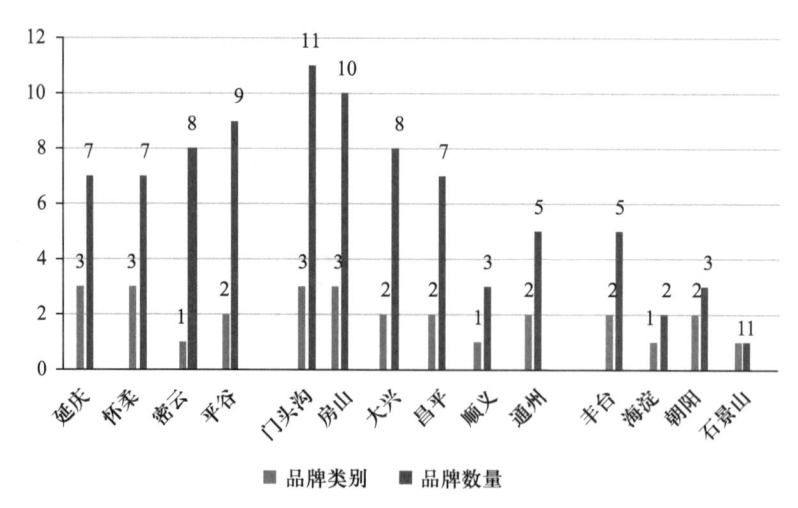

图3-2 北京农产品区域品牌的远郊、近郊和城区的发展差异

3.2.4 北京农产品区域品牌发展优势地域内集聚

品牌发展（品牌数量）在农业资源禀赋和人文风俗传统独特的地域集

聚更加明显。其中，拥有超过7个农产品区域品牌数量的近郊区域有4个，分别是门头沟区有11个，房山区有10个品牌，大兴区有8个，昌平区有7个，占京域的41.86%（见表3-1）。

表3-1　京近郊区域品牌发展的区域内集聚度

区域	京近郊区域			
品牌总数	44			
≥7区域	门头沟	房山	大兴	昌平
品牌数量	11	10	8	7
近郊域内占比(%)	25	22.73	18.18	15.91
	81.82			
京域内占比(%)	41.86			

3.2.5　北京农产品区域品牌发展类别集中

参与品牌共分为7个类别，水果类是最大的一类，有60个品牌，占品牌总量的69.77%；蔬菜类有12个品牌，占品牌总量的13.95%；畜牧类有5个品牌，占品牌总量的5.81%；粮油类有3个品牌，占品牌总量的3.49%；渔业类有1个品牌，占品牌总量的1.16%；其他类有5个品牌，占品牌总量的5.81%。农产品区域品牌类别分布情况见表3-2。

表3-2　北京农产品区域品牌类别分布

项目	品牌类别					
品牌总数	86					
类别名称	水果类	蔬菜类	粮油类	畜牧类	渔业类	其他类
品牌数量	60	12	3	5	1	5
占比(%)	69.77	13.95	3.49	5.81	1.16	5.81

北京农产品区域品牌种类发展有如下特点：①产品类别发展呈多样化扩大趋势。数据表明，农产品区域品牌涉及六大类产品，种类齐全。②农产品区域品牌的产品类别存在集中性，主要集中于水果类、蔬菜类，两大类中

品牌数总占比达到83.72%，其中水果类占69.77%，蔬菜类占13.95%。由此可见，北京农产品区域品牌主要集中在瓜果蔬菜产品等日常食品的初级农产品上。

3.2.6　北京农产品区域品牌发展受重视不够

数据分析结果表明，北京农产品区域品牌发展还没有得到足够重视，主要表现在相关部门对农产品区域品牌的概念还很模糊，农产品区域品牌发展缺少统一规划与相关政策指引。

本次统计的农产品区域品牌共有86个，都是名优特农产品。调研发现农产品区域品牌化发展还存在一些问题：①对农产品区域品牌的概念认知还很模糊，缺乏相关农产品区域品牌知识，不能确定所拥有的名优特农产品是区域品牌。有些地方不知道自己拥有的名优特农产品可以注册发展农产品区域品牌。②政府部门对品牌的认知也比较模糊，思想还停留在传统农业惯性模式，认为名优特农产品仅仅是为了满足市民菜篮子、粮袋子需要，认为收获便是农业生产的结束、注册农产品集体商标和证明商标就完成了农产品区域品牌化。因导致政府部门对农产品区域品牌建设的指导和扶持缺乏长远规划和顶层设计。③对农产品区域品牌建设未形成齐抓共管局面，存在多头管理、分工不明确现象。④农产品区域品牌主要集中在瓜果蔬菜、畜牧产品等日常食品的初级农产品上。⑤发展农业区域品牌只注重品类竞争和价格竞争。以上表明北京农产品区域品牌正处在自行发展、自我约束的状态，政府有关部门的统一领导和支持力量不够，农产品区域品牌发展建设缺少相关农业政策指引。

3.2.7　北京农产品区域品牌产品链短

数据统计结果表明，北京农产品区域品牌的产品链比较短，绝大部分是初级农产品，表明区域品牌农产品发展质量不高。北京农产品区域品牌产品多以鲜活、未加工或初级加工的农产品为主，这说明北京农产品区域品牌原生资源价值的深度开发利用能力不足，或者说名优特农产品资源价值有待进一步深入挖掘。鲜活农产品区域品牌产品有着不易存储、不易远销、参与国际竞争能力不足的先天劣势。随着农业冷藏冷柜运输技术发展，这一劣势得到一定程度的弥补，但增加了农产品储藏运输成本，反而降低了北京农产品区域品牌产品的价格竞争力。鉴于大多数北京农产品区域品牌产品受季节影响大，北京农产品区域品牌产品浅加工，鲜活农产品产季大量营销、市场竞争激烈，存在滞销价低问题；非产季容易出现断货、供不应求，这种波动不均衡影响了农业企业的经济收益与品牌价值。因此，延伸北京农产品区域品牌产品链，增加北京农产品区域品牌产品附加值，促进基于"农业+"的多产业融合发展，是北京农产品区域品牌发展亟须关注和解决的问题。

3.2.8 北京农产品区域品牌管理滞后

我国农产品区域品牌管理制度存在的主要问题是管理机构多、认定机构不统一、品牌建设缺乏规范指导。对农产品区域品牌的认定，我国还没有统一的认定标准和权威的认定机构。与农产品区域品牌概念比较接近的农产品地理标志，之前就有原国家质量监督检验检疫总局、原国家工商总局商标局和农业农村部三个部门可以进行认证，各部门均有各自的认证标准，导致部分北京农产品品牌重复认证，影响了认证的有效性。区域品牌的建设有政府主导的（成立专门的办公室或局），也有政府指导、企业牵头的，还有行业协会主管的，没有系统的管理，缺乏建设区域品牌的有效激励机制，企业或协会建设区域品牌的动力不足。区域品牌作为新兴概念近年来不断受到关注，但因其具有公共性及管理部门意识薄弱，目前对区域品牌的保护工作不甚理想。因此，完善管理制度，统一管理和认定机构，是北京农产品区域品牌健康快速发展的重要制度保障。

在北京的实践中，存在多部门的注册认证和认证标准不统一的现象，导致相关各方对北京农产品区域品牌的概念认知存在模糊性，易与地理标志产品、地理标志商标或证明商标等混淆。而且，品牌使用组织存在规模大小的问题，在多大区域内使用才具备资格也有待进一步界定。因此，北京农产品区域品牌需要统一的更加清晰的认定机构和认定标准。

3.3　研究结论

本章基于调研数据，对北京农产品区域品牌发展现状进行研究。数据分析结果表明，一方面，北京农产品区域品牌整体发展态势良好，发展速度快，发展地域性强，品牌分布区域间差异大，优势地域内集聚发展、类别集中；另一方面，北京农产品区域品牌发展也存在一些问题和障碍，主要表现在农产品区域品牌发展受重视不够，品牌意识弱，农产品区域品牌产品链短、初级农产品占大多数，农产品区域品牌管理滞后，缺乏统一管理和顶层设计。

3.4　本章小结

面对北京农产品区域品牌发展有喜有忧的现状，如何在京津冀协同发展大背景下，改变北京农业用地逐渐缩减和农业低质量发展，不能很好地满足人民日益增长的美好生活需要的现实困境？精准把握农产品区域品牌发展规律，通过发展农产品区域品牌，带动北京品牌农业高质量发展、促进农业升级和乡村振兴发展，是有效破解现实困境的重要举措。因此，精确掌握影响农产品区域品牌发展的关键因素，采取有效措施解决这些主要问题，更好地引导农产品区域品牌发展，成为后续章节进一步研究的重点。

4 北京农产品区域品牌发展机理研究

为了更好地研究北京农产品区域品牌发展，非常有必要对北京农产品区域品牌发展机制进行研究，了解其内在发展影响因素的作用机制，掌握其发展规律。同时也必须依据农产品区域品牌及其特性、农业产业化理论、原产地效应理论、农产品区域品牌发展影响因素等理论与前人研究成果，还必须考虑北京农产品区域品牌发展的现状概况特征，从而更好地分析探究北京农产品区域品牌发展影响因素机理，更好地掌握北京农产品品牌化发展内在机制。因此，本章主要从区域优势、农业产业优势、经营管理优势和政府扶持优势等方面来探究北京农产品区域品牌发展机制，为后续章节的研究奠定基础。

4.1 区域优势对北京农产品区域品牌发展的影响机理

基于农产品区域品牌及其特性、原产地效应理论等可知，原产地域是农产品区域品牌发展的刚性依赖。区域独特自然地理资源条件，在一定程度上制约着农产品品质。区域的人文历史传承，会伴随着某农产品的生产过程逐渐形成并植根于民间的故事传说，逐渐发展成为一方的消费习俗和文化惯例，而这种人文历史资源，为农产品区域品牌发展积累了深厚的品牌文化基础。生产加工历史悠久，几千年的传承使某区域内某农产品的种植方法和加工方法与众不同，会促使农产品区域品牌产生。因此，农产品区域品牌是地域性和产业特色性的有机结合,是各种因素长期积淀的结果。

4.1.1 自然地理环境赋予北京农产品区域品牌鲜明的区域形象特征

由原产地效应理论可知:原产地形象通过制造区域差别来影响消费者对区域产品的认知和评价。在国际竞争中,原产地规则也具有在国际贸易中实施歧视性限制措施的功能。品牌原产地对消费者品牌信念和品牌购买意愿具有显著作用(王海忠等,2004)。农产品区域品牌原产地对消费者购买意愿的路径系数是0.12(张传统等,2014)。同时,地理因素赋予地域品牌深层文化意义,即地方的社会语境、关系网络、文化传统、工艺传承、智慧结晶等赋予区域品牌深厚的品牌文化内涵。

品牌生长在特定地域情境空间中,地域情境空间的自然地理和人文传统成为品牌价值的双重基石(钱丽芸等,2011)。因此,原产地名称时常成为品牌的核心描述词,如苏格兰威士忌、波尔多葡萄酒、景德镇瓷器等都被称为"地理品牌"(牛永革等,2005)。产地独特地理环境决定了地方特产的独有品质,而这种地理环境包括土壤、气候等自然因素和文化传统、特殊工艺等人文因素。

区域的原生自然地理资源禀赋,如气候、纬度、水资源、日照、土壤、温度、地质特征、植被特征等会直接影响农产品品质,形成可识别的区域特征。名优特农产品具有鲜明区域特性和原生特色,如新疆哈密瓜、烟台苹果、西湖龙井等(夏雷,2011)。特优自然资源、人文历史传承对农产品区域品牌核心价值的形成和提升起着决定性作用(马清学,2010)。自然气候、地理特征等,在农产品区域品牌发展中起着重要作用(黄洁,2008)。

"根植性"曾被用来解释品牌空间行为特征。经济行为植根于社会构筑的网络制度中,因而这种网络制度具有文化意义(Granovetter,1985)。"地域根植性"是指对特定区域环境关系(如社会制度、历史文化、价值观念、文化传统、风俗习惯、智慧经验、关系网络等)的依赖性(钱丽芸等,

2011）。社会制度、知识与能力因其原生性和难模仿性而产生较强的地域根植性（贾根良等，2001；金荣祥等，2002）。基于距离远、难模仿和增长快的知识、关系和动机，地方可持续竞争力不断地适应新环境和利用知识库存来创造新机会是区域动态竞争力形成的关键（Mathews，2004）。高根植性知识是区域竞争力形成的关键，地区象征对产品注入一种其他地区所不能被完全模仿的"气氛和气质"（王发明，2010）。

4.1.2 人文优势赋予北京农产品区域品牌独特的品牌文化

区域自然地理环境、社会经济发展和语言习俗等，加上历史发展进程等形成了独特的地域文化。独特地域文化能提高消费者对品牌的认同度和忠诚度。地方元素附着在产品中表示了品牌符号（Thode等，1998）。独特地域文化以信息、技术形式渗透进企业的生产经营中，进而渗透进产品品牌中，形成区域品牌（何频，2006）。区域环境特有的"地方性"特征，承载了区域特有的风土人情、地方性格和地方想象，在全球化快速发展的今天，逐渐成为一种稀缺的人文资本。要挖掘地域文化内涵，开发地域特色产品，发展特色区域品牌，与消费者建立起一种情感信赖和心灵契约。

地方元素品牌化重构、突出品牌产品地理差异能赢得消费者认同（Amin，2004）。Rainiato研究指出建设区域品牌的核心是构建区域品牌识别。将品牌"联系"到其地理产地，表明某农产品产生于某地，用地理来源区别表示特定质量、声誉或其他特性，从而成为地方性的独特身份证明（Doreen，1994），赢得目标消费者信任，并提供一种质量保证（Lury，2004）。

自然地理为区域品牌提供一种自然功能价值，历史传承赋予区域品牌一种动态活化的情感价值（钱丽芸等，2011）。随着不断强化区域品牌的功能价值和情感价值，地域文化逐渐发展成意义与价值的空间环路（Holt，2006）。"文化经济的品牌化"是塑造意义的过程（Jackson等，2007）。品牌的地方性经过地方历史的"意义制造"，形成品牌价值，创造"消费语境"

(Arvidsson，2005）。因此，消费者是在为消费品牌的名称、美学、意义和文化等付费（Hudson，2007）。拉近消费者与品牌关系最好的形式是品牌故事化（Brown 等，2003）。

4.1.3 历史工艺传承赋予北京农产品区域品牌独特品质

独特生产与栽培方式，使得区域农产品在产品类别、功能价值和产品特色上表现出明显的区域独特性。农产品品质同农产品生产地特有的历史文化和人文气息相联系，具有鲜明区域特征（胡正明，2010）。名优特农产品具有鲜明区域特性，尤其是特优自然资源、人文历史传承对农产品区域品牌核心价值的形成和提升起着决定性作用（马清学，2010）。

人文风貌、历史文化、传统工艺等，在农产品区域品牌发展中起着重要作用（黄洁，2008）。悠久的栽培、观赏历史和丰富的牡丹花文化资源构建了农产品区域品牌"洛阳牡丹"的深厚文化内涵（马清学，2010）。可利用农事节庆，增强区域品牌效应，夯实品牌文化（钱丽芸等，2011）。挖掘区域文化底蕴是扩大农产品区域品牌知名度的捷径（瞿艳平等，2005）。

基于历史工艺传承的优良农产品品质能提高农产品区域品牌的知名度。地域产品建立在某一地方特有的资源环境、生态特色基础上，使用特殊加工工艺，具有独特品质，特色效应显著。

通过"三品一标"[①]权威认证，可以有效提升农产品区域品牌的生产管理水平和质量安全等级，提高农产品区域品牌市场知名度、美誉度、信任度和忠诚度，塑造良好品牌形象。2002年农业农村部和原国家质量监督检验检疫总局联合制定颁布的《无公害农产品管理办法》规定指出：无公害农产品，是指产地环境、生产过程和产品质量符合国家有关标准和规范的要求，经认证合格获得认证证书并允许使用无公害农产品标志的未经加工或者初加工的食用农产品。2012年农业农村部制定颁布的《绿色食品标志管理办法》规定

---

① "三品一标"是指无公害农产品、绿色食品、有机食品和地理标志产品。

指出：绿色食品是指产自优良生态环境、按照绿色食品标准生产、实行全程质量控制并获得绿色食品标志使用权的安全、优质食用农产品及相关产品。2001年原国家环境保护总局制定颁布的《有机食品认证管理办法》规定指出：有机食品是指符合国家食品卫生标准和有机食品技术规范的要求，在原料生产和产品加工过程中不使用农药、化肥、生长激素、化学添加剂、化学色素和防腐剂等化学物质，不使用基因工程技术，通过原国家环境保护总局设立的有机食品认证机构认证并使用有机食品标志的一切食品。

品牌核心价值是区域自然资源决定的农产品特有品质（马清学，2010）。农业生产高度依赖自然资源条件，独特的自然条件及独特的生产方式等，使得地域农产品具有某些独特品质，具有鲜明区域特征（夏雷，2007）。由于遵循国内外高端市场对水果产品的质量高要求，达到绿色食品标准，并对果形、重量、大小等严格要求，"库尔勒香梨"强化质量链管理和产品质量标准化规范化建设、建立质量追溯体系，提升了库尔勒地区香梨的品质（易正兰，2009）。

经过特定栽培管理、高标准化种植、长期良种培育而成的名优特大桃，注重大桃品质质量，是北京"平谷大桃"品牌成功的重要基础。杜秋霞（2011）研究指出，为了提高大桃品质，进而提高"平谷大桃"品牌价值，平谷大桃产业协会在平谷大桃四大系列的200多个品种中，特选择"大久保""庆丰2（北京6号）""京艳（北京24号）""燕红（绿化9号）"等10个白桃品种，制定《地理标志产品平谷大桃》产品标准，明确规定"平谷大桃"产地范围、品种类别、栽培技术、试验方法、检验规则、标识包装、运输贮存的内容，加强全过程质量管理。通过这些品牌经管措施，2012年"平谷大桃"品牌荣获"中国驰名商标"。

"大兴西瓜"素以沙甜脆著称，与其地域优势密切相关。大兴地处北京东南郊，永定河东侧处沙性土的永定河冲积平原。5—7月在瓜蔓生长期、开花期和座瓜期，最适温度是18~35℃，此时大兴地区的气温在20~26℃之间。6月中下旬西瓜需水量大，这时季风雨来临。昼夜温差达10℃以上。大兴自然条件利于西瓜生长,农技人员和种瓜能手都有丰富的种瓜技术经验。

总而言之,基于区域间比较之上,本区域所拥有种养和发展名优特农产品所具有的自然禀赋、地理环境、地域文化、工艺传承等区域优势因素,对农产品区域品牌发展起着关键基础影响作用,原产地构建了品牌的区域识别并获得认同,地理空间因素赋予地域品牌深层文化意义,特定地域自然地理资源禀赋会直接影响农产品品质,进而形成可识别的品牌区域性特征。

4.2 农业产业优势对北京农产品区域品牌发展的影响机理

农业产业化理论表明:农业产业化发展会促使大量相互关联的农产品生产基地、企业、农户和科研机构集聚在特定区域内,在产业协会等经济组织和龙头企业的带领下,逐渐形成具有竞争合作、学习创新的产业链,优化资源配置,具有产业规模化优势、产业现代化优势和产业一体化优势。因此,这种基于特定区域的农业规模化、产业化和现代化发展,使本地区农业发展拥有区际比较优势,并逐渐形成比较完整的产业一体化的现代农业,我们称之为农业产业优势。

4.2.1 农业产业规模化提升北京农产品区域品牌的价值创造能力

名优特农业资源在特定地域的集聚规模化是农产品区域品牌发展的产业基础。农产品区域品牌发展具有明显的规模依赖性,大量相关农产品生产企业的区域集中,是农产品区域品牌发展的依托。具有较强市场竞争力的产品,产业实现规模化,市场需求持续旺盛,广泛正面信息传播等是农产品区域品牌内在发展机理(马清学,2010)。陈建光(2009)认为扩大基地建设规模,利于扩大投入,完善基地利益关系,将提高农产品区域品牌发展质量。牟子平等(2004)研究指出,"寿光蔬菜"品牌产业化模式是蔬菜产业领跑、科技助力、产业化经营的典型,其将品牌纳入农业发展整体规划,延伸蔬菜产业链,带动包装印刷、运输流通、冷藏物流、服务科研、会展旅游等相关产业发展。

农业资源集聚规模化有利于提高标准化生产并获得规模效益。吴菊安(2009)认为农产品区域品牌是区域内经济主体共用的、以地理标志为主的、包括无公害产品、绿色食品和有机食品的品牌标志。刘丽和周静(2006)认为在建设农产品区域品牌时,应按照WTO协议中有关食品安全和动植物卫生健康标准,积极推行ISO9000、ISO14000系列质量环境标准。沈鹏熠(2011)指出按照标准生产管理农产品并完善产品质量体系,才能有效提高农产品质量。

产业规模化发展一定程度上推动了"宁夏枸杞"品牌发展。"宁夏枸杞"种植面积达4.67万公顷,加工企业137家,形成干果、枸杞酒、枸杞籽酒、果汁、叶茶等10大类50多种精深加工产品的产业格局,枸杞产量占全国的65%,枸杞加工企业产值约21亿元;发展成以中宁为主体、以贺兰山和清水河为两翼的"一体两翼"产业带布局(景娥,2010)。

4.2.2 农业产业现代化带动北京农产品区域品牌产业快速发展

农业产业化促进农产品区域品牌产业发展升级。农业现代化是从传统农业向现代农业转型发展的必然阶段,主要包括农业机械化、生产科技化、农业产业化、农业信息化、劳动者素质提高、农业发展可持续化。要在农业产业化经营中,形成"公司+农户""龙头企业+基地+农户""企业+中介+农户"等农业产业化模式。

基于区域化布局、专业化生产、一体化经营的农业产业现代化发展,加强了农业产业化标准示范基地建设,促进了区域农业生产规模化,将带动整个农产品区域品牌产业发展(瞿艳平等,2005)。农业产业化,集生产、加工、储运、营销及相关产业于一体,实现农产品"从土地到餐桌"全程质量管控,促进农产品区位品牌有效发展(陈建光,2009)。卢岚等(2005)认为农业标准化从管理、组织、资料、生产四个方面，把农业产业化发展与农产品区域品牌发展有机结合起来，建立标准化农业示范区，从而促进农业标准化体系更加完善。建立农产品追溯信息系统，将农产品质量管理制度化、科学化，有利于实现农产品品牌标准化管理（瞿艳平等，2005）。农产品区域品牌供应链体系的建立和完善，不仅有效整合了供应链节点资源，而且能按照统一的标准，实施生产加工、流通与销售，有力保障了农产品质量（易正兰，2008）。农业产业化组织结构形式，如农业大户生产组织形式、企业组织形式、主导龙头企业组织形式、区域产业链组织形式等，为农产品区域品牌发展奠定了坚实的产业组织基础（周华，2009）。平谷大桃产业化体系建设，尤其是标准化体系建设、质量保障体系建设、法律体系建设完善和组织管理体系强化等，为"平谷大桃"品牌发展奠定基础（杜秋霞，2011）。

4.2.3 农业产业经营服务一体化为北京农产品区域品牌发展提供服务动力支撑

农业产业经营服务一体化通过多种形式联合，形成"市场来牵头、龙头带基地、基地联农户、服务各环节"的贸、工、农、服一体化的服务经营体制，从而使外部经济内部化、服务社会化，降低交易成本，提高农业比较效益，提高农业综合生产经营服务能力。

4.2.3.1 龙头农业企业与农产品区域品牌

龙头农业企业指的是经政府有关部门认定的，以农产品生产加工或流通为主的，且通过与农户建立利益共同体关系机制带动农户，将农产品生产、加工和销售等有机结合成相互促进的一个整体，达到规模和经营指标等规定标准的农业企业。

龙头企业参与区域品牌建设，可促进农产品区域品牌发展和树立良好品牌形象；而"龙头企业＋产业集群＋农户"的产业发展模式，更易发挥农产品区域品牌的规模优势。龙头农业企业利用资金、技术、人才的实力，强化并促进农产品区域品牌发展，实现效益最大化（黄俐晔，2008），提高区域品牌发展的组织保障和竞争力（熊明华，2004），加快农产品区域品牌产业化进程（瞿艳平等，2005）。龙头企业引导区域农业产业化经营，实现了规模化生产，强化了精加工，提高了产品质量，完善了营销网络，实现了农产品地域品牌形象创建和市场扩张（刘丽等，2006）。

4.2.3.2 农业产业经营服务一体化与农产品区域品牌

农业产业经营服务一体化指的是在特定区域内，基于独特自然地理环境和人文因素，以某一特色农产品的规模化生产活动为基础，在龙头农业企业带领下，与农业相关企业、协会、组织、科研院所、务农机构等在区域内集聚发展成一个完整的、具有竞争力的综合生产经营服务体系。

首先，农业产业经营服务一体化促进农产品区域品牌的发展和传播。大量相关联农产品生产基地、企业、农户和科研机构集聚在区域内，通过专业化分工协作，优化了资源配置，形成产业一体化网络，具有产品优势、规模（成本）优势、创新优势、营销优势和产业配套优势。产业集群是区域品牌发展的经济基础（熊爱华，2008）。农业产业链完善提升了农产品的质量和信誉，促进农业产业化发展（崔俊敏，2009）。其次，农业产业经营服务一体化在资源整合能力、市场竞争力、组织管理能力、品牌经营管理能力等方面，对农产品区域品牌发展提供动力。农业产业经营服务一体化促进建立和发展农产品供应链，有效整合供应链中各节点资源，有效保障农产品质量。

龙头农业企业基于区域品牌纽带，依托区域独特自然资源和人文资源，领导集聚区域内分散的农业生产经营者，形成合作竞争关系，将有力推动农产品区域品牌产业不断做大做强，为农产品区域品牌发展提供有力的产业支撑。易正兰（2009）在研究"库尔勒香梨"时指出：独特的自然和人文环境成就了库尔勒原产地效应，通过注册原产地商标，继而形成农产品区域品牌。基于政府产业政策扶持，库尔勒原产地效应逐渐促进了库尔勒香梨产业规模聚集，进而逐渐形成库尔勒香梨产业链，进一步增强了"库尔勒香梨"品牌的发展动力和辐射效应。

山东"寿光蔬菜"采用产业集聚的产业链模式，是蔬菜产业带动、科技创新和产业化经营相结合的典范。寿光政府将蔬菜的生产加工、销售流通、品牌建设等统统纳入寿光农业发展整体规划（牟子平等，2004）。在蔬菜产业链条带动下，逐渐形成印刷包装、加工储藏、运输流通、出口贸易、服务科研、会展旅游等一大批相关产业，实现产业集聚，成为寿光区域经济发展的重要支撑。

农产品区域品牌是伴随着农业产业化发展和产业竞争力的提升而逐步形成、发展和强大起来的。农产品区域品牌是现代农业专业化、产业链和区域特色化发展的必然结果（吴菊安，2009）。农产品的优良品质提高了农产品的知名度并树立良好形象；产业规模化培育了农产品区域品牌，产业现代化促进农产品区域品牌发展。产业链的建立往往伴随着专业管理机构的诞生和完善，其制定一套"游戏规则"，来规范产业内企业、农户和机构之间在利益上的相互依存和业务往来。基于资源整合能力、市场竞争力、组织管理能力和经营管理能力等方面的农业产业化发展，为发展农产品区域品牌提供持续的产业动力。

总而言之，农业产业优势对农产品区域品牌发展的作用，主要体现在产业规模化、产业现代化和农业产业经营服务一体化等优势对农产品区域品牌发展的促进上。产业规模化有效集聚优质农业资源，从而促进农产品区域品牌培育和发展。产业现代化促进带动整个农产品区域品牌产业发展。农业产业经营服务一体化往往伴随着专业服务管理机构诞生，制定"游戏规则"，从而在资源整合能力、市场竞争力、组织管理能力、经营管理能力等方面，为农产品区域品牌提供持续发展动力。

4.3 经营管理优势对北京农产品区域品牌发展的影响机理

由农业产业化理论可知，"市场牵龙头、龙头带基地、基地带农户"等产供销一体化经营管理形式，提高了农业比较收益；农业服务社会化则促进农业服务的规范化、综合化发展，形成农业的综合生产经营服务体系，提高了农业效益。由农产品区域品牌及其特性理论和农产品区域品牌影响因素可知，对区域名优农产品资源进行整齐统一区域品牌化经营管理，向外界传输一致性信息，不仅能建立统一强大的区域品牌形象，而且更容易赢得顾客满意和品牌忠诚。由原产地效应理论可知，原产地通过标志产品质量信号来影响消费者评价，通过经营管理塑造良好原产地形象可积极影响消费者对该地产品品牌的态度，继而影响其购买。

4.3.1 商标注册和授权管理促进北京农产品区域品牌产权清晰化和品牌化发展

品牌经营管理能力强弱直接关系到农产品区域品牌发展质量的高低。强化品牌经营管理，明晰产权，规范管理，运用现代经营管理理念，建立以"协会主导、企业参与、农户跟随"为主的品牌经营管理模式，规避"公共地悲剧"，显得非常必要且重要。同时，中国农业的分散性，决定了众多优质小规模农业生产者无法且无力承担单独品牌的巨大建设成本，必须依靠区域文脉下的集体品牌——农产品区域品牌来标识区域内优质农产品，并向消费者保证遵守规则、保证产品质量水平。农产品区域品牌美誉度是区域内所有生产经营者拥有的共同资产。这个共同资产决定了必须有一种特定组织协调机构，代表农产品区域品牌生产体系内所有成员的利益。每个生产者的商业行为都影响农产品区域品牌声誉，同样，集体声誉也影响着每个生产者。同时为了更好地协调统一行动，确定半官方性质的区域农业协会作为农产品区域品牌管理主体，显得必要且责无旁贷。

2007年农业农村部颁布的《农产品地理标志管理办法》中第八条明确规定，申请人必须是"具有监督和管理农产品地理标志及其产品的能力，具有为地理标志农产品生产、加工、营销提供指导服务的能力，具有独立承担民事责任的能力"的经择优确定的农民专业合作社经济组织、行业协会等。因此，基于集体商标和证明商标的农产品区域品牌拥有主体，必须具备这三方面的经营管理能力。

要申请集体商标（证明商标），通过品牌产权保护，明晰农产品区域品牌产权主体，有效解决区域品牌"所有者缺位"导致的"公地悲剧"问题，明确农产品区域品牌产权主体的权利和义务，通过产权激励品牌主体对区域品牌资产进行有效管理。要积极注册集体商标和证明商标，同时要积极注册农产品区域品牌的网络域名，使农产品地域品牌受法律保护且品牌形象合法化，利于明晰产权和授权管理（熊明华，2004；刘丽等，2006）。农产品区域品牌标识，不仅表明了产地来源，而且表明经过特殊质量控制具有特殊质量，是识别产品是否受原产地域保护制度保护的重要标志。品质认定标志能为农产品区域品牌提供一个重要保障（刘丽等，2006）。所以要建立农产品区域品牌授权使用制度，防止区域品牌被滥用（薛桂芝，2010）。

依法确定农业产业协会是农产品区域品牌的产权管理主体，有利于更加高效地经营和管理农产品区域品牌。通过组织引导、利益协调、注册监督和保护、自律以及对外协商等维护农产品区域品牌共同利益，非常需要农业产业协会作为主导管理者，充分发挥行业内自律功能、信息提供功能、区域品牌注册功能和联合对外功能（洪文生，2005；朱玉林等，2006）。农业协会要致力于区域品牌管理、形象维护、营销推广和规范保护等工作（黄俐晔，2008）。

4.3.2 监督规范管理有利于提高北京农产品区域品牌发展质量

积极推进农产品区域品牌全面质量管理工作（沈鹏熠，2011），建立完善区域品牌农产品标准化体系（刘丽等，2006），实施全程质量管控，建立健全质量检测体系，将极大提高农产品区域品牌产品质量水平。要提升农副产品技术含量，积极开发新品种（吴菊安，2009）。重视农产品质量认证、企业质量管理认证和环境管理认证（薛桂芝，2010），重视农产品区域品牌质量控制和风险管理，将提高农产品区域品牌的精品地位和竞争优势（王志刚等，2010）。要加强农产品区域品牌管理，打击假冒侵权行为，降低农产品区域品牌负效应（薛桂芝，2010）；依法建立完善打击假冒伪劣制度，提高区域品牌科技防伪力度，维护品牌声誉和品牌形象。例如"阳澄湖大闸蟹"建立了基于信息可追溯的激光防伪和实施IC卡制度，不仅有效维护了品牌权益和品牌形象，而且提高了品牌管理水平。作为"平谷大桃"品牌管理机构，平谷区果品办公室负责对使用"平谷大桃"商标的产品进行跟踪管理及产品质量检测检验，并协同工商行政管理部门严厉打击侵犯"平谷大桃"品牌的假冒行为，有力地提升了"平谷大桃"的品牌发展质量，维护了品牌声誉。

4.3.3 品牌服务指导逐步规范可提高北京农产品区域品牌发展质量水平

建立农产品质量认证体系，积极推广农产品质量标准，可为农产品区域品牌保护提供品质保证。品牌质量管理系统化能提高农产品质量，提升农产品区域品牌竞争力。农业科技推广服务有助于农产品区域品牌产业化发展。刘丽和周静（2006）研究认为现代育种技术发展可加快品种优化过程，储运和加工技术可提高农产品商品性和附加值。马清学（2010）研究认为农产品区域品牌发展要依靠科技，要有科技创新意识，强调农业技术创新和推广，提高农产品区域品牌产业化经营水平。要积极建设农产品区域品牌信息服务平台，积极提供市场信息和专业市场服务指导。加大对农民的科技培训力度，提高农民整体素质，培养有文化、有技术、会经营管理、懂服务营销、懂微电商的新农民（孙双娣，2009），有利于提高农产品区域品牌产品质量水平。积极开展农业科技推广、质量检测、科学包装防伪、统一标识管理和技术培训等指导服务管理，有助于提高农产品区域品牌产业化的发展质量。

4.3.4 营销推广可提高北京农产品区域品牌的品牌知名度和塑造良好品牌形象

通过广告宣传、事件营销、公共外交、利用互联网虚拟营销、农事节庆营销、会展营销、自媒体传播等营销传播手段进行区域品牌传播，是建立区域品牌形象的重要手段。积极组织农产品展销会、博览会将有助于农产品区域品牌发展壮大，且有利于扩大农产品区域品牌影响力和提高品牌认知度。刘丽等（2006）研究指出，加强品牌营销，实施网络虚拟经营，可以提高农产品区域品牌知名度。举办节庆活动已成为中国农产品区域公用品牌发展的新型营销手段（胡晓云等，2011）。发展农产品区域品牌应构建品牌营销管理和市场推广体系（沈鹏熠，2011）。同时积极参与国家组织的农产品名牌评价活动，提高农产品区域品牌的竞争力和知名度。购物环境是消费体验的一部分，优良的购买环境将促进农产品区域品牌销售，农产品区域品牌的购物环境对消费者购买意愿的路径系数为0.30（张传统等，2014）。

品牌定位、品牌传播和品牌维护等方面的建设，对农产品区域品牌发展起着重要作用。必须完善区域品牌建设技术支撑，强化品牌标识设计和质量设计（黄俐晔，2008）。品牌标签信息充分度对消费者获得高质量信息，降低风险和提高购买意愿有正向影响（张传统等，2012）。要完善农产品区域品牌危机管控制度，建立品牌危机预警系统（曹垣，2007）。实施农产品商标促进工程，建立产业协会，推行"龙头企业+基地+农户+区域品牌（地理标志）"品牌经营管理模式（吴菊安，2009）。

总之，在产权清晰、管理规范和分工明确的基础之上，建立统一品牌管理组织，实行以"协会主导、企业参与、农户跟随"为主的农产品区域品牌经营管理模式，将会有效提升农产品区域品牌发展水平。产业协会由区域内同类农产品生产经营者的相关利益方，如合作社、农业企业、农户、农合组织及政府有关部门代表等以股份制形式加入组成。强化品牌商标注册产权，可使农产品区域品牌受法律保护且利于产权激励和品牌授权管理。品牌的监督规范将有力推动农产品区域品牌发展规范化、标准化和制度化。品牌的指导服务将提高农产品区域品牌发展质量。营销推广可有效提高农产品区域品牌知名度和塑造良好品牌形象。

4.4 政府扶持优势对北京农产品区域品牌发展的影响机理

国内外学者都将政府视为农产品区域品牌发展不可或缺的重要领导因素,且国内外都有政府参与农产品区域品牌发展的成功范例。国内外研究表明政府领导对区域品牌发展具有至关重要的推动作用（Allen，2007）。区域品牌化战略成功与否关键在于地区行政领导对区域品牌的重视程度,以及强有力领导协调区域内各种资源和制定区域发展战略的能力。Per Lundequist通过对奥利桑德区域进行研究发现,政府主导了奥利桑德区域品牌化的发展。丹麦和瑞典两国政府为奥利桑德区域命名,提供大量资金支持,同时进行大量基础设施建设。国外研究表明,政府通过营造良好区域环境,制定区域规划,提供各种政策支持,引导制定品牌发展战略规划,实施区域营销,积极打造营销平台,塑造良好区域形象,领导组织举办农产品展销活动,通过积极打造农事节庆等形式来实现对农产品区域品牌的领导扶持。

4.4.1 政府提供各种政策扶持、实施名牌战略、推进区域品牌公共营销等宏观调控

政府是发展农产品区域品牌的重要主体。政府要建立农产品区域品牌政策支撑体系,加强宏观发展规划设计,搞好特色农产品区域布局（黄俐晔,2008；胡正明等,2010）。政府在区域品牌形成中主要发挥着制度创新、提供公共服务、实施名牌战略和区域品牌营销等作用（孙丽辉,2010）。政府要积极搭建和完善技术研发、信息服务、质量检测和物流配送等多种公共服务平台,积极打造良好的区域发展软环境（沈鹏熠,2011）。政府还要积极支持农业产业协会的工作,授权产业协会管理区域品牌（曹垣,2007）。政府对行业协会的活动经费提供财政补贴（郑秋锦等,2007）,加强对农民专业合作组织和专业协会的指导、引导与扶持,尤其是协会初创阶段的财政扶

持等（夏雷，2007）。政府应发挥招商引资职能，吸引社会工商资本进入农业开发领域，鼓励龙头农业企业跨区投资并购，从而带动农产品区域品牌健康、规范和高效发展（郑秋锦等，2007）。地方政府应该做区域品牌策划者。政府是培育和增强农民品牌主体意识的主体（黄俐晔，2008）。政府要加大对农民的科技培训力度，提高农民整体素质，培养有文化有技术、懂经营会管理、会服务擅营销、懂用微电商的新农民（夏雷，2007；孙双娣，2009）。政府要组织农产品区域品牌建设的培训和专家指导（张可成等，2009）。为了成功实施区域名牌战略，政府应树立服务意识，提供高质量信息，提高工作效率（沈鹏熠，2011）。基于"绿箱政策"，政府要加大对农业科技研发的推广力度，加强生态环境治理，提高农产品质量和调整农业生产结构。政府是区域品牌形成的主要推动者，通过强化法规保障机制，利用法律法规来规范农产品区域品牌建设（沈鹏熠，2011），通过发挥引导职能、监督职能、服务职能三项职能来促进农产品区域品牌发展（何吉多等，2009）。政府作为市场的监管者，应加强对区域品牌的监管、指导和服务（彭代武等，2009；陈建光，2009），为农产品区域品牌发展提供物质保障、环境保障、投资力度、制度保障、品质保障和特色保障（李亚林，2010）。政府还要积极建立和完善农产品区域品牌的供应链体系、积极建立和完善品牌管理体系，大力推动"龙头企业＋基地＋农户"的农业产业化经营模式（胡正明等，2010）。

4.4.2 政府领导着北京农产品区域品牌的发展方向、发展速度和发展能力

政府主要通过直接和间接两种方式来发展农产品区域品牌。政府通过法规、政策、制度等直接创建制度环境和政策环境，规范保护农产品区域品牌发展。政府通过制定区域发展远景规划和战略策划，提供良好的农田水利设施和基础设施、有效公共服务、公平竞争环境，培育良好文化底蕴，积极开展区域营销并积极打造营销平台等，间接地为农产品区域品牌发展提供制度

环境和创造良好的产业发展环境。通过扶持农业产业化龙头企业和骨干企业发展品牌的各项政策，如设立创立名牌基金，实施优惠贷款，制定技术许可和产权保护制度、商标保护制度、原产地保护制度、地理标志保护制度等，制定行业标准，推行质量体系认证，制定著名品牌评价标准与奖励制度，引导"产学研"结合、组织各种教育培训、为农业企业发展招贤纳才，积极推动"龙头企业＋基地＋农户"的农业产业化经营模式等，以鼓励农业龙头企业带领区域经济发展。

总之，政府在农产品区域品牌发展中发挥着重要的领导作用，且通过强化调节区域优势、农业产业优势、经营管理优势对农产品区域品牌发展产生影响作用。因此，政府扶持优势可概括为尊重市场经济规律的政策支持服务、实施发展设计和区域营销三个方面。政府在上述三方面发挥的作用越好，越能强化区域优势、农业产业优势和经营管理优势，促进农产品区域品牌更好地发展。

4.5　北京农产品区域品牌发展影响因素作用机理分析

从上述分析可知，区域优势、农业产业优势、经营管理优势和政府扶持优势是影响北京农产品区域品牌发展的重要影响因素。区域优势为北京农产品区域品牌发展提供区域刚性依赖，其中自然地理环境赋予北京农产品区域品牌鲜明的区域形象特征，人文优势赋予北京农产品区域品牌独特的品牌文化，历史工艺传承赋予北京农产品区域品牌独特的品质。在农业产业优势影响作用机理中，农业产业规模化提升了北京农产品区域品牌价值创造力，农业现代化带动了北京农产品区域品牌产业快速发展，农业产业经营服务一体化为北京农产品区域品牌发展提供了持续的动力支持。在经营管理优势影响作用机理中，商标注册与授权管理保护了北京农产品区域品牌产权，监督规范管理提高了北京农产品区域品牌发展质量，服务指导规范提高了北京农产品区域品牌发展质量水平，营销推广提高了品牌知名度并塑造了良好品牌形象。在政府扶持优势影响作用机理中，实施宏观调控可促进北京农产品区域品牌发展，引导着北京农产品区域品牌的发展方向、发展速度和发展能力。

从机理分析中可以看出：区域优势、农业产业优势、经营管理优势和政府扶持优势等因素围绕北京农产品区域品牌发展存在着相互作用关系。区域优势和农业产业优势为经营管理优势发挥作用提供区域资源依赖和产业基础依赖，经营管理优势对强化区域优势和农业产业优势起到一定作用，而政府扶持则调控并强化了区域优势、农业产业优势、经营管理优势的影响作用，进而引导北京农产品区域品牌发展。四个关键因素相互影响、相互作用，不断递进和叠加，更好地促进农产品区域品牌发展。这就是北京农产品区域品牌发展影响因素的作用机理（如图4-1所示）。

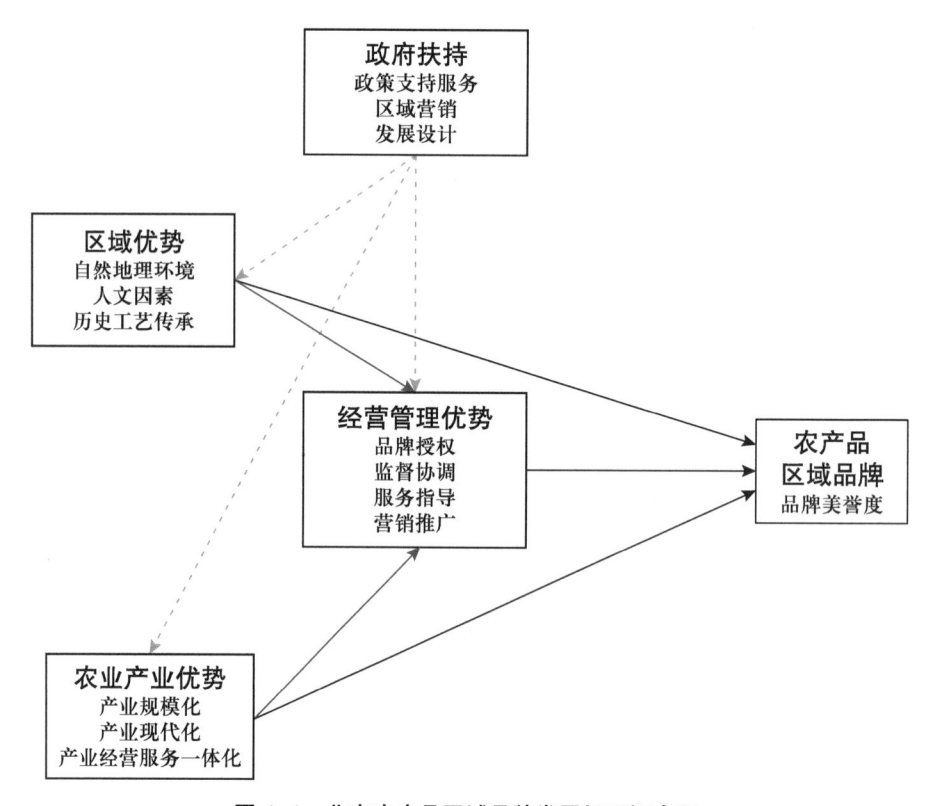

图4-1　北京农产品区域品牌发展机理概念图

4.6 本章小结

本章主要基于前面章节的理论与文献综述、北京农产品区域品牌发展现状研究成果，对区域优势、农业产业优势、经营管理优势和政府扶持优势等因素影响北京农产品区域品牌发展的作用机理进行了研究。在区域优势影响作用机理中，自然地理环境赋予北京农产品区域品牌鲜明的区域形象特征，人文优势赋予北京农产品区域品牌独特的品牌文化，历史工艺传承赋予北京农产品区域品牌独特的品质。在农业产业优势影响作用机理中，农业产业规模化可提升北京农产品区域品牌价值创造力，农业现代化可带动北京农产品区域品牌产业快速发展，农业产业经营服务一体化可为北京农产品区域品牌发展提供持续的动力支持。在经营管理优势影响作用机理中，商标注册与授权管理保护了北京农产品区域品牌产权，监督规范管理提高了北京农产品区域品牌发展质量，服务指导规范提高了北京农产品区域品牌发展质量水平，营销推广提高了品牌知名度并塑造了良好的品牌形象。在政府扶持优势影响作用机理中，实施宏观调控可促进北京农产品区域品牌发展，引导着北京农产品区域品牌的发展方向、发展速度和发展能力。经营管理优势依靠区域优势和农业产业优势进一步促进北京农产品区域品牌发展，而政府扶持基于区域优势、农业产业优势、经营管理优势的影响，进而促进农产品区域发展，四个关键因素促进区域品牌发展形成不断递进的叠加影响。本章影响因素对北京农产品区域品牌发展的作用机理研究，为后续章节的案例研究、实证研究和北京农产品区域品牌发展对策研究提供了有力的逻辑分析基础。

5 北京农产品区域品牌化模式多案例研究

根据前文研究可知,北京农产品区域品牌发展是基于北京各区域优越原产地物产条件,集聚优化区域农业资源,集合农业产业优势、经营管理优势和政府扶持等因素,通过区域品牌制度而逐渐发展起来的。因此,非常有必要研究北京农产品区域品牌发展典型案例,分析其发展成功经验,尤其是要对北京农产品区域品牌发展的影响因素进行定性分析和把握。本章通过抽样"大兴西瓜""平谷大桃""怀柔板栗""昌平草莓"等农产品区域品牌,进行多案例分析,进而基于实地访谈、二手资料等收集数据,利用内容分析法,分析归纳总结北京农产品区域品牌发展的影响因素,为后续章节的实证研究提供基础。

5.1 案例研究说明

本研究拟通过选择抽样多个北京农产品区域品牌进行多案例研究。首先进行多案例具体分析;其次对农产品区域品牌的发展模式进行探究,总结得到农产品区域品牌发展影响因素及其构成维度指标。

通过采用案例研究方法,实地调研访谈农产品区域品牌,探究影响农产品区域品牌发展的主要因素。采用多案例设计进行反复验证,每个案例都被用来共同验证研究过程中涌现出的理论观点,多案例研究方法使得理论与数据间紧密联系起来,理论形成过程扎根于数据(李平等,2012)。在研究前不预设任何假设或理论。本研究关注的重点是农产品区域品牌发展的影响因素,所以选择典型品牌研究归纳总结成功经验,采用案例研究法是非常合适的。

5.2 多品牌发展模式案例分析

5.2.1 大兴西瓜品牌发展

5.2.1.1 大兴西瓜发展简介

"兴西瓜种植历史悠久,久负盛名,形成了独特的西瓜文化。大兴西瓜种植区域主要以北京大兴庞各庄镇域为中心,包括周边的北臧村镇、礼贤镇、榆垡镇、魏善庄镇、安定镇等以种植西甜瓜为业的200多个村庄。2014年,大兴西瓜种植面积约10.2万亩,已逐渐发展形成全长13.5千米的庞安路大兴西瓜产业带。大兴西瓜年均总产约2.6亿千克,总效益近3亿元。大兴西瓜品牌产业化发展,促进了农业增效、农民增收和农村发展。

在大兴区政府领导下,授权大兴农业种植中心统管农业种植业务,同时授权大兴西瓜产业协会领导组织各镇为大兴西瓜申报了"中国地理标志""地理标志保护产品""农产品地理标志"等。大兴西瓜已经成为北京地区著名品牌,享有较高的品牌声誉。同时,从1988年开始大兴政府组织举办的"大兴西瓜节",目前已经成为北京地区重要的农事节庆活动。

大兴西瓜品质优良,主要有中小果型西瓜。中型西瓜主要以"京欣"系列(1号、2号、3号)、"航兴"系列(1号和2号)和"京雪"等为主。小型西瓜主要有"京秀""新秀""红小帅H""红玉"等品种。"京欣"1号是大兴西瓜的典型代表,是中高档西瓜,外表光滑洁净,浅绿底色上有深绿色蛇纹,皮薄瓤红,肉质脆沙,味甜多汁,单个西瓜重约5千克,含糖量达13%。"京欣"1号西瓜亩产可达3500~5000千克。

5.2.1.2 品牌发展影响因素考察

(1)区域优势是大兴西瓜发展的物质基础。大兴位于京南平原区,自然条件优越,适宜农作物生长。大兴受永定河影响,形成大面积砂质壤土,沙土春天温度上升快,传热性良好,适宜瓜果生长。大兴西瓜种植历史悠久,传统种植技术先进，为大兴西瓜的产业化发展提供了得天独厚的条件。

大兴属温带大陆性季风气候，春季干旱少雨，夏季炎热、降水集中，秋季天高气爽，冬季寒冷干燥少雪。年均降水量为600毫米，多集中在6—8月。年均日照时数约2520小时，日照率达60%，位居北京地区阳光辐射量较多的区县之首。优越的气候条件和独特的自然环境非常适宜西瓜生长。

大兴土质肥沃。大兴处于永定河冲积平原上，庞各庄等6个西瓜主产镇的土壤多为砂质壤土。砂质壤土中硼、锰、镁等微量元素含量丰富，对西瓜优质高产具有不可替代的作用。

大兴农业水利条件优越。大兴农用水大多是地下水，水质透明，pH值为7.2~7.9，矿化度北低南高。现拥有机电水井10145眼，水利浇喷灌设备约1055套，全区所有耕地全部实现有效灌溉。

西瓜种植历史悠久。北京地区栽培西瓜的历史可追溯到辽代。元代时西瓜作为时令果品进贡，一直延续到明清。西瓜在大兴长期种植，形成种植西瓜的传统，且积累了丰富的栽培经验。随着现代西瓜新品种、新技术的推广普及，大兴西瓜迅速发展。

地理区位优势明显。大兴位于北京南郊永定河平原，地势平坦，交通发达，区位优势明显。大兴距离北京南三环玉泉营14千米，距离新发地农产品批发市场10.5千米，距离天安门20多千米。道路四通八达，多条国家高速公路和国道贯通大兴，地铁四号线穿过大兴直达天宫院，首都新机场建在大兴。大兴城区现有居住人口近百万，是距离北京城区最近的卫星城。北京有常住人口2000多万的巨量中高端消费市场。可以说，便利的交通和庞大的消费市场为大兴西瓜品牌发展带来巨大机遇。且大兴休闲农业旅游发达，大量市民通过农业旅游休闲、自驾游方式来购买西瓜。大兴西瓜品牌产业化规模和都市型农业特征明显。

（2）农业产业优势促进了大兴西瓜品牌发展。大兴西瓜品牌产业成为大兴农业主导产业。1988年成功举办首届"大兴西瓜节"，标志着大兴西瓜产业形成。西瓜成为大兴农业特色明星产业，受到各方高度重视。随着大兴农业产业结构调整，大兴西瓜逐渐发展成为大兴农业支柱产业。西瓜种植方式日趋多元化，露地种植、地膜覆盖、大中小棚设施种植等种植技术逐步推广。"京欣"系列和"航兴"系列西瓜品种成为大兴主栽品种，种植面积逐步增加。种植西瓜的主体逐渐由农民转变为龙头农业企业和农业合作社。大兴已建立庞各庄四季春农艺园、庞各庄西甜瓜示范园、庞各庄老宋西瓜科技园等数个西瓜产业园。服务经济组织有大兴西甜瓜产销协会、庞各庄西甜瓜产销联合会、老宋瓜王西甜瓜科技服务中心、北京乐平西甜瓜专业合作社、北臧村绿色科技种植业产销协会、北臧村西甜瓜产销协会等。

产业规模扩大，逐渐形成西瓜产业带。大兴西瓜种植面积有10多万亩，温室大棚等设施农业种植面积达到4万亩以上，主要种植中果型和小果型西瓜品种，且90%以上采用嫁接栽培。大兴已建成国家级西瓜标准化示范区，建成了21个北京市级西瓜种植标准化示范基地，涉及大兴6个乡镇19个村庄，示范基地总面积达1.1万亩。同时构建了"一条西瓜产业带和四个西瓜产业区"的西瓜产业走廊。"一个西瓜产业带"是指沿庞安路两侧（包括庞各庄、安定两个镇）重点发展棚室等设施西瓜生产；"四个西瓜产业区"是指北臧村镇、魏善庄镇、礼贤镇和榆垡镇，北臧村镇和魏善庄镇主要以棚室西瓜为主，礼贤镇和榆垡镇主要以拱棚西瓜为主。

建设国家级示范区，制定西瓜系列标准，提高西瓜质量。大兴已经建成国家级西瓜标准化生产示范区，制定《地理标志产品 大兴西瓜》国家标准、《无公害保护地西瓜栽培技术规程》和《无公害西瓜》等质量标准。

借助西瓜，大力发展休闲观光农业，注重西瓜观光采摘体验。积极推广西瓜休闲观光采摘技术，引进适宜观光采摘的小型西瓜品种L600和"京欣"3号，积极推广小型西瓜立体栽培、小型西瓜高密度栽培、温室套种小型西瓜高效栽培模式。

（3）大兴西瓜品牌经营管理优势突出。确定大兴西瓜品牌经管主体，组织统管授权大兴西瓜品牌。大兴农业种植中心经政府授权成立，统管大兴农业种植业务。大兴西甜瓜产销协会经政府有关部门授权于2003年申请注册大兴西瓜地理标志保护产品，成为大兴西瓜产权和经营管理主体，依照《地理标志保护产品规定》，实施大兴西瓜品牌申请授权使用制度。各个授权种植镇成立西瓜产业协会，经授权统管各镇域内大兴西瓜品牌的申请使用。

积极推进商标注册，申请集体商标和证明商标。在大兴西瓜授权种植区域内，积极引导鼓励西瓜企业进行商标注册，如庞各庄镇对"庞各庄瓜"进行商标注册，并对西瓜进行编号，建立标签制度。大兴地区的企业等已注册10多个西瓜商标，如"大兴西瓜""乐平""京庞""老宋""九元"和"巴特农"等，其中"京庞"商标是北京市著名商标，其设计制作了"大兴西瓜"的统一包装（根据区域产地细分为8个颜色类型），实施规范化经营管理，打造大兴西瓜名牌。2006年，大兴区政府组织向原国家工商总局申请大兴西瓜地理标志产品保护并获得通过，确定大兴西瓜为中国地理标志，颁布了国家标准《地理标志产品 大兴西瓜》，大兴的庞各庄镇、榆垡镇、北臧村镇、魏善庄镇、安定镇和礼贤镇6镇生产的符合大兴西瓜产品质量标准的"京欣"1号、2号、3号和"航兴"1号等中果型西瓜被称为"大兴西瓜"，实施地理标志产品保护，依法治理打击假冒侵权行为。

举办"大兴西瓜节"，通过节庆活动凝聚大兴西瓜品牌文化，提升大兴西瓜品牌知名度。借助群众建议的《西瓜·西瓜经济·西瓜文化》，1988年，大兴区政府决定举办"大兴西瓜节"，确定每年5月28日为"大兴西瓜节"开幕日。"大兴西瓜节"的内容包括：开幕式、文艺活动、招商引资等商务活动、西瓜擂台赛等农事活动、西瓜休闲旅游活动五大板块。"大兴西瓜节"逐渐发展演变为"政府主办、文化搭台、经济唱戏、互联网传播"模式。"大兴西瓜节"连续举办，大大提高了大兴西瓜的品牌知名度。

积极与科研单位合作，推动大兴西瓜科技创新。大兴区与中国农业科学院果树所、北京市农林科学院等科研单位开展"功能性西瓜新品种的示范推广""高品质西瓜新品种及观光采摘技术示范推广"等合作项目（刘国栋，2012），推广"京欣"3号、"京玲""黄玫瑰""中兴红"1号等高档西瓜品种，提高了西瓜科研技术，提升了大兴西瓜的产品质量。

借助大兴西瓜产业，积极延伸大兴西瓜产品链。根据市场需要，研发种植盆栽瓜、贴图瓜、造型瓜、玻璃艺术西瓜等休闲旅游产品，提升大兴西瓜的文化内涵，丰富大兴西瓜的产品类型。其中玻璃艺术西瓜，玲珑剔透，翠绿欲滴，形象鲜活，获"大兴西瓜节"生产艺术奖和"红螺杯"北京乡村旅游商品设计大奖赛金奖（王梦河，2013）。

加强西瓜基地质量安全和人员培训工作，确保西瓜产品质量安全。大兴种植中心专门建立督导检查工作组，由中心总农艺师任组长，由种植中心推广科、植检植保站、区农业科学研究所和区蔬菜办公室等单位主管任组员，对大兴的18个西瓜标准化生产示范基地进行常态化督导检查。强化基地管理人员培训，主抓基地标准化的落实执行质量，对基地负责人及相关人员进行农业标准化知识与技能培训，包括基地建设资料搜集整理、生产过程监控、药肥合理施用、环境美化整治等内容。

实施大兴西瓜授权专卖，实行严格的质量追溯制度。利用GPS锁定大兴西瓜种植区域；严格依照标准统一西瓜种植技术；网络化管理大兴西瓜专用标志使用；指定大兴西瓜专业销售店；建立可追溯标签制度。加大打假力度，对擅自使用大兴西瓜标识等行为依法采取措施。

（4）政府强力扶持大兴西甜瓜产业发展。大兴区政府通过制定社会发展"十四五"规划和大兴区乡村振兴"十四五"规划，大力促进大兴西瓜品牌产业发展。依托永定河绿色生态发展带，在西甜瓜等特色农业基础上，进一步发展大兴西瓜都市型现代农业，建设休闲旅游景观和购物度假中心，打造特色西瓜小镇，引导农业与二、三产业融合发展。统一策划推广使用大兴西瓜区域品牌，积极搭建与市场对接的宣传平台，提高大兴西瓜的市场知名度，促进销售。

政府牵头举办"大兴西瓜节"，形成著名农事节庆品牌。大兴区政府主办"大兴西瓜节"，宗旨是"以瓜为媒，广交朋友，宣传大兴，发展经济"。确定每年5月28日举行。西瓜节实现"文化立形象、情节聚人气、展示育商机"。2009年在"中国县域节庆论坛"上，北京"大兴西瓜节"被评为"全国十佳县域节庆活动"。"大兴西瓜节"已经成为大兴特色文化的农事节庆品牌，延伸了大兴西瓜品牌产业链，促成了"一产三产化"良好发展格局。

建成中国西瓜博物馆，凝聚大兴西瓜品牌文化。大兴区政府在大兴庞各庄镇建成占地面积4000多平方米的中国西瓜博物馆，是目前国内外唯一一座西瓜博物馆。西瓜博物馆展示我国西甜瓜文化的发展历程，演绎成一部极具历史底蕴与现代时尚的西瓜文化经典。通过西瓜博物馆的传播作用，普及了西瓜文化，展示了西瓜科技，促进了西瓜产业发展，提高了"大兴西瓜"的品牌知名度。

举办全国西甜瓜之乡产业联盟大会，提升大兴西瓜的品牌形象。2011年，大兴区政府在大兴与国家西甜瓜产业技术研发中心共同举办了首届全国西甜瓜之乡产业联盟大会。来自全国西甜瓜之乡、西甜瓜地理标志产品、原产地注册地与西甜瓜专业合作社等著名西甜瓜优势产区的代表等200余人参加此次会议。大会通过观摩学习大兴西瓜产业发展及"大兴西瓜节"的成功经验，宣传大兴作为全国"西甜瓜之乡"的领头羊形象，发挥"大兴西瓜——大兴城市名片"的经济发动机作用。

大兴着力发展都市型休闲农业。投资近1亿元建成13.5千米长的"瓜乡大道"，即庞安路都市型农业休闲长廊，经过庞各庄镇、魏善庄镇和安定镇，贯穿大兴东西的主要公路交通干线。"瓜乡大道"沿途有1.5万亩设施西瓜连片发展，逐渐形成北京南部地区的一个特色鲜明的旅游休闲产业观光景观带。据不完全统计，2010年"大兴西瓜节"期间，瓜乡大道的消费者人数超过了20万。发展都市型休闲观光产业园区。先后投资建成"御瓜园""老宋瓜园"等数个集西瓜种植、观光采摘、品种展示、科技示范、休闲度假和会议服务等为一体的现代化连栋温室西瓜产业园。

打造"西瓜小镇"等特色城镇。"西瓜小镇"景观建设，成为大兴西瓜休闲旅游农业游客的常态接待站，市民游客在"西瓜小镇"里可以欣赏文艺演出、购买旅游商品、品尝各种西瓜、了解月季洲际大会等（许庆武，

2011），同时还可以欣赏西瓜园区的夜景。

政府多举措帮助大兴西瓜增产增收。一是积极推广新优品种和先进种植新技术，丰富品种类型，优化品种结构，提高大兴西瓜市场竞争优势。二是借助项目，实施测土配方施肥工作。形成"测土到田、配方到厂、供肥到点、指导到户"的一条龙服务新模式（方彬楠，2011）。三是积极推广小型西瓜设施吊蔓高产栽培种植技术，单产增加10%~15%，效益增加500~1000元。四是积极推广棚室西瓜多层覆盖早熟栽培技术，使大兴西瓜上市时间提前20天，每亩增效达4000元以上（方彬楠，2011）。

建立信息化营销平台，加速农业流通模式转型升级。建立大兴原产地特色农副产品直销信息化平台，开展"绿色农业·科技流通"精品展，以"为民、为农、为生活"宗旨，持续开展"四对接"，即农超、农餐、农企和农社对接。

5.2.1.3 "大兴西瓜"品牌发展评价

在弱农业资源和强经济的北京大都市市场辐射下，大兴区政府充分发挥宏观调控优势，因势利导，利用大兴的优越区位优势，大力发展和强化"大兴西瓜"产业优势。引导建立以大兴西瓜产业协会为管理主体、众多龙头企业参与、强化标准化基地建设、众多农户跟进的品牌经营管理，走出了一条北京大都市高端市场辐射下的特色农产品区域品牌产业发展道路。

5.2.2 平谷大桃品牌发展

平谷大桃久负盛名，作为地理标志保护产品，具有种植面积大、品种多、上市时间长、出口量多等特点。从20世纪90年代开始，平谷区开始大面积推广以大桃为代表的果品生产。目前，平谷大桃已经形成了白桃、蟠桃、油桃、黄桃4大系列200多个品种，已发展果树40.8万亩，建成以大桃为龙头的八大果品基地，达到了每年能产2.8亿千克、年收入近10亿元的产业规模。平谷大桃以占北京市50%的大桃种植面积，实现了北京市80%的大桃效益，单位面积效益超过6400元，人均果品收入达到8000余元，果品总产品、果品收入、人均果品收入连续25年位居全市第一。平谷大桃不仅在国内20多个省市销售，而且远销东南亚、西欧十几个国家及中国港澳台地区。平谷大桃获得许多品牌奖励荣誉，如在中国林业部举办的第二届林业名特优新产品博览会上获金奖，在农业农村部举办的第三届农业产品博览会上获"名牌产品"，在1999年昆明世界园艺博览会上获金奖，在2001年广州全国果品展评中被评为"中华名果"。

5.2.2.1 平谷大桃品牌发展的区域优势

北京平谷区作为中国最大的桃乡，具有生产果品的优越的自然地理条件。

平谷地处北京市东北部，燕山西麓、华北大平原北缘，三面环山。地形分为中低山区，岗台阶地区和泃、洳河洪积冲积平原，属于暖温带大陆性季风气候，海拔11~1188米。平谷大桃适合生产的海拔范围11~588米。

平谷年平均气温为11.5摄氏度，5—8月平均气温在20摄氏度以上。最热的7月平均日温26.1摄氏度，最冷的1月平均日温–5.5摄氏度。极端最高温度40.2摄氏度，极端最低温度–26摄氏度，年平均无霜期191天，最长205天，最短160天。

平谷日照充分，昼夜温差大。全年日照为2729.4小时，年平均日照百分率为62%。太阳辐射量559.24千焦/平方米。5月日照时数最多，为287.3小时，6月为268.9小时。平谷为三面环山，西南开口的敞开型地形，绵延百余千米的山前暖带非常适合果品生产。

平谷降雨量充沛，水资源丰富，有独立水系，水质优良。平谷平均年降水量639.5毫米，尤其是夏季最多，年平均为479.1毫米，占全年降水量的74.9%。平谷境内多河流，共有常年河和季节河10多条，年平均径流量4.5亿立方米。地下水资源丰富，储量达4.5亿立方米，属于独立水系，且水质好，无污染。地表水年径流量多年平均值为3.10亿立方米。地下水补给量多年平均值为2.97亿立方米，地下水可开采量为每年2.2亿立方米。

土质独特，营养丰富。平谷的土壤都是砂质壤土和轻壤土。pH值

6.0~8.0，含盐量（以 NaCl 计）≤0.14%，有机质含量≥0.8%。加上周围群山储藏着大量富钾火山岩这一独特的地理特征，不仅适合大桃生长，而且还天然为桃的生长提供了大量的微量营养元素。

5.2.2.2　平谷大桃产业化优势

（1）平谷大桃品质品种优良。平谷素有"中国桃乡"之称。平谷主要栽培的大桃品种有"大久保""庆丰"（北京 26 号）、"14 号""京艳"（北京 24 号）、"燕红"（绿化 9 号）等。平谷大桃以个大、色艳、甜度高、无公害而驰名中外，深受广大消费者青睐。同时平谷大桃积极申报集体商标和证明商标，获批地理标志保护产品、地理标志证明商标、农产品地理标志等。

（2）大桃产业规模大、技术水平高。从 20 世纪 90 年代开始，平谷大面积推广以大桃为代表的果品生产。平谷是全国大桃生产第一区，是北京市重要大桃生产基地，先后被原国家林业局授予"中国名特优经济林桃之乡"称号，被农业农村部授予"中国桃乡"称号，被原国家质量技术监督局确定为"全国大桃标准化生产示范区"。平谷大桃具有"五个最"，大桃面积、产量、品种和上市时间居全国区县级首位。在全国的区县级中，面积达 40.8 万亩——产业种植面积最大；产量超 1.4 亿千克——产量最多；年收入近 10 亿元——产业效益最高；从 3 月底至 11 月底均有鲜桃销售——上市时间最长；拥有黄桃、白桃、蟠桃、油桃四大系列 218 个品种——产业品种最全。截至目前，全区已发展果树 40.8 万亩，建成以大桃为龙头的八大果品基地。

（3）实施严格的标准化生产。平谷大桃严格按照绿色食品生产，实施严格的标准化生产。严格按照大桃标准化技术规程要求生产，科学疏花疏果，加大农家肥料施用量，尽量少施或不施化肥，杜绝使用化学农药，确保了果品生产的内在品质和食用安全性。平谷大桃在出口商检时百分之百合格，无一出现农药残留超标问题，达到了绿色食品标准。

（4）平谷大桃品牌产业化效应高。平谷大桃发展至今，全区已形成 40 多万亩的大桃生产规模，总产量近 3 亿千克，总收入达 10 多亿元。大桃面积占全市的46.8%，收入占全市的80%。全区以大桃产业为主的果品产业已成为全国农业产业结构调整的特色代表，产生了良好的经济、生态和社会效益。

平谷区有7万多农民从事大桃生产，有10万农村人口主要经济收入来源于大桃生产，大桃成为农民生产生活的主要经济来源。大桃单位面积效益超过6400元，人均果品收入达到8000余元，果品总产品、果品收入、人均果品收入连续25年位居全市第一。对全区农民就业、农民增收、农村稳定起到重要作用。大桃产业与工业、旅游、文化等相关产业紧密结合，产生的综合经济效益更加突出。同时生态效益突出。全区森林覆盖率为64.94%，林木绿化率69.75%，处于生态涵养发展区前列。果树占林木绿化面积的48%，大桃占林木绿化面积的25%，使平谷成为北京市最大的花园。

（5）平谷积极实施大桃精品战略，促进大桃产业升级。2000年以后，平谷大桃种植面积稳定在40万亩，开始向提质增效方向转型。为提高大桃市场竞争力，平谷提出了"以有机果品为先导，绿色果品为主体，安全果品为基础"的精品果生产战略。组建了区、乡镇、村三级果树技术推广和病虫害预测预报网络，推广了40余项综合配套技术，建成了22万亩无公害大桃生产基地，10万亩绿色大桃生产基地，1万亩有机大桃生产示范区，2.3万亩大桃增甜示范园，全区大桃精品果率达到75%以上。提出了建设水蜜桃大区、蟠桃大区、油桃大区的发展思路，推广优质蟠桃品种3万多亩；推广优质油桃品种2万多亩；推广优质水蜜桃品种2万多亩；推广优质白桃品种1万多亩。通过新品种的引进和推广，使平谷区大桃品种结构日趋优化，市场竞争力不断增强，经济效益明显提高。

（6）形成完整的大桃产业体系。平谷区通过"政府引导、龙头企业带动、合作组织推动、标准化基地联动"，在推进大桃产业标准化生产和提升产业化水平方面取得显著成效，基本形成了"龙头企业+合作组织+基地"的较完整的产业体系，产业总体水平大幅度提高。目前，全区已有5家市级龙头企业和1家国家级龙头企业，共带动本地区农户8720户，促进增收

13.4亿元。平谷农民专业合作社达到860家，带动农民成员43794户，入社成员占全区一产农户的72%。建立了一批平谷大桃农产品批发市场，如大华山镇建设了北京市平谷大桃市场。同时充分利用互联网开展农产品电子商务，建设了平谷大桃网，实施原产地营销。

5.2.2.3　平谷大桃品牌经营管理机制完善

（1）建立果品办公室（以下简称果品办），引导平谷大桃品牌发展。根据平谷大桃等果品快速发展的实际情况，平谷区适时成立了果品办，作为平谷大桃品牌的经营管理主体，管理和指导平谷大桃品牌产业发展，协调各方面的政策和利益关系。果品办的主要职能是为全平谷区的果品生产提供产前、产中、产后服务，贯彻落实上级有关果品生产政策法规，指定落实果品生产的发展规划计划、果树技术培训和普及。

（2）政府推动建立大桃产业协会和合作社，协调引导平谷区各乡镇大桃产业发展。平谷区通过"政府引导、龙头企业带动、合作组织推动、标准化基地联动"，在推进大桃产业标准化生产和提升产业化水平方面取得显著成效，基本形成了"龙头企业＋合作组织＋基地"的较完整的产业体系，产业总体水平大幅度提高。

（3）积极实施品牌战略。平谷大桃积极申报集体商标和证明商标，已获批地理标志保护产品、地理标志证明商标、农产品地理标志等。平谷大桃积极参加各种品牌大赛，获得很多品牌荣誉。例如被评为全国知名商标品牌；被欧盟确定为进入欧盟的10个中国地理标志保护产品之一；被原国家工商总局认定为"中国驰名商标"。

（4）通过农事节庆来提升平谷大桃的品牌知名度和影响力。平谷区通过举办"桃花节""采摘节"，提高平谷大桃的品牌知名度。

（5）建立平谷大桃网，强化互联网营销。引导大桃行业利用互联网技术来协助平谷大桃行业更好更快地发展、拓宽销售与采购渠道、创造更多的交易机会。

（6）强化创新平谷大桃生产安全体系，走有机大桃发展之路。通过北京市园林绿化局在平谷区建立零农残果品基地，狠抓有机果品基地建设，每年发展零农残果品基地1万亩。依托全国最大农产品检测仪器公司普析公司的技术力量，建立果品质量、安全检验检测中心，对果品的种、水、土等环节进行全链条检测控制，促进生产环节有机化、标准化栽培。加大农业、生物、物理防治病虫害措施，发展环保生态型、低碳型果品产业，实现果品无公害。

（7）强化并建立科技培训、试验示范与推广体系。通过建设和稳定科技培训与推广队伍，加强培训设备和场地建设，采取形式多样的培训方式，大规模开展果树技术培训，提高农民科技素质、技术能力和管理能力，培养一大批现代果业生产实用人才。加快推进果品产业省工省力技术研究和园艺果树标准园建设，在果树信息技术、良种繁育技术、园艺栽培技术、节本降耗技术等方面取得实质性成果。

（8）构建适应现代果业发展要求的技术体系、科技服务体系。首先，提高良种良法和机械化水平，促进大桃产业的集约化、信息化、高效益发展。其次，组建果树修剪服务队、植保服务队、农机服务队等，为果农提供"保姆式"服务，提升果业社会化服务水平。最后，强化全区全科农技员培养工作，将果树技术纳入培训范围。

（9）探索建立平谷大桃地理标志保护体系，集法律法规体系、标准化体系、产品质量保障体系、质量追溯体系四大体系于一身。制定了《平谷大桃地理标志产品保护管理办法》，形成了保护平谷大桃地理标志保护产品的法律法规体系。推广《地理标志保护产品专用标志使用单位年度评价表》，评价表包括基础管理、质量管理、包装、标志管理、销售情况、效益情况、体系建设情况7项评价项目。

建立平谷大桃一整套标准化体系。这一整套标准化体系，包括技术标准体系、管理标准体系和工作标准体系3个部分。例如，技术标准体系规范了平谷大桃的产地环境标准、基础设施标准、安全卫生标准等7项内容；管理标准体系则明确了各部门及相关人员的职责、权限和要求，以及在产前、产中、产后过程控制中明确了各项工作由谁干、干什么、干到什么程度、何时干、何地干、怎么干、为达到要求应如何进行控制等，甚至对文件、资料、档案的管理都进行了标准化规范；工作标准体系则是为了更好地实施各项标准而制定的一系列规章制度，做到各种制度上墙明示，责任明确。

建立平谷大桃品牌大桃质量保障体系。主要从4个方面加强完善农产品质量保障体系建设：一是建立农业标准体系，把农业生产的各个环节纳入标准化的管理轨道；二是建立平谷大桃监测体系，形成较为完善的农业生产资料、农产品和农业生态环境监测网络；三是建立农产品评价体系；四是建立农资经营市场体系，重点是规范和清理整顿农资市场，为平谷大桃农业标准化的实施创造良好的外部环境。

建立完善平谷大桃产品质量追溯体系。为了保证平谷大桃可追溯，防止滥用标志，平谷大桃示范区制定《平谷大桃地理标志产品标志发放追溯规定》。消费者可通过查看商品外包装上的专用标志来判断其是否为地理标志保护产品，也可以到国家市场监督管理总局网站进行查询。

实行农产品产地编码制度。将产地分区编码，向农户发放农产品产地编码卡，给农产品发放"身份证"。搭建产地编码网上信息平台，及时向国内外客户提供基地优势特色农产品的区域、产地环境、经营主体、生产规模、取得认证的种类和主要品牌等信息，实现产地与市场的"零距离"接触，并与市场准入制度相结合，确保农产品质量安全。

5.2.2.4　平谷区政府强力扶持平谷大桃产业发展

（1）平谷区通过制定社会发展"十四五"规划和都市型农业"十四五"规划大力促进"平谷大桃"品牌产业发展，强化建设都市型现代农业休闲、观光和体验基地，都市安全特色优质农产品生产基地，都市农产品加工基地，首都高端农副产品供应基地和首都农副产品物流贸易基地。

按照农业现代化要求，高标准建设多个绿色果品生产基地；继续坚持"一主多特"的产业发展方向，稳定以大桃为主的果品生产面积，按照"引品种调结构、建中心强科技、以文化树品牌"的建设构想，全面提升果品产业的科技附加值和文化附加值，打造生产功能与休闲功能融合的首都都市型现代果业强区。

做大做强平谷大桃优势果品产业。以优新品种为基础，以提高品质为核心，以综合配套技术应用为手段，以无毒、安全为保障，做强以平谷大桃为重点的优质、生态、安全的平谷果品品牌，提高平谷区果业在国际和国内市场上的综合竞争力。

充分利用平谷大桃品牌产业资源和历史文化传统，建设国际大桃公园，强化平谷大桃品牌。强化大桃的精深加工，大力推进以桃为主的果品文化建设。

（2）实施平谷大桃精品战略，促进平谷大桃品牌产业升级。为提高大桃的市场竞争力，平谷区提出了"以有机果品为先导，绿色果品为主体，安全果品为基础"的精品果生产战略，开始转型向提质增效方向转化。组建了区、乡镇、村三级果树技术推广和病虫害预测预报网络，推广了40余项综合配套技术，建成22万亩无公害大桃生产基地，10万亩绿色大桃生产基地，1万亩有机大桃生产示范区，2.3万亩大桃增甜示范园，全区大桃精品果率达到75%以上。提出建设水蜜桃大区、蟠桃大区、油桃大区发展思路。推广优质蟠桃品种3万多亩；推广优质油桃品种2万多亩；推广优质水蜜桃品种2万多亩；推广优质白桃品种1万多亩。通过新品种引进和推广，使本区大桃品种结构日趋优化，市场竞争力不断增强，经济效益明显提高。

同时，平谷区委、区政府从2007年开始，每年从财政拨款1000万元作为大桃产业发展基金，专门用于支持基层进行大桃产业升级，以保证战略实施。

（3）平谷区政府发挥宏观调控作用，实施创新三大服务体系。为了解决家庭联产承包责任制技术推广难问题，区果品办与乡镇一起在128个大桃生产专业村成立了128个科技骨干服务队。这支队伍发挥了"传、帮、带"作用，促进了优新综合配套技术在10多万果农中的推广普及。

创新了峪口镇西营村"党支部＋专业合作社＋果农"的"三结合"经营机制，并实行产前、产中、产后"六统一"管理模式，全村实现了大桃亩效益1.54万元。

创新了刘家店镇寅洞村支部书记抓两委班子成员，两委班子成员抓科技骨干服务队，科技骨干服务队服务果农的"金字塔"式管理模式，全村精品果率达到85%以上，亩均效益达1.4万元，全村800口人人均大桃收入突破2万元。

（4）创新经营体制，实施高效高密植现代化果园建设，促进大桃产业升级。考虑到平谷区农村劳动力日趋老龄化、机械化程度低、劳动力成本高等问题，平谷区政府积极探索平谷大桃品牌产业新的经营体制、栽培模式和栽培技术。从2013年起，通过土地流转，将土地收归村集体或承包大户，建成3500亩"高密植、高产量、高效益"的标准化、规模化、集约化、现代化新型果园。高效现代化示范果园实现了3个方面的创新：一是经营体制的创新，通过采取土地流转的方式，探索了集体经营果园和家庭农场式经营果园模式，促进果品生产的标准化、规模化、机械化和集约化管理。二是创新并推广栽培新模式，采取株行距1米*3米高密植栽植，每亩株数达222株，采用独立主干树形，有利于机械化管理。三是栽培技术的创新，探索早产早丰、省工省力的栽培技术。

（5）实施品牌战略，打造平谷大桃新形象。平谷的大桃是不可多得的生态资源，是发展生态涵养区的底色和基础，也是发展休闲农业的坚强保障。发挥大桃产业的生态资源优势，挖掘品牌价值，主动对接市场，推动一、二、三产业的融合发展，是农业工作者的重要课题。平谷区政府组织召开了"桃醉"——平谷休闲农业品牌发布会，主要从以下3个方面进行规划引导：一是实施"桃醉"品牌战略，积极引进移动互联网技术。设计了"桃醉平谷"新的品牌标识，推出了适应市场新需求的9款新包装，重点是新包装引用了二维码信息技术，超市和市民可以通过手机对二维码进行扫描，获取匹配手机屏幕的履历页面，从而查看大桃全程履历信息。二是围绕休闲农业发展，推出了挂甲山庄、桃花海、诺亚有机农场、沱沱工社、兴隆庄设施桃园区、鱼子山设施园区、京东绿谷家庭农场等100个功能多样的休闲农业园区。三是通过平谷农委的门户网站——平谷农业信息网，推出了"五个一"销售工程，即面向社会公布1个农业信息网、10个网店、100家示范合作社、100家直销店和100个大桃采摘园。推动与平谷大桃相关的游玩、美食、文化、采摘、观赏等信息通过网络媒体快速传播。

（6）实施营销战略，促进农民增收致富。平谷区委、区政府高度重视大桃销售工作，不断拓宽销售渠道，多方对接打开市场，采取的形式多种多样，如农产品直销店建设、农超对接、农企联手、"赶大集"活动、鲜桃采摘季活动等。2011—2013年，平谷区开展平谷鲜桃采摘季活动，并实施"三百"对接工程，以桃为媒，开展百家企业对接百个大桃专业村、百家超市对接百个合作社、百位名人对接百个科技示范户等一系列交流活动。通过"三百"对接工程和企业团购、采摘等多种形式每年销售平谷大桃1000余万千克。另一方面，不断加大自身销售队伍的培育力度，给予果品销售组织和销售能人政策上的支持。目前，全区销售人员达3000余人，销售量达到总销售量的60%，外埠客商销量占40%。在销售形式上，逐步探索出了进超市销售、社区销售、店外店销售、进机关厂矿敲门销售、大桃配送、市场批发、城区零售等多种形式。

（7）实施综合开发战略，深入挖掘平谷大桃文化内涵。举办"桃花节"，扩大平谷大桃品牌产业影响力。大桃产业的形成，实现了果旅互促，每到仲春四月，万亩桃花绽开，平谷成了桃花的海洋，是令人神往的郊游圣地。1992年，平谷大桃集中产地大华山镇举办了首届"桃花节"，到1996年，连续举办了5届，吸引游客30多万人次，促进了旅游业的发展。1999年春，"桃花节"升格由区政府和市旅游局共同主办，又引进了湖南浏阳烟花和桃花相映衬，节庆名称变为"第一届北京国际桃花烟花节暨经贸洽谈会"。从2011年开始，平谷国际桃花节更名为"国际桃花音乐节"，2013年，成功举办了第十五届"国际桃花音乐节"。

实施"文化桃"战略，提升平谷大桃的文化品位和附加值，成功开发"寿星""福娃""奥运标志""十二生肖""情侣"等系列桃果艺术品。

延伸平谷大桃产业链，推出桃工艺品及保健品。平谷区以桃产业为依托，以桃文化为平台，以桃木桃果为资源，开发桃木剑、桃木梳、桃花盆景、桃果艺术品等一系列桃工艺品，投入市场后受到消费者欢迎；并利用桃花资源，加工符合市场需要的食品、化妆品，发展健康产业。

挖掘"平谷大桃"品牌产业精神文化。平谷区努力发掘大桃产业的精神文化功能，聘请区内外艺术家，创作京剧《大桃熟了》、大型评剧《桃花盛开的地方》等一系列话剧、诗歌、散文作品，举办了摄影、书画、对联等多种以桃文化为主的比赛，丰富了平谷桃文化的内涵，扩大平谷大桃的社会影响。

（8）实施产业引导战略，实施平谷大桃品牌产业转型升级工程。基于平谷大桃品牌产业效应，重点打造建设两个产业带，即以绿色生态为标志的都市型现代果业产业带和以人与自然高度和谐为特征的休闲观光旅游产业带。使果品产业成为将生产性、生态性、生活性、文化性、科技性融为一体的特色产业。以推进农业集约化、科技化、产业化、高端化、品牌化发展为方向，按照建设大果园、大菜园、大花园、大公园、大乐园的"五园建设"发展思路，加快土地流转，提高农民的组织化程度，探索平谷果业集约化、规模化、现代化、机械化发展的新的经营体制、栽培模式和栽培技术，破解当前制约平谷果品产业发展的瓶颈问题，大力发展高效现代果园建设，促进产业提质增效、农民收入倍增。

针对农村劳动力日趋老龄化和都市型现代化果品基地建设的需要，平谷区围绕已建成的3500亩高密植现代化果品基地，探索省工省力、机械化作业的果树栽培模式，解决老龄化和今后谁来种地的问题，推进平谷区果园的规模化、集约化、现代化建设。围绕好吃、好看、营养丰富、绿色健康，研究新技术，引进新品种，提升果品产业发展水平。围绕观光采摘、休闲体验，加强观光采摘园基础设施建设，构建都市型现代化观光果业。

（9）政府引导实施果品品牌建设工程。打造好"四个一"：①树立一个理念，即市场导向理念。依托大桃产业优势，紧盯市场需求的变化，实现大桃产业从单一生产型向市场需求型的理念转变。②实施一个战略，即品牌战略。以大桃产业为重点，在开展一系列调研的基础上，制定平谷区休闲农业中长期的品牌发展战略。③搭建一个平台，即营销推介平台。通过定期举办品牌战略研讨会、流通培训班以及有影响力的农产品推介会等措施，培育农产品流通人才，提升品牌影响力，做大品牌的营销推介平台。④培育一批品牌，即企业品牌。选择一批有实力、有潜力、有特色的农业龙头企业进行重点引导、整合与培育，打造一批在市场上有竞争力的强势企业品牌。

5.2.2.5 案例研究总结与启示

平谷大桃农产品区域品牌的成功发展表明：基于区域名优特农产品资源，发展农产品区域品牌，离不开区域先天形成的优越的自然地理环境、人文环境等区域资源优势，离不开基于名优特农产品资源的农业主导产业所展现出的农业产业化优势的发挥，离不开一个比较完善的品牌经营管理机制，更离不开政府对农业产业发展实施宏观调控，尤其是对名优特农产品资源产业的强力扶持。

众所周知，与工业品不同，农产品由于自身生命周期特点，其成长、成熟、质量等都受到自然地理、光照、气候等资源刚性条件约束，再加上我国农业在国民经济产业体系中的基础性地位和弱质地位，以及以家庭联产承包责任制为主的、技术含量比较低的、分散化程度高的农业发展格局，土地集中程度和速度，尤其是农业规模化和规模效益提高受到一定限制。因此，区域农业发展升级急需一种制度设计，实现集聚分散的名优特农产品资源来促进农业品牌化发展。这些农产品区域品牌发展的成功案例说明，农产品区域品牌化发展，可能就是一个比较好的制度选择，从品牌发展实践上探索出了一条很好的品牌发展道路，值得各地借鉴。

5.2.3 怀柔板栗品牌发展

5.2.3.1 怀柔板栗发展简介

"世界板栗数中国，中国板栗数怀柔"。怀柔素有"中国板栗之乡"的美誉。板栗栽种历史悠久，据史书记载，板栗在京郊已有1000多年的栽培历史。而目前现存于怀柔区的明清板栗园达万亩以上，主要分布于南北两沟。明朝时，仅渤海镇，就建有专门筛选板栗的榛厂4个。清代《日下旧闻考》中记载："栗子以怀柔产者为佳"。怀柔板栗以皮薄色亮、肉质细腻、含糖量高、甘甜可口、营养丰富、口感香甜糯软而闻名。怀柔板栗是板栗中的珍品，在清代曾作为朝廷贡品，在国内外享有盛名。

怀柔板栗久负盛名，品质优良，1994年，荣获全国林业名特优新产品博览会银奖。2001年，怀柔区被原国家林业局认定为"中国板栗之乡"。2007年，渤海镇六渡河村也被原北京市林业局命名为"京郊板栗第一村"。2007年，怀柔区农业委员会下属农业发展促进会申请注册的怀柔板栗原产地证明商标的专用权获得原国家工商行政管理总局批准。怀柔板栗地理标志地域保护范围包括渤海镇、九渡河镇、桥梓镇、怀柔镇、雁栖镇、怀北镇、琉璃庙镇、汤河口镇、宝山镇、长哨营乡、喇叭沟门乡等9镇2乡，位于东经116°17′~116°63′，北纬40°41′~41°4′。2008年，怀柔板栗栽培技术被列入《北京市市级非物质文化遗产名录》。2013年，怀柔板栗通过了北京市农产品地理标志资源普查专家评审会的评审，成为北京市农产品地理标志保护产品，是怀柔区传统地域农业特色品牌。

怀柔板栗真正走向优良品种化生产始于20世纪70年代。从1975年起，原北京市林业局会同北京市农林科学院林果研究所和原北京市怀柔县林业局，经过10年艰苦细致的工作，优选出"怀黄""怀九"等优良品种，并通过大规模的嫁接换优，到80年代中期基本完成了栗产区的品种化改造，使北京板栗的产量和品质得到大幅度提高。

北京市怀柔区地处燕山山脉南麓，距北京市城区50千米。怀柔全区14

个乡镇中，除北房、杨宋 2 个平原乡镇外，其余 12 个乡镇均有板栗栽培，其板栗总产量及出口量占北京市的 60% 以上，是北京市第一板栗生产区。怀柔全区板栗种植面积已达 28 万亩，产量和出口量均占全市的 60% 以上。怀柔板栗销往全国 20 多个省市并出口到日本及东南亚、欧美的部分国家和地区。近年来，怀柔板栗种植规模不断扩大，以板栗产业为主的渤海镇、九渡河镇等的板栗栽培面积达 1.02 万公顷，实现户均增收 8000 元，人均年收入 3000 元。

怀柔区依靠板栗，优化资源整合利用，积极推进"旅游+""文化+"等活动，举办"长城板栗文化节""北京最美乡村板栗文化节"等农事节庆活动。以"体验板栗文化 感受大美怀柔"为主题的怀柔区"长城板栗文化节"主要在渤海镇和九渡河镇举办。"长城板栗文化节"全方位展示怀柔古长城风韵、板栗现状及发展前景，提升古长城魅力，打造怀柔板栗特色品牌，推动北京市"长城文化带"建设，助力怀柔区创建全国文明城区，弘扬怀柔长城文化和板栗文化，提升怀柔板栗品牌知名度，促进"怀柔板栗+水长城景区"的农旅文化节庆产业深度融合发展。

怀柔板栗获得"中华名果"称号。在 2008 年 9 月 23 日举办的首届燕山板栗擂台赛上，渤海镇选送的 20 余个板栗样品中，竟有 7 个品种获得了一等奖，并被纳入"中华名果"行列。怀柔区九渡河镇也已成为中国和欧盟的生态试点镇之一。

5.2.3.2 品牌发展影响因素考察

（1）区域优势是怀柔板栗发展的物质基础。怀柔区地域面积 2128.7 平方千米，山区占 88.7%。地形南北狭长，呈哑铃状，南北长 128 千米，东西最窄 11 千米。地势北高南低，以著名的万里长城为界，北依群山，南偎平原，层次鲜明地分为深山、浅山、平原类同地区。境内最高点海拔 1705 米，最低点海拔仅 34 米。区政府位于南部平原。由于怀柔多山，农村人口占怀柔总人口的 70% 以上，因此，从事板栗种植拥有大量的劳动力资源。

怀柔区地处北京东北部，距离市区 50 千米，境内风光秀丽，气候宜人，素有"京郊明珠"的美誉。在国内市场,怀柔有北京大市场做依托。在国外,怀柔东临韩国、日本,以天津的物流系统做支撑,可以直销东南亚,远送欧美等国,具有良好的区位优势。

怀柔区地处燕山山脉南麓,种植区在海拔600米以下,全年日照时数为2700~2800小时,平均温度为9~12摄氏度,属温带大陆性气候。怀柔区属温带大陆性半湿润季风气候,温和冷凉,年降水量500~600毫米。怀柔区在地理位置、海拔高度、降水量、温度、土质等条件上都十分适合板栗生长。怀柔板栗主产区域土质为花岗岩、片麻岩等分化形成微酸性土壤,土壤pH值为6~6.8,土壤中有机物质含量高,富含锰、硼等板栗生长所必需的微量元素。而且这种土壤含有大量的硅酸,栗果吸收硅酸后,内皮蜡质含量增加,炒熟后内果皮易剥落,怀柔板栗的这一特点是国内其他地区的板栗所不能比拟的。因此怀柔板栗为栗中珍品。

怀柔优越的气候、地理、土壤等条件造就了怀柔板栗的果形玲珑、色泽美观、肉质细腻、果味甘甜、营养丰富、易剥内皮、糯性强、便于贮存等特点,使其驰名中外,有"板栗之冠""天然果脯"之美称,有东方"珍珠"和"紫玉"等诸多美誉。

北京怀柔板栗的栽培历史悠久,可追溯到春秋战国时期,而它的出名大概可以追溯到四五百年前的明朝。怀柔板栗曾被定为贡品。据说慈禧太后为了延年益寿经常吃用怀柔栗子面做成的窝头,后传至民间,栗子面窝头成为著名的北京小吃之一。

(2)农业产业优势促进了怀柔板栗品牌发展。怀柔板栗品牌产业已成为怀柔区农业的重要主导产业之一。怀柔板栗以其独特品质而享誉全国,获1994年全国林业名特优新产品博览会银奖;2001年,怀柔区被原国家林业局认定为"中国板栗之乡";2007年,怀柔区获得原国家工商行政总局颁发的怀柔板栗原产地证明商标的专用权;2007年,"怀柔板栗栽培技术"被列入《北京市市级非物质文化遗产名录》。这标志着怀柔板栗已经成为著名农业区域品牌。

推进怀柔板栗农业主导产业化和规模化发展。怀柔立足于"九分山水一分田"的实际，利用工业的理念积极发展现代特色种养业，建成了板栗、西洋参、冷水鱼三大生产基地，使板栗产业成为富民兴县、山区果农增收致富的农业三大主导产业之一。怀柔板栗种植面积稳定在1.8万公顷，约占全区果树总面积的72.4%，其中集约化密植园面积达到0.7万公顷，产量突破1100万千克，产值达到1.5亿元，分别占全区果品产量和收入的30.4%和43.7%。全区现从事板栗生产的共有2.5万户约10万人，占全区现有农业人口的64.6%。

加强实施推广板栗科学技术，促进板栗产业化发展。怀柔区充分利用北京的科技资源优势，与北京农林科学院、北京农学院等科研院所深度合作，借助其技术优势加强科技推广。先后推广实施了板栗疏雄醇、板栗干注营养液、板栗早果丰产栽培、高产稳产栽培、低产郁蔽园改造、精细控量修剪、配方施肥等20余项成熟科学技术，应用推广面积20余万亩。优良品种的推广以及板栗精细控量修剪技术、配方施肥等技术的应用，使板栗产业实现了从粗放管理到产业化、品种化、集约化的转变，极大地推动了怀柔板栗产业的快速发展。

推进板栗品种优化集约化，提升怀柔板栗品牌发展质量。怀柔区园林绿化局板栗试验站积极加强板栗品种化和集约化，一方面推进新品种繁育，另一方面积极推进板栗种质资源圃的建设，在保护当地板栗优种资源的同时，引进外埠优良品种。种质资源圃内储备板栗品种资源80余个，包括引进的品种30余个，成为以优良品种储备、优新品种繁育、科研试验示范为核心的板栗种质资源科研基地。北京农林科学院开展的南方锥栗与怀柔板栗主栽品种"燕红""怀黄""怀九"授粉试验，选育出不褐变、适宜加工的板栗优新品种；北京农学院进行板栗蛀果害虫桃蛀螟信息素引诱试验，树体应用乙烯、脱落酸等植物生长调节剂，提升了果实口感、品质。种质资源圃为优种繁育、科研生产提供强大技术支撑。

自主培育板栗优新品种群。2000年，怀柔区选育出丰产、适于京郊种植的"怀黄""怀九"2个板栗优良品种。随着板栗密植园迅速发展，2010年，从当地实生板栗资源中优选出了适宜密植栽培的丰产品种"怀丰"。2011年，选育出早熟、丰产的板栗优良品系——"京暑红"。该品系成熟期较中晚熟品种提前1个月，8月下旬即可上市。2013年，以当地丰富的实生板栗资源为基础，选育出了性状、品质和适应性优异的板栗新品种"怀香"。怀柔板栗形成以"燕红""怀黄""怀九""怀香""怀丰""京暑红"等高产板栗为主的板栗良种群，进一步推进了怀柔板栗产业链的发展。

推动建立板栗标准化基地和科技示范园。坚持优质、高产标准化基地建设方针，严格执行标准化要求，执行北京市板栗地方标准，在2007年就建成板栗标准化生产基地8个，面积达到6820亩。在2004年，将有机果品生产技术引入板栗生产中，建立有机板栗生产基地3个，面积8040亩，其中已有4040亩获得了有机果品生产证书。标准化的生产带动了出口创汇，经过深加工的怀柔板栗，不仅出口到日本、东南亚地区，还出口到美国、英国、法国、德国等国家。同时，加强以新技术示范推广、辐射带动为核心的板栗标准化科技示范园建设，带动板栗产业发展。怀柔区在渤海镇、九渡河镇、桥梓镇、怀北镇建设标准化、有机化板栗科技示范园9万亩，辐射带动10余万亩。

发展怀柔板栗龙头企业。随着板栗产量的不断增加，怀柔板栗产业化龙头企业应运而生，主要有中国富亿农板栗有限公司（以下简称富亿农）、北京栗乡园食品有限公司（以下简称栗乡园）、北京红螺食品集团/北京红螺食品（集团）有限责任公司、北京御食园食品有限公司4个农业种加工一体的龙头企业。这些板栗加工企业具有以下特点：①加工企业的整体规模不大，板栗加工产品的生产能力有限。②板栗加工产品的原材料大部分由当地供应，还有一部分来自河北的燕山地区。③在4个加工企业中，除了富亿农是纯粹加工板栗产品、栗乡园90%的产品是板栗加工产品以外，其他3个加工企业并不以板栗加工产品为主；并且板栗加工产品的品种十分有限。④从板栗加工产品的销售地区来看，国内市场重点开发了北京、上海、深圳市场，其中以北京市场为主，产品在北京市场已进入200家商场、超市；而国外市场出口量相对较少，主要集中在日本、韩国、新加坡等亚洲国家，欧美国家如英国、法国、德国、美国、加拿大等市场也有所涉足，但规模较小。自2010年以来，怀柔板栗年均产量1.13万吨左右，产值稳定在1亿元以上。

形成"农户+板栗生产基地+板栗加工企业+市场"的产业格局。有较大型的板栗加工企业6个，其中秋之山栗食品有限公司年加工能力为4000吨，北京洽洽公司投资1600万元组建的第一条线加工能力为1500吨，此外，洽洽公司还将投资1300万元新上一条生产线，使加工能力达到3000吨。怀柔板栗形成了板栗糖水罐头、板栗酱、栗粉、栗饼、干栗仁、开口栗、速冻栗仁等系列产品。

推进板栗产业融合发展，提高怀柔板栗知名度。怀柔结合林业文化体系建设，兴建以假日旅游、休闲为核心的板栗观光主题公园，拉动板栗产业发展。建设了栗花沟、白云川等以板栗文化为内涵的特色主题公园2万余亩。这些公园以板栗为主题，辅以观光休闲的功能，实现了可游、可观、可摘、可玩。怀柔区的林木覆盖率已达75%，而渤海、九渡河两镇的林木覆盖率达均已达到86%以上，形成了"两河贯东西，蜿蜒百余里，栗树绿两岸，旅游富了民"的壮丽景象。2008年，渤海镇被国家环保部门授予"环境优美乡镇"称号。2011年，又被住房和城乡建设部列为"全国特色景观旅游名镇"。辖区内的慕田峪、六渡河、北沟三个村，分别获得"北京市最美的乡村"称号。连续举办怀柔"板栗文化+长城文化"的农事节庆，形成怀柔板栗节庆品牌，进一步推进板栗产业、旅游和文化的融合发展。

（3）怀柔板栗品牌协同经营管理优势突出。确定怀柔板栗品牌经管主体和产业协会。怀柔区下属单位农业发展促进会是怀柔板栗原产地证明商标的申请者和管理者。怀柔区园林绿化局成立北京市怀柔区板栗产业协会，主要负责怀柔板栗技术指导、信息咨询、专业培训、协调管理、品种引进和综合服务等。通过商标注册、申请原产地证明商标，实施"怀柔板栗"地理标志产品保护，依法治理打击假冒侵权行为。

确定怀柔板栗生产技术管理机构。怀柔板栗生产技术管理机构有3个，分别是板栗试验站、林业站（原林业技术推广站）和林保站。这3个单位在板栗优良品种的引进、选育及栽培管理技术的试验、示范、推广和病虫害防治方面各有侧重。3个部门紧密配合，长年从事科学研究和实验，在板栗节水栽培、郁闭园改造、配方施肥、有机物覆盖、高产精细修剪、高接换优、化学除雄、飞防等十几个项目的研究上都取得了不小的成绩。

举办"板栗文化节"。怀柔区依靠板栗，优化资源整合利用，积极推进"旅游+""文化+"等活动，举办"长城板栗文化节""北京最美乡村板栗文化节"等农事节庆活动。通过节庆活动，凝聚怀柔板栗品牌文化，提升怀柔板栗品牌知名度。"怀柔板栗文化节"逐渐发展演变为"政府主办、文化搭台、经济唱戏、互联网传播、山区乡村游"的模式。"怀柔板栗文化节"连续举办，大大提高了怀柔板栗品牌的知名度。以"体验板栗文化 感受大美怀柔"为主题的怀柔区"长城板栗文化节"主要在渤海镇和九渡河镇举办。板栗文化节日期间，可以游览长城，观板栗山景，赏郊区风光，玩亲子游戏，品农家美食；也可以采摘优质原生板栗，体验劳动和收获的乐趣。在板栗文化长廊，科普知识、美食文化等内容可让游客在行走间深入了解板栗文化的精髓。非物质文化遗产民间手工艺展示区内，大师现场制作、展示传统手工艺品，游客可观摩、学习制作，近距离感受非物质文化遗产手工艺的魅力。"长城板栗文化节"借助怀柔区丰富的自然资源和厚重的人文资源优势，依托水长城独有的明代板栗园，以城（长城）相邀、以栗（板栗）为媒、以节（"长城板栗文化节"）会友，全方位展示怀柔古长城风韵、板栗现状及发展前景，提升古长城魅力，打造怀柔板栗特色品牌，推动北京市"长城文化带"建设，助力怀柔创建全国文明城区，弘扬怀柔长城文化和板栗文化，提升怀柔板栗品牌知名度，促进"怀柔板栗+水长城"景区的农旅文化节庆产业深度融合发展。依托怀柔板栗、农事节庆、山水风光、特色民俗和风景名胜（慕田峪长城、黄花城水长城、红螺寺、渤海不夜谷等），怀柔区重点打造的四条沟域，提供以"清新、舒适、自然、甜美"为主的集食、住、行、游、购、娱、休憩等于一体的高品质服务，不断探索美景加美食的特色旅游发展之路。

积极与科研单位协同合作，推动怀柔板栗科技创新。怀柔区与中国农业科学院果树所、北京农林科学院等科研单位开展板栗技术创新研发和板栗良种优选优育。怀柔区园林绿化局板栗试验站将板栗种质资源圃建成以优良品种储备、优新品种繁育、科研试验示范为核心的板栗种质资源科研基地，既保护了当地板栗优种资源50余个，同时引进外埠优良品种30多个。北京农林科学院开展的南方锥栗与怀柔板栗主栽品种"燕红""怀黄""怀九"授粉试验，选育出不褐变、适宜加工的板栗优新品种；北京农学院进行的板栗蛀果害虫桃蛀螟信息素引诱试验，树体应用乙烯、脱落酸等植物生长调节剂，提高了果实口感品质。加强与科研院所的合作，为怀柔板栗优种繁育、科研生产提供了强大的技术支撑，提高了怀柔板栗的科研技术和产品质量。同时，怀柔区积极推广了山地板栗节水栽培、郁闭园改造、配方施肥、有机物覆盖、高产精细修剪、高接换优及化学疏雄等15项实用新技术，先后获得市级奖励的有5项、获区级奖励的有6项。

大力推进品牌化管理模式创新。怀柔板栗品牌建立起以大力发展北京市场为主体，以烘烤板栗为主要加工方式，以"怀柔人烤怀柔板栗"直营连锁销售模式为特征的发展模式。"烘烤板栗"隆重登场，不仅彻底解决了糖炒板栗的种种弊端，而且提高了板栗风味。不仅能及时满足市民的需求，而且极大地助推怀柔板栗的销售，有效促进农民增收。

按照"品种良种化、栽培集约化、管理标准化、销售品牌化"的原则进行怀柔板栗品牌建设。以点带面，带动全区板栗产业由"小而散"向专业化、规模化转变，由资源依赖型向创新驱动型转变，由数量扩张型向质量效益型转变，有效地提高怀柔区板栗产业的品质，扩大品牌影响力，实现产业结构升级，形成产业优势。品牌建设协同管理的目标：①品种良种化，大力推广自育板栗良种"怀黄""怀九""313""京暑红"等高产的优良品种，努力实现板栗品种化栽培、管理、采收和销售。②栽培集约化,大规模采用生物动力有机技术,提高栽培管理水平,最终达到有机栽培;采用密植栽培,大幅提高板栗产量。③管理标准化,合作社统一经营管理,实现怀柔板栗管理标准化;以明清古栗树的保护与利用为切入点,发掘怀柔区板栗文化。

不断加强板栗科学管理技术实施。怀柔区先后推广实施了板栗早果丰产栽培、高产稳产栽培、低产郁蔽园改造、精细控量修剪、配方施肥等20余项成熟科学技术,应用推广面积20余万亩,使板栗产业实现了从粗放管理到产业化、品牌化、集约化转变。

怀柔区继推出了一批以栗花观赏、栗园认养、栗蘑采摘为主的产业融合项目,并兴建了一批以假日旅游、观光休闲为核心的板栗主题公园。

怀柔板栗以其优良的品质享有极好的口碑和品牌影响力,在农业农村部召开的2006年中国名牌农产品发布会上,北京富亿农怀柔板栗跻身2006年中国名牌农产品行列。

(4)政府强力扶持怀柔板栗产业发展。怀柔区委、区政府不断下大力气培育怀柔板栗产业,在政策支持、良种培育推广、提高服务、加强科研等因素的共同作用下,板栗栽培实现了四个转变,即全区推广板栗密植丰产栽培技术,实现了基地发展由零散稀植向规模化、密植、矮化的转变;管理由粗放型向集约型转变;推广"怀黄""怀九"自育板栗良种,从而实现栽培品种由实生型向良种化转变;推行产业化经营,实现了生产形式由一家一户自然松散型向专业化、合作化转变。

1993年初,原怀柔县政府提出《建立板栗优质丰产示范区的意见》,当年投资37.5万元在板栗主产区建设3000亩示范园。1997年,原怀柔县政府制定了《板栗基地建设发展规划》,提出的目标是:到2000年前,发展集约化板栗园12万亩,采取补植加密和高接换优等手段,更新改造果园4.4万亩。1999年,结合会议承办、旅游观光、展览交流和休闲度假的四个功能定位,原怀柔县制定了《怀柔县果品产业调整规划》,重新对板栗生产进行了调整,到1999年年底,原怀柔县板栗栽培面积达到20.1万亩,623.33万株，板栗产量605.8万千克。2001年，原怀柔县委、县政府把板栗生产确定为农业三大主导产业之一，并制定了《怀柔县板栗主导产业发展规划》，提出"将怀柔建成板栗大县"的口号，板栗生产基地的建设转向优质高产方向发展。2006年，怀柔区制定《北京市怀柔区"十一五"时期果品产业体系发展规划》，加大板栗种质资源基地建设力度，加强板栗标准化建设。2013年，怀柔区出台《怀柔区都市型现代农业休闲观光园建设及做大做强板栗品牌政策实施细则》。2014年，怀柔区以品种结构调整为切入点，开展了"万亩怀柔板栗提质增效建设"项目。

引导成立怀柔板栗专业服务组织，解决技术难题和倡导环保意识。1999年，渤海镇板栗产业协会和九渡河镇板栗专业队两个会员制的农民合作组织先后成立了。协会通过入户调查，了解栗农对各种生产资料的需求情况，统一到有信誉的供货商手中批量购买，减少流通环节，保证质量且降低成本。通过有偿方式，协会提供栽培、植保技术及培训服务。还推广了平衡配方施肥、节水灌溉与有机物覆盖、精细修剪等优新技术。20世纪70年代末，怀柔板栗是在自然状态下生长，没有科技投入，病虫害无人防治。1986年以后，栗农的观念开始转变，积极进行人工药物防治。进入90年代以后，随着环保意识不断增强，生物农药取代了过去的高毒、高残留农药。

强化怀柔板栗品牌质量管理，着力提高板栗果品的质量。怀柔区园林绿化局强化板栗质量管理，一是分步建立示范区，实施标准化、规范化建设管理，提高产量。在渤海镇、九渡河镇板栗主产区选择有规模的栗园重点推广优良品种，在稳定目前种植面积的基础上，适当扩大早熟品种"燕山早丰"的种植面积，括到5000亩左右。适地适树，提高乡土树种"怀黄""怀香""怀九"种植的比例，发挥现有专家及土专家技术力量，统一管理试点，形成辐射带动效应。二是着重在提高果品品质上下功夫。在渤海镇田仙峪村、板栗试验站开展了60余亩试验田，利用园林废弃物枝条粉碎还田技术手段，抑草增肥，不打除草剂，对栗树生长的土壤环境进行保护和净化，同时采用生物动力技术防治病虫害。后期这项技术将在全区有条件的地方陆续推广实施，争取用5年左右的周期，让有规模的栗园达到国际上公认的有机板栗标准。三是鼓励板栗收购大户与栗农签订优质优价收购合同。引导栗农采取绿色生态生产方式，逐步解决使用除草剂、采青、使用板栗脱篷机的问题，提高板栗的内在品质和风味，延长板栗果品的保质期。四是充分挖掘和利用本地百年实生板栗资源。怀柔区百年实生板栗在全区有4万余株，其所产栗果甜糯且内含丰富的微量元素，同时也见证着怀柔板栗悠久的栽植历史，是怀柔板栗品牌传承和存在的基础，但同时也存在经济产量不高的问题。首先，怀柔区园林绿化局已对其部分管理单位建立技术帮扶联系，开展分类建档实施有效保护。其次，以其树势庞大宏伟的形态特征及独特的文化内涵为出发点，已着手规划发展百年板栗树的观光旅游产业，在板栗主产区建立栗树主题文化公园。五是分步建设板栗贮藏设施，延长板栗市场需求期限，提高栗农在板栗价格上的话语权。

强化板栗种植技术培训管理。通过板栗密植栽培管理、精细控量修剪、配方施肥等栽培管理技术的推广和应用，建设标准化、有机化板栗科技示范园，使板栗产业实现标准化生产。实施板栗"科技入百户"工程，建立科技入户卡，"手把手"培训果农，使其掌握科学管理技术。培养产区科技能手和科技乡土专家，带动一方生产。

引导扶持怀柔板栗龙头企业建设，解决栗农销售难题。为发挥资源优势，做强做大怀柔板栗产业，怀柔区政府除努力发展基地、培育新品种、推广新技术外，始终不渝地抓加工企业建设。1994—2007年，通过引进、企业资产重组等手段，先后建成了北京红螺食品集团、北京富亿农板栗有限公司、北京御食园食品有限公司等多家从事板栗加工的龙头企业，年加工能力9000吨，产品有糖炒栗子、栗子羹等近20种，加工后产品增值率在80%以上，有效地解决了栗农的销售难题，推动了怀柔板栗的产业化发展。

推进怀柔板栗产业宏观调控管理，鼓励科研创新，优化新品种。怀柔板栗生产技术管理机构有3个，分别是板栗试验站、林业站（原林业技术推广站）和林业保护站。这三个单位在板栗优良品种的引进、选育及栽培管理技术的试验、示范、推广和病虫害防治方面各有侧重。三个部门紧密配合，长年从事科学研究和实验，在板栗节水栽培、郁闭园改选、配方施肥、有机物覆盖、高产精细修剪、高接换优、化学除雄、飞防等十几个项目的研究上都取得了不小的成绩。先后有13个科技及推广项目获奖，其中"板栗新品种'怀黄''怀九'综合栽培技术应用与推广""板栗疏雄醇的推广应用"等五项获市级奖励。

5.2.3.3 怀柔板栗品牌发展评价

怀柔板栗品牌，是在弱农业资源和强经济的北京大都市市场辐射下发展起来的。怀柔区政府充分发挥宏观调控优势，因势利导，利用适合板栗生长的最佳产地区位优势，基于怀柔板栗的品质品牌优势、产业规模优势和依托北京大市场优势等，大力发展和强化怀柔板栗产业发展优势，引导建立怀柔板栗管理主体，实施众多龙头企业参与、强化板栗技术创新和标准化基地建设、众多农户跟进的品牌经营管理，走出了一条围绕北京大都市高端市场的特色农产品区域品牌产业发展道路。

5.2.4 昌平草莓品牌发展

5.2.4.1 昌平草莓发展简介

昌平区位于北京市西北部，处于国际公认的草莓最佳生产带，生产条件优越，昌平草莓质量突出，在周边省区享有盛誉，并远销中国香港、新加坡等地。

草莓属蔷薇科多年生草本植物，果实营养丰富，每百克鲜果肉中含维生素C 60毫克，比苹果、葡萄含量还高。果肉中含有大量的糖类、蛋白质、有机酸、果胶等营养物质。此外，草莓还含有丰富的维生素B1、维生素B2、维生素PP以及钙、磷、铁、钾、锌等人体必需的矿物质和微量元素。草莓果实鲜红美艳，柔软多汁，甘酸宜人，芳香馥郁，是水果中难得的色、香、味俱佳者，被誉为"水果皇后"。

昌平草莓果形端正、饱满、整齐，带新鲜萼片；果面着色均匀、光泽亮丽，果形整齐、美观；瘦果分布均匀，果肉淡红，质地细腻，汁多味甜，口感纯正、香味浓郁，品质优，果实硬度较大，耐贮运。昌平草莓香甜型品种可溶性固形物≥9.0%，总酸≤1.0%；酸甜型品种可溶性固形物≥6.0%，总酸≤1.3%。

昌平草莓地理标志保护区域北起京密引水渠，南抵温渝河，西至东沙河，东到顺义界，包括兴寿、崔村、小汤山、百善、南邵和沙河6个镇的部分地区。昌平草莓是农产品地理标志产品、地理标志保护产品、无公害产品和绿色食品。围绕昌平草莓品牌，昌平区积极开展一系列草莓农事节庆活动，举办中国草莓生态休闲文化节、全国草莓大会和世界草莓大会等，提高了昌平草莓的品牌知名度和品牌美誉度。

昌平草莓的种植始于20世纪80年代初，主要分布在昌平区兴寿、崔村、南邵等镇。2001年，昌平区引进科技型企业，种植草莓成功，一栋草莓产草莓1000~1200千克，产值2~3万元，引起了农民种植的欲望和各级领导的重视。2002年，昌平区政府拿出300万元作为扶持资金，奖励农户种植草莓。当年建设日光温室220栋，实现产量22.5万千克。2006年，昌平草莓种植区通过了国家标准化委员会第四批国家农业标准化示范区验收。特别是2008年3月，昌平区成功获得了2012年第七届世界草莓大会的举办权，区政府把"大力发展昌平草莓"写入历年政府工作报告，开启了昌平草莓产业的迅速发展期。昌平草莓产业自2008年开始快速发展，特别是第七届世界草莓大会和两届北京农业嘉年华的成功举办，大幅提升了昌平区都市型现代农业的发展水平和品牌影响力。

昌平草莓在昌平区逐步发展成"一个核心镇，五个辐射镇"的特色草莓产业集聚区域，形成了以草莓生产消费为中心的"草莓产业链""草莓文化"，同时又成功融合了基于草莓产业的以休闲、观光、采摘为代表的休闲旅游产业链。昌平草莓产业已经成为北京现代都市型农业的"亮点"，草莓采摘已经成为一种新体验、一种时尚、一种文化。

5.2.4.2 品牌发展影响因素考察

（1）区域优势是昌平草莓发展的物质基础。昌平具有生产草莓的优越的自然条件。昌平区自然禀赋十分适宜草莓生长，保证了草莓品质。昌平区位于北纬40度，这一纬度是国际公认的草莓最佳生产带。昌平区属暖温带大陆性半湿润半干旱季风气候区，全年四季分明，年平均日照时数2684小时，年平均气温为11.7摄氏度，无霜期为200天左右，平均年降水量为550~600毫米，满足草莓生长的各项气候指标。昌平草莓产区位于山前暖带，昼夜温差大，草莓生长期光照充足，有利于草莓糖分的积累和风味的形成。土壤属微酸性沙质土壤，透气性好。昌平草莓地理标志保护区域地处温榆河冲积平原和燕山、太行山支脉的结合地带，地势西北高、东南低，北倚燕山西段军都山支脉，南俯北京小平原，海拔30~60米。土壤肥沃，有机质含量在10克/千克以上，土质沙壤，透气性好，pH值在6.5~8.5之间。昌平长年空气质量达到一二级的天数占70%，由燕山麦饭石中渗透而下的水源纯净无污染，水资源条件优越。主要河流属温榆河水系的沙河、孟祖河和蔺沟河，整个水系昌平段流域面积1237平方千米。境内有十三陵水库等中、小型水库13座，总库容10711.95万立方米。京密引水渠自东向西贯穿本区，境内长度37.15千米。

昌平具有生产草莓的优越地理区位优势。北京有近3000万常住人口的巨量中高端消费市场。交通便利、航运发达、消费市场庞大为昌平草莓品牌发展带来巨大机遇。作为一种新鲜浆果，草莓对储存和运输的环境、时间要求极高。而昌平区位于北京这个巨大的高消费市场，最南端距市中心仅4千米，交通网络较为发达，草莓采摘后两三个小时即可摆上市民果盘，市民可以吃到更新鲜、成熟度更高的草莓。大量市民通过农业旅游休闲、自驾方式来购买昌平草莓。昌平草莓产业化规模和都市型农业特征明显。

昌平区具有生产草莓的优越经济社会条件。作为首都城市发展新区，昌平区正在建设成为一个科教、人文、生态、和谐的商务花园城市。农业作为其中重要一环，得到了区委、区政府的高度重视。昌平区以科学发展观为指导，发挥农业的多种功能，努力建设生态优良、环境优美、产业壮大、产品优质的现代农业产业，服务首都、富裕农民。昌平区经济快速发展，财力雄厚，为资金密集型的草莓产业提供了可靠的资金支撑。

昌平区具有生产草莓的科技优势。北京是全国的科技中心，有丰富的科技资源可以利用。特别是国家草莓资源圃设于北京农林科学院，储存了400多个草莓种质，是发展草莓产业的宝贵财富。昌平区以草莓产业科技需求为导向，整合了中国农业大学、北京市农林科学院、北京农学院、民营科技企业及区内科技资源，有利于草莓产业的科技研发和产业化、规模化、品牌化发展。

（2）农业产业优势促进昌平草莓品牌发展。昌平草莓品牌产业成为昌平农业重要的主导产业之一。昌平草莓是地理标志保护产品和农产品地理标志产品。成功举办首届"昌平草莓生态文化节"，标志着昌平草莓产业形成。随着昌平农业产业结构调整，昌平草莓逐渐发展成为昌平农业支柱产业。草莓种植方式日趋多元化，露地种植、地膜覆盖、大中小棚设施种植等种植技术逐步推广。昌平草莓目前已形成集采摘、加工、销售、文化、科研、旅游为一体的综合性产业。

昌平区建立"公司+农户"形式的产业发展模式，促进昌平草莓产业化发展。昌平区兴寿镇2002年成立了北京市昌平区兴寿镇兴翼草莓服务合作社，为兴寿镇农民种植草莓进行全程服务。该合作社以北京天翼生物工程有限公司（以下简称天翼公司）为龙头，以"公司+农户"的形式，大力发展精品草莓种植，着重从政策、资金、技术、销售等方面加大扶持力度。在第十届北京技术市场金桥奖颁奖暨2007年北京技术市场工作会上，该合作社荣获金桥奖集体二等奖。

大力发展昌平草莓的农业标准化生产基地，促进草莓产业标准化发展。昌平区建立了草莓生产、莓种繁育和加工交易3个农业标准化生产基地，建立并推广草莓"种苗培育""栽培生产"2个技术规范和质量标准，保证昌平草莓的质量安全水平。建设草莓生产基地。以产业核心区为重点，在东部镇、54个村大力发展以日光温室为主的设施草莓生产，全区设施草莓规模达近10万栋，并高标准配套水、电、田间路网等基础设施。基地重点鼓励发展智能化连栋日光温室和连方成片的规模设施群，注重现代农业科技成果的转化应用，重点引导发展节能温室、环保温室、节水温室、循环温室，积极打造首都设施农业节水示范区，着力提高资源节约集约利用和生态环保水平。建设草莓种苗繁育基地。在昌平辖区内建设草莓原种和原种苗繁育基地，在高海拔冷凉地区选址建设草莓栽培苗繁育基地，可年产优质草莓种苗6000万株。建设草莓加工交易基地。以规划建设的草莓加工物流中心为依托，全面整合已建和拟建的各类草莓加工、流通、储运项目，进行统筹布局和综合利用，积极打造以草莓为代表的北方水果加工物流集散地和交易市场。2004年，兴寿镇麦庄村新发展草莓大棚61栋，达到了108栋的规模，被确定为北京市草莓安全食品生产基地和市级标准化生产基地。

大力发挥草莓龙头企业的引导作用，确定精品优质草莓种植发展战略。兴寿镇于2002年确定了以天翼公司为龙头，大力发展精品草莓种植的战略。天翼公司充分发挥龙头企业的作用，以辐射形式积极带动农户致富，选派专业技术人员深入田间地头对农民进行全程技术指导、技术培训、跟踪服务。"童子一号""童子二号"系列草莓品种成为昌平草莓的主栽品种，种植面积逐步增加。草莓种植主体逐渐由农民转变为龙头农业企业和农业合作社。天翼公司还加强草莓日光温室优质高效栽培技术的培训，做好为农户建棚、栽苗、安低灌、上膜及平时管理包括浇水、施肥、打药等技术培训。

打造草莓种苗繁育基地，引进优质草莓品种，为草莓产业提供优质种苗。为把昌平打造成全国草莓种苗研发和繁育中心，昌平区积极引进世界一流种苗企业进驻昌平种苗繁育基地。目前已有北京天翼生物工程有限公司、西班牙艾诺斯种业有限公司、北京华耐种业有限公司、意大利果蔬装备公司等种苗繁育企业进驻并投入生产。通过引进草莓种苗企业，一大批优新草莓种苗落户昌平。艾诺斯公司引进了美国加州大学的草莓新品种阿尔比（Albion）、温塔娜（Ventana）和卡米诺实（Camino Real）。该公司使用从加州进口的草莓苗圃专业化机械设备，进口经过认证的原种苗作为母株，全部采用美国加州的种苗生产技术体系和管理规程，为生产纯正、无毒、无病的优质草莓种苗提供了可靠保证。意大利果蔬装备公司引进了坎东嘎、叙利亚、艾莎、阿尔巴等优良品种，把昌平草莓上市时间由元旦前后提前到11月中旬。针对红颜等优良品种种苗繁殖率低的问题，开展了种苗扩繁对比试验，探索草莓种苗繁殖实用技术。昌平区农业服务中心在金六环农业园建立草莓种苗组培实验室，从日本引进了红颜、章姬等优良品种的原种进行扩繁试验。

积极打造国家级农业标准化示范区。近年来，昌平区不断加强与国外企业及科研单位的合作，在种苗繁育、土壤处理、病虫害防治、抑制连作障碍、标准化管理等方面走在了全国的前列，形成了明显的科技优势，昌平草莓于2006年通过了国家级农业标准化示范区的考核验收。

昌平草莓产业具有优越的科技资源优势。昌平具有生产草莓的科技优势。北京是全国的科技中心，有丰富的科技资源可以利用。特别是国家草莓资源圃设于北京农林科学院，储存了400多个草莓种质，是发展草莓产业的宝贵财富。昌平区以草莓产业科技需求为导向，整合中国农业大学、北京市农林科学院、北京农学院、民营科技企业及区内科技资源，对草莓品种进行搜集、整理并推广，选育优质、特色、功能性草莓并实现大规模种植，丰富昌平草莓品种，满足首都中高端市场的需求。通过推广高效化、标准化、规模化种植技术，提高产品商品率，提高食品安全性，建立草莓博览园，挖掘草莓文化内涵，开展观光采摘，实现其生活价值，增加农民的收入。以农民合作组织为载体，培育农村科技协调人，建立健全草莓新型科技服务体系；通过发展草莓初加工和深加工，提高产品附加值，延长产业链。通过上述技术的研发、引进、整合和创新，建立优势区域的现代草莓生产技术及科技服务体系，从而解决制约昌平草莓产业进一步提质增效的关键问题，保证其可持续发展，把昌平草莓产业做大做强，推进昌平商务花园城市建设，以科技拉动全市草莓产业的全面升级。

（3）昌平草莓品牌经营管理优势突出。确定昌平草莓品牌经营管理主体，组织统管授权昌平草莓品牌。昌平区农业服务中心经政府授权成立，统管昌平农业种植业务。申请注册了"昌平草莓地理标志保护产品"和"农产品地理标志产品"，成为昌平草莓产权和经管主体，依照《地理标志保护产品规定》，实施昌平草莓品牌申请授权使用制度。各授权种植镇成立草莓产业协会，经授权统管域内草莓品牌申请使用。

积极建设昌平草莓的服务管理体系。一是技术服务体系。充分发挥小汤山农业园的科技示范作用，加强与国内外农业科研机构和企业的科技合作，健全区、镇、村三级科技服务网络，创新、引进和推广一批草莓优新品种和先进技术，进一步提升昌平草莓产业的科技含量。二是标准生产体系。按照建设资源节约型、环境友好型农业生产体系的要求，全面普及草莓标准化生产技术，探索采取有机、循环、生态等现代农业生产经营模式，广泛应用农业节能减排技术，切实保证昌平草莓的独特性、唯一性和不可复制性。三是市场营销体系。建立健全"龙头企业+专业合作组织+经纪人+农户"的产业化模式，积极吸引社会力量参与，大力发展草莓加工物流业，推动草莓产业与旅游休闲、文化创意等产业互促互融，进一步延长产业链、效益链、价值链和就业链。

建立草莓科技研发和创新体系。由北京市农林科学院牵头，实行首席专家负责制，建立草莓重点功能实验室和试验站。针对制约全国和北京草莓产业发展的瓶颈问题，重点实施自主知识产权品种开发和"三级"优良品种育苗体系建设项目，全面推进关键领域的科技攻关和关键技术的集成组装，为促进草莓产业优化升级提供科技支撑。重点进行的研究包括：草莓灌溉技术和需水规律的研究；草莓需肥规律研究，通过不同的施肥方式和施肥种类了解草莓生长规律，制定草莓施肥手册；草莓温室生产障碍研究，通过全面推广日光消毒等物理、生物技术应用等，克服连作障碍；草莓温室结构和环境因子的调控技术；草莓病毒病的快速检测技术应用和示范；草莓白粉病的发病规律和综合防治技术应用；草莓土传性病虫害研究及综合防治技术；草莓套作研究示范；草莓基质栽培水肥一体化技术集成；开展草莓袋式、槽式无土栽培技术，研究其营养调控技术，提升风味和营养品质；研究推出草莓移动式喷雾栽培技术，产业化开发草莓管道式立体栽培技术，构建城郊设施区现代草莓产业技术体系。草莓产品深加工新工艺试验，包括草莓单倍体育种技术体系研发、日光温室适宜结构和环境的调控技术研究、草莓专用肥料开发、病虫害综合防治等。

开展日光温室精品草莓管理技术体系研发。从风味草莓品种引育、太阳能消毒、病虫害生物防治、日光温室光能利用等环节进行技术集成组装，构建有中国特色的环保节能型草莓管理技术。在昌平区实现温室草莓生产达到无公害生产标准，温室草莓达到绿色、有机生产标准，在全区推行昌平草莓良好农业操作规范标准化生产。推广新型农业生产投入物和智能化管理系统。

建立科技服务体系和监控、监测安全体系。在昌平区全面推行无公害、绿色、有机标准和昌平草莓良好农业操作规范，通过统一采购推广新型肥料、环保农药，利用各级科技服务站统一配送生产物资，实现无公害生产标准，达到绿色、有机标准，达到良好农业标准。昌平草莓全部实行良好农业生产技术。建立科技服务队伍和农资配送机制，确保草莓生产的安全，建立镇级科技服务站，最大化及时解决生产中出现的问题，方便草莓生产者就近得到服务。建立多个镇级、村级的草莓生产监测站，随时掌握草莓生长和销售的信息。在推行昌平草莓标准化过程中加强对农户和农民技术员、技师的培训，在温室中配备智能化设备，如温湿度监测仪、精准施肥、打药设备等，有效提升草莓生产管理水平。让农户及时得到最新品种信息，掌握最新的栽培技术。

积极引导举办草莓农事节庆会展活动。"北京昌平草莓生态休闲节"已经成为北京的重要农事节庆仪式，通过农事节庆提高了昌平草莓在北京及国内外市场的品牌影响力。例如由原北京市农业局信息中心与昌平区农委联合主办的以"红动京郊　莓香倾城"为主题的"农业部信息进村入户工程——2016北京市昌平草莓生态休闲节启动仪式暨2016昌平草莓安全生产自律公约发布仪式"在北京市昌平区举行,来自昌平区的20家优秀草莓生产基地、12家知名电商采购商以及冷链物流服务商和媒体等共计100余人参加了此次活动。此次活动旨在向北京市民、向全社会郑重承诺昌平草莓安全、优质,让广大消费者了解、参与草莓安全监督体系,从而塑造品质有保障、安全可追溯的北京草莓形象。同时将优质农产品对接生鲜电商,实现北京地产农产品的"优质优价",活动对促进草莓产销对接、助力农民增收、推动昌平草莓产业健康发展具有重要的示范引领价值。

形成以大中企业为主导、农民配套协作的产业组织体系,促进草莓产业集群发展。充分发挥昌平草莓鲜食的特点,定位北京中高端市场,以旅游观光、休闲采摘为特色,帮助农民就地解决就业难题。昌平区为了开拓精品草莓市场,依托天翼公司和朔方尚德公司,在北京、上海、广州、深圳等城市建立了销售网络。同时,昌平区政府还与朔方尚德公司签订了保护价收购协议,彻底解决了全区种植户的后顾之忧。通过几年的发展,昌平区60%的草莓供应采摘,30%的草莓填补冬季水果礼品空当,其余10%的草莓被小范围收购。昌平区与朔方尚德公司签订了合作协议,带动全区草莓种植户共同发展,加工生产天然的草莓粉供应国内外奶业、食品业,填补了市场目前没有纯天然草莓粉的空缺。昌平区还将通过节庆会展的国际效应,吸引更多的优新企业入驻昌平,引导中小企业与大型企业分工协作,鼓励中小企业主动为大企业配套,向高、精、专、新方面发展;鼓励大中企业带动农民共同增收致富。

(4)政府强力扶持昌平草莓产业发展。政府引导做好草莓产业发展的顶层设计。为了大力发展都市型现代农业,拓展并强化农业的生产、生态、服务、社会功能,昌平区将草莓产业列入"一花三果"特色产业重点发展。昌平区委托北京市农林科学院编制了《昌平区草莓产业发展规划(2008—2012年)》(以下简称《规划》),为昌平草莓产业发展制定了"一个品牌、两个标准、三个基地、三个体系"的"1233工程"路线图规划,力图打造世界一流的草莓科技创新和产业化平台、国内领先的草莓品种开发和种业基地及北方重要的精品草莓产区和交易中心。《规划》指出，在未来几年，昌平区将以科学发展观为指导，按照建设"人文北京、科技北京、绿色北京"的要求，以打造"文化草莓、科技草莓、循环草莓"为核心，坚持"科技前沿、种业高地、精品高效、辐射示范、农民受益"的发展定位，通过持续建设，努力打造世界一流的草莓科技创新和产业化平台，国内领先的草莓品种开发和种业基地，北方重要的精品草莓产区和交易中心，辐射带动全市设施农业发展的草莓产业化示范区。昌平区在以兴寿镇为核心的东部六镇规划建设占地5000亩的草莓种苗繁育基地，在草莓主产区建设建筑面积达1.5万平方米的草莓加工交易中心。昌平区逐渐形成以兴寿镇为核心，涉及崔村、南邵、百善、沙河、小汤山等镇共3.2万亩土地、1.5万栋日光温室、5000亩大棚、1000亩露地草莓的大产业，草莓年产量将达到4500万千克，年产值超过7亿元，预计可直接使1万多农民就业。

积极引导制定并注册地理标志产品和农产品地理标志，制定了"草莓栽培""草莓育苗"两个地方标准。在此基础上又编制了《地理标志产品　昌平草莓》（DB110114/T 008-2011）区级地方标准，2013年6月，《地理标志产品 昌平草莓》市级标准正式发布。参与编制的《草莓日光温室生产技术规程》作为北京市地方标准发布，对主要种植区的草莓种植起到了指导性作用。昌平区开始建立推广育苗、整地、做畦、肥水管理、植保、保墒、采摘、保存和运输等各个环节的技术标准和管理规范，已经形成了草莓种苗繁育和草莓栽培生产两套技术规范和质量标准。

引导建设草莓标准化基地，重点建设了3个草莓基地。一是生产基地：高标准建设完成3万亩精品草莓产业示范区，完善了水电路等配套设施。2012—2013年生产季，产鲜草莓640万千克，总产值突破了4.62亿元，平均售价比上年度提高了24%。二是育苗基地：在河北赤城、北京延庆、昌平区内等地建设6000亩种苗基地，大力推广棚式避雨育苗、槽式基质育苗，从源头保障种苗质量安全。三是精深加工基地：建成具有国际水准的草莓粉深加工项目，有效实现了产业链的延长和附加值的提升。目前，全区已有5

个镇、46个村、3500多户农民发展草莓种植，建成草莓专业合作社35个，数万人通过草莓产业就业增收，昌平草莓已成为国内从生产到销售"零顾虑"农业产业。

制定产业政策，鼓励社会各界投入草莓生产。为促进草莓产业发展，昌平区政府制定了一系列优惠的产业政策。一是积极申报草莓生产基地水、电、田间路网等配套基础设施建设项目。对3.2万亩基地的水、电、路配套建设资金按批准项目资金数额的100%进行补助。二是发放日光温室补贴。农民每建一栋标准日光温室，由区财政给予3万元的补贴。企业投资建标准日光温室50栋以上的，每栋给予1.5万元补贴；100栋以上的，每栋给予3万元补贴。三是发放草莓种苗补贴，农民购买脱毒种苗，每株由财政补贴0.15元。四是农药和有机肥补贴。对于农民购买通过区植保部门认证的安全农药，区财政给予50%的补贴；免费发放草莓生物菌肥。五是其他农资补贴。草莓生产所需滴灌设备由区里无偿提供，卷帘机、温室用小型农业机械等也有补助。此外，对农民建日光温室，银行提供由政府贴息的贷款。昌平区农业服务中心出台农业产业政策，对草莓种苗、基质、立体栽培、半基质栽培、肥料、菌剂、农药等都制定详细补贴计划，每年补贴农民2000余万元。

积极引导建设草莓技术服务体系。一是科技支撑体系：坚持广泛引进并运用科技成果，累计储备国内外草莓优新品种近140个、先进栽培模式17种，建立了中国草莓种质资源基因圃。二是标准生产体系：加强标准化生产，健全温室、种苗、肥料、土壤消毒等成套扶持政策，大力推广架式基质栽培模式，做好老旧温室改造对比试验，逐步探索温室棚间利用。形成全国领先的IC卡农资补贴配送系统、农产品安全监测检测系统、农业技术服务系统。三是市场营销体系：形成以礼品销售与观光采摘为主渠道的都市型现代农业市场体系。依托新地标大力发展会展农业，采摘游客每年以30%以上的速度递增，目前农民经营一栋草莓日光温室的年纯收入已达5万元。

成立昌平区农业技术推广中心草莓工作服务队。2009年成立的草莓工作服务队，近年来一直服务在草莓生产服务工作第一线。草莓服务队共有队员15名，采用分片包干的方式对兴寿镇草莓户进行技术指导，每名队员每周下乡不少于2天。草莓工作服务队在技术服务上更加注重实效性，着力推进区域草莓产业发展，不断创新农技推广手段，在服务中聚人心、提品质、促发展，为昌平区农业产业发展贡献力量。每年草莓种植季还未开始，草莓工作服务队就已经开始针对草莓日光温室土壤消毒、测土配方施肥等技术要点进行入户服务讲解。草莓工作服务队还在各个村的示范户草莓日光温室内设置了减量施肥窗，建立无底肥、减量底肥和常规量底肥的对照地块，便于农户将来自己观察减量施肥的效果。

积极开展草莓农事节庆会展活动。为形成"政府搭台、草莓唱戏"、经济围绕昌平草莓品牌的发展格局，昌平区积极开展一系列草莓农事节庆活动，举办中国草莓文化节、全国草莓大会和世界草莓大会等，提高昌平草莓的品牌知名度。例如，2012年的北京昌平区第七届世界草莓大会，共有66个国家和地区、1000多名草莓业界学者专家、200余家国内外企业、20万名各地游客参加。草莓擂台赛上，产自小汤山现代农业科技园的"栎乙女"和"晶瑶"两种甲壳素草莓分别获得了金奖和银奖，这是北京草莓首次获得世界级大奖。昌平草莓已经成为北京都市型现代农业的典型代表，具有很高的生产价值，且在乡村产业振兴、引领休闲农业、推动产业链发展等方面发挥了很好的品牌效应。

引导建成草莓技术培训中心和草莓主题公园，积极开展国内外交流。2012年，昌平在草莓基地内建成一个建筑面积达1.5万平方米的草莓培训展示中心，面向区内模拟规模和全国草莓产区开展现代农业产业培训。在立汤路北端，昌平区建设了一个占地500亩的以传播科普知识为宗旨的草莓主题公园。草莓主题公园分为国际和国内两个区。国际区智能化联栋温室展示国际优新草莓品种和最先进的栽培方式，模仿建成美国、西班牙、意大利和日本等国家的农庄式草莓风情园。国内区展示国内各主产区特色品种及我国丰富野生草莓品种资源。

积极促进草莓产业转型升级发展。为了充分利用现有资源，昌平区转变农业发展方式，大力发展会展农业、休闲农业、观光农业，促进草莓产业与休闲旅游、文化创意、"互联网+"等产业融合发展。通过举办农业嘉年华、草莓休闲文化节等系列活动，将先进的生产要素聚焦到昌平，加快培育新型职业农民，有效推动昌平区经济又好又快发展。

积极开展草莓生产技术培训与技术服务。昌平区采取国内外知名专家定期培训、技术人员上门服务、技术光盘随时点播等方式，实现了技术服务的无缝连接。为了培养高端技术型人才，昌平区先后组织草莓技术骨干到西班牙、日本，以及国内吉林蛟河、浙江建德、辽宁东港、河北保定、山东烟台、安徽长丰、福建等地进行学习考察。同时多次邀请德国、日本、以色列等国家以及我国台湾地区的专家来昌平交流。2011年，昌平区聘请我国台湾草莓专家为院长，成立国内首家草莓医院。

积极推进昌平草莓品牌建设和品牌宣传推广。昌平草莓成功通过了国家地理标志保护产品认证和农产品地理标志产品认证，积极利用商标法律来保护昌平草莓品牌。草莓基地都通过原国家质量监督检验检疫总局的审核，用上了昌平草莓地理标志，采用了防伪标识。积极提升昌平草莓的知名度，通过举办草莓文化节、草莓采摘风情游、草莓采摘自由行等大型活动，提高消费者对昌平草莓的认知度；通过报刊、电视、网络等媒体，提升品牌影响力。

建设农资配送体系，从源头上保证昌平草莓的质量和安全。昌平区按照农资供应到地头、营销市场化、管理信息化、服务网络化的标准，建设农资连锁经营体系，从源头上保证昌平草莓质量安全。具体内容为"一中心、两站、十店"。"一中心"是在区农业服务中心设立昌平区农资连锁经营管理中心，主要建设农资信息与营销网、农资数据库、IC卡精准农资补贴管理系统，建成后主要负责昌平区农资信息管理、网络营销、IC卡系统管理、农资配送服务协调等工作。"两站"是在兴寿镇农业服务中心和昌平区土肥站设立农资配送站，建设仓储库房及管理用房，配套配送车辆及设施设备，主要职责是肥料、农药、农膜等农资的仓储与物流配送。"十店"是指在各镇建立农资连锁直营店，对直营店进行整体形象包装，统一标识设计；对店面库房进行高标准改建，店内配备联网 IC 卡销售终端，农民持卡购买农资。

昌平区积极推进昌平草莓产业升级融合发展。促进草莓设施农业发展，扩大观光休闲农业规模，开辟籽种农业新时代，带动当地农民就业，对促进农民增收等产生了巨大作用。全区共建成草莓日光温室 1.2 万栋。积极打造了以"安四路+昌金路"沿线为核心的约 30 平方千米的设施草莓走廊，重点发展精品草莓种植、加工、配送、休闲观光等相关产业。草莓生产核心镇兴寿镇积极打造"北京草莓第一镇"，成立草莓专业合作组织 30 个，有 15 个村达到草莓种植专业村标准，形成昌金路沿线草莓种植观光带。

5.2.4.3　昌平草莓品牌发展评价

在弱农业资源和强经济的北京大都市市场辐射下，昌平区政府充分发挥宏观调控优势，因势利导，利用昌平优越自然地理优势和区位优势，通过引入先进科技，大力发展和强化昌平草莓产业优势，引导建立"龙头农企+合作社+农户"的昌平草莓都市农业产业发展模式。通过积极申请地理标志认证、品牌管理授权、龙头企业参与、标准化基地建设、营销体系建设、农户跟进的品牌经营管理，积极推进基于"昌平草莓+休闲旅游、文化创意、展览、节庆、国内外大型会议"等的产业融合，昌平草莓走出了一条围绕北京大都市高端市场的特色农产品区域品牌产业发展道路。历经了世界草莓大会、北京农业嘉年华，昌平草莓已成为北京都市型现代农业典型代表，具有很高的生产价值，在乡村产业振兴、引领休闲农业、推动产业链发展方面发挥了很好的品牌效应。

5.3 品牌发展影响因素分析

5.3.1 农产品区域品牌发展关键影响因素访谈材料分析

5.3.1.1 确定访谈提纲及实施访谈

根据研究目的，围绕受访者所感受到的对农产品区域品牌发展起关键作用的因素指标，拟订访谈提纲，主要包括以下问题。

（1）请您介绍一下本地著名农产品区域品牌（大兴西瓜、平谷大桃、怀柔板栗和昌平草莓）是如何发展起来的？

（2）哪些因素促进该农产品区域品牌（大兴西瓜、平谷大桃、昌平草莓和怀柔板栗）的发展？您认为哪些因素是最直接的？请举例说明。

（3）目前该农产品区域品牌产业（大兴西瓜、平谷大桃、昌平草莓和怀柔板栗）的发展存在哪些问题？您认为该如何解决？

此次访谈共历时 3 个月。在访谈时会说明访谈主题，并承诺纯粹为学术研究，匿名处理隐私信息。访谈依据提纲展开，每次访谈时间大约 60 分钟。为保证访谈内容质量，一般在访问结束的当天就将访谈内容记录整理为 word 文档，并忠实于访谈内容。

5.3.1.2 访谈材料分析的概念界定和编码

在对访谈内容进行分析时，首先用最简洁的词语来描述影响农产品区域品牌发展的关键因素，结合相关理论基础、发展现状研究和影响机理研究成果，筛选并建立关键影响因素类别，并对各类别的内涵进行定义。影响因素包括 4 个关键维度：区域优势、农业产业优势、经营管理优势和政府扶持优势。其各自概念如下。

区域优势：是指在区域比较之上，本区所拥有的种养和发展某些特定名优特农产品的优越的自然禀赋、特色人文因素、工艺传承等条件。

农业产业优势：是指在区域特色农业资源基础上，本地区农业拥有的基于优良农产品的农业规模化、产业化和现代化发展，并逐渐形成一个"龙头企业＋协会合作组织＋农户"的产业发展模式和一个初步完整的农业产业经营服务体系。

经营管理优势：是指在产权清晰、管理规范、分工明确的管理组织基础上，具有品牌经营管理理念，建立起以"协会主导、企业参与、农户跟随"为主的比较科学的农产品区域品牌经营管理模式。

政府扶持优势：是指地方政府通过营造良好区域环境、制定区域规划、完善法律法规、提供财政资金支持、宣传区域优势、搭建公共营销平台、制定发展顶层设计，组织和承办大规模的商展节庆活动等形式，对农产品区域品牌的发展起着重要的领导和扶持作用。

同时，在进行内容分析时，主要采取以下步骤：一是详细说明被检测内容特征与运用明细规则；二是识别和重新编码这些内容特征。内容分析关键是建立识别和编码内容特征明细规则，而编码表构建过程是识别和编码内容特征明细规则的确立过程（任春红等，2009）。因此，我们首先确定了本研究中北京农产品区域品牌发展影响因素编码表（见表5-1）。

表5-1 北京农产品区域品牌发展影响要素编码表

影响因素	编码内容
区域优势	• 区域自然地理资源禀赋，如气候、纬度、水资源、日照、土壤、温度、地质特征、植被特征等会直接影响到农产品品质 • 区域社会空间语境、生活习俗、文化节庆、传统延续、故事传说等赋予当地农产品特殊人文意义 • 当地丰富灿烂的文化传承以及农产品种养历史，使得含有融入历代智慧结晶的传统技术、特殊工艺和制造方法的农产品品质优良且获得了良好声誉和口碑
农业产业优势	• 名优特农产品是当地农业主导产业，种养企业数量多，生产基地规模大，有许多涉农服务机构 • 农业基础设施比较完善，交通便利，农业信息化和标准化程度比较高，建立了规模大、设施完善的农产品批发零售市场

续表

影响因素	编码内容
农业产业优势	• 农业产业化龙头企业辐射能力强，带动广大农户参与，初步形成"龙头企业+产业集群+基地+农户"的发展模式，逐渐形成集生产、加工、储运、营销及相关产业为一体的综合农业产业生产经营服务体系
经营管理优势	• 形成了"政府扶持、协会主导、企业参与、农户跟随"的农产品区域品牌经营管理模式，注册了名优特农产品的集体商标和证明商标、地理标志等农产品区域品牌商标，建立完善品牌申请授权使用制度，采取有效措施打击品牌假冒侵权行为，维护农产品区域品牌合法权益 • 制定了品牌农产品质量标准化体系，监督品牌使用和农产品质量；推进品牌农产品的管理、质量和产品的权威认证；采用了合理的品牌防伪技术手段，如建立信息可追溯系统、科学环保包装和统一标识管理；并积极协调各方利益和关系，形成品牌危机处理预案，完善农产品供应链体系建设 • 推广农产品标准化服务，推进农产品质量监测程序化，积极提供技术维权、包装防伪、标识管理等服务，同时提供市场信息、专家指导、技术培训等服务，提高农户种养技术和经营管理能力 • 做好农产品区域品牌的命名和标识设计管理；采用多种途径营销，如建立门户网站，实施电子商务互联网营销，推进农超对接、农业旅游发展；积极举办并组织参加各种农事节庆展销活动；开展名牌和驰名商标的申请工作
政府扶持优势	• 制定农业产业布局和发展规划，大力推进交通、水利、能源等基础设施的建设，为农业发展提供税收、补贴、信贷和用地等优惠政策；规范农业市场体系建设，建立比较完善的农产品市场管理机制；建立比较完善的"三品一标"认证制度；积极引导推进农产品的安全管理和优良农产品认证等工作；积极开展农业技术教育培训；设立名牌基金，提供优惠贷款 • 实施品牌发展顶层设计，引导名优特农产品的战略化发展；出台创立名牌的奖励措施，扶持农业产业化龙头企业和骨干企业创建名牌；推行质量体系认证；制定著名品牌评价标准与奖励制度；引导"产学研"结合，为农业企业发展招贤纳才

续表

影响因素	编码内容
政府扶持优势	• 积极开展各种各样的区域公共营销活动，推进名优特农产品的对外宣传和推荐活动，塑造良好的区域形象；组织参与国内外考察交流；积极推动"龙头企业+基地+农户"的农业产业化经营模式，鼓励农业龙头企业带领区域经济发展；通过举办农事节庆活动，加强品牌文化建设

5.3.1.3 内容编码和信效度检验

内容分析关键是对内容进行重新归类，把每个分析单元归入最合适类别，后进行编码和信效度检验。本研究邀请三位本科生作为编码员进行编码工作，事先对其进行编码培训。

内容分析法的信度检验，是指两个以上研究者按照相同分析维度，对同一材料进行评判结果的一致性程度。内容分析信度一般通过计算编码者的一致性程度得出（徐璐，2008）。本研究采用编码信度检验公式：CA= T1 ∩ T2 ∩ T3/T1 ∪ T2 ∪ T3，其中 T1 ∩ T2 ∩ T3 表示三个编码者编码归类相同的个数，T1 ∪ T2 ∪ T3 表示三个编码者各自编码个数的并集（袁登华，2004）。检验结果显示（见表5-2）：编码者的信度水平超过0.9，编码结果达到了较好的信度。

表5-2 北京农产品区域品牌发展影响因素编码信度检验结果

影响因素	CA	CVR
区域优势	0.94	
农业产业优势	0.92	0.72
经营管理优势	0.96	
政府扶持优势	0.93	

本研究中，对内容分析的效度检验采用内容效度比（Content Validity Ratio，CVR）来评定，其公式为：CVR=N(ne–N/2)/(N/2)，其中 ne 表示评判中认为某些项目很好地表示了测量内容范畴的编码者人数，N 为编码者的总人数。当 0<CVR≤1，表示项目内容分析的内容效度是可接受的（王重鸣，1998）。检验结果显示，影响因素的 CVR=0.72，说明编码结果有较高内容效度。

5.3.1.4 编码结果

对北京农产品区域品牌发展影响因素访谈材料归类后进行频次统计,较高提及频次和频率表明三位编码者归类内容在含义上都能准确反映相应类别(见表5-3),因此内容分析研究结果具有较好内容效度。

表5-3 北京农产品区域品牌发展影响因素访谈内容(部分)编码归类统计表

序号	维度	归入该维度的编码内容单元(举例)	频次	频率(%)
1	区域优势	水资源条件优越	12	90
		土壤适宜种养	10	78
		农产品口碑好、声誉高	12	90
2	农业产业优势	龙头企业辐射能力强	10	78
		农业基础设施完善	11	85
		标准化生产基地规模大,企业数量多	12	90
3	经营管理优势	提供产前种苗供应、产中技术指导、产后产品收购服务	8	60
		采用科学、环保、美观的包装	10	78
		推广农产品指标标准化服务	10	78
4	政府扶持优势	举办农事节庆	10	78
		制定地理标志产品认定管理办法	12	90

5.3.1.5 研究结果

品牌案例研究的访谈结果基本上验证了北京农产品区域品牌发展机理研究成果。经过整理总结,发现北京农产品区域品牌发展的影响因素主要有区域优势因素、农业产业优势因素、经营管理优势因素和政府扶持优势因素,基本上与机理研究分析结果相吻合。

5.3.2 北京农产品区域品牌发展关键影响因素的各维度因素分析

5.3.2.1 确定访谈提纲

开展访谈第二部分,进一步与受访样本中高层管理人员和政府官员进行半结构化深度访谈,请他们进一步描述影响因素各关键因素的最适合测量指标，运用内容分析法对所获文本材料进行分析，以获得更深入的信息，为构建测量北京农产品区域品牌发展影响因素量表问卷和实证研究奠定基础。

本研究依旧采取半结构化深度访谈法。以受访者所感受到的对北京农产品区域品牌发展起关键作用的因素及其构成为测量指标，拟订访谈提纲。主要包括以下问题。

（1）在农产品区域品牌发展中，该地被评为"中国西瓜之乡""中国大桃之乡""中国板栗之乡""中国草莓之乡"等称号，请您简单描述一下该地农产品区域品牌产业形成和发展过程，请列举一些关键事件。

（2）您认为该地种植西瓜、大桃、草莓、板栗等具有哪些得天独厚的地域条件？这些条件都体现在哪些方面？请举例。

（3）您认为该地有哪些产业优势是该农产品区域品牌发展的有利条件？请列举一些关键事件。

（4）您认为大兴西瓜、平谷大桃、昌平草莓、怀柔板栗等农产品区域品牌的经营管理和品牌发展中存在什么问题？应从哪些方面来提高品牌经营管理水平？请举例。

（5）您认为当地政府在大兴西瓜、平谷大桃、昌平草莓、怀柔板栗的发展中起着什么作用？具体包括哪些方面的作用？请您简单举例谈谈。

5.3.2.2 访谈实施

本研究访谈对象依然选择大兴西瓜、平谷大桃、昌平草莓、怀柔板栗等品牌的企业、协会中高层管理人员和政府官员。此次访谈共历时5个月。访谈主要依据提纲及问题展开。

5.3.2.3 数据分析方法与访谈材料分析

采用内容分析法对访谈记录材料进行整理分析。在分析过程中建立量化分析系统，采用定量语义内容分析法，以句子或短语为最小分析单位，对访谈获取的目标材料进行分析，最后做出分类。

5.3.2.4 内容分析类别及编码表

在进行内容分析时，基于研究需要，首先用最简洁的词语描述各个农产品区域品牌发展影响因素的各维度构成指标，并结合前文对国内外相关理论和文献的回顾，构思筛选并建立各影响因素的构成维度指标，并对各指标的内涵进行定义。

区域优势因素及其各维度指标分析。区域优势的3个维度分别是自然地理环境、人文因素和历史工艺传承，概念界定如下。

自然地理环境：主要是指适应农产品生产的气候、纬度、水土、日照、土壤、温度、地质特征、植被特征等自然禀赋条件。

人文因素：主要是指区域社会发展中所形成的生活习俗、民俗节庆、风土人情、文化典籍、故事传说等地域文化。

历史工艺传承：主要是指通过社会发展积淀形成的包含悠久生产历史、丰富灿烂文化、历代工艺智慧结晶的优良农产品及良好声誉口碑。

农业产业优势因素及其各维度构成指标分析。农业产业优势的3个维度分别是产业规模化、产业现代化和农业产业经营服务一体化，概念界定如下。

产业规模化：指某地域的农业中某类产品产业的经营和产出的适度主导化、规模化发展，表现在主要主导产业、结构化发展、企业数量多、种植面积大、生产总值高或产出量大。

产业现代化：是指不断用当代的先进科技来发展农业产业，使该农业产业体系在经济上和科技上达到当代比较先进水平的过程。表现在农业基础设施完善、经营管理水平高、专业市场体系完善、信息化程度高、标准化体系高、技术比较先进。

产业经营服务一体化：是指在特定区域内的，基于自然地理环境和特色人文条件，以特色农产品种植、养殖等生产活动为基础，在龙头企业带领下，由大量与产业密切相关联的企业、协会、组织、科研院所等组成的支撑体系在空间上高度集中，形成比较完整的、具有高度竞争力的农业产业服务经营体系。

经营管理优势因素及其各维度构成指标分析。经营管理优势是指基于产权清晰、管理规范之上，建立以"协会主导、企业参与、农户跟随"为主的比较完善科学的农产品区域品牌经营管理模式。经营管理优势的4个维度是品牌授权、监督规范、服务指导和营销推广，概念界定如下。

品牌授权：为维护农产品区域品牌产权主体合法权益，农业协会主导农产品区域品牌商标依法注册，并按照一定程序授权申请者使用农产品区域品牌及其品牌标识、包装，同时采取措施打击冒牌行为。

监督规范：制定和完善区域品牌管理制度，从品牌定位、品牌包装、品牌传播、品牌形象塑造以及品牌建设使用等方面进行统一的规范化、制度化管理，保护品牌拥有者的合法品牌权益。

服务指导：品牌拥有者制定统一的区域品牌规则标准，并对品牌使用者进行各种技术指导和培训服务，以确保区域品牌产品质量合格，推动农产品区域品牌产业化、规范化、标准化和制度化发展。

营销推广：是指品牌经营者利用各种媒介、采用各种手段积极推广品牌及其产品，塑造良好品牌形象和提高品牌知名度，进而获得更高的经济与社会效益。

政府扶持优势因素及其各维度构成指标分析。政府扶持优势的3个维度分别是政策支持服务、发展设计和区域营销，概念界定如下。

政策支持服务：政府通过制定品牌产业相关政策法规，如资金政策、金融税收政策和土地优惠政策等，并为此提供经济调节、市场监管、社会管理等一些公共职能服务活动，包括基础公共服务、经济公共服务、公共安全服务、社会公共服务等，为农产品区域品牌发展创造一个良好的秩序环境。

发展设计：政府为激励引导区域内企业创建品牌名牌而采取总体发展规划和名牌战略等发展措施。

区域营销：是指为增强区域竞争力，政府利用市场营销理念，整合区域资源，树立区域形象，在满足目标客户需求和愿望的同时，实现本地区经济社会发展目标的过程。

内容分析过程主要有两个步骤：一是详细说明被检测的内容特征；二是运用明细规则识别和重新编码这些内容特征。内容分析的关键是确立识别和编码内容特征的明细规则，构建编码表的过程就是识别和编码内容特征的明细规则的确立过程（任春红等，2009）。据此制定出本研究的区域优势维度编码表（见表5-4）、农业产业优势维度编码表（见表5-5）、经营管理优势维度编码表（见表5-6）、政府扶持优势维度编码表（见表5-7）。

表5-4 区域优势（维度）编码表

区域优势	编码内容（举例）
自然地理环境	• 大兴地处永定河洪积、冲积平原，多为沙性土，提供了种西瓜的得天独厚的土壤条件 • 西瓜在5—7月的蔓生期、开花期和座瓜期，最适温度是在18~35℃之间，而此期间大兴月均气温在20~26℃，极端最高气温35℃以上 • 6月中下旬西瓜的需水量约为总需水量的47%，这时大兴季风雨已经来临
人文优势	• 明《宛署杂记》记载，明朝万历年间，庞各庄西瓜即被选为皇宫太庙荐新供品，所以庞各庄西瓜被叫作"贡瓜" • 长期种植西瓜的历史，形成了大兴独特的西瓜文化——都市型观光农业、中国西瓜博物馆、大兴西瓜节。大兴区政府从1988年开主办以"以瓜为媒，广交朋友，宣传大兴，发展经济"的"大兴西瓜节"主题经济文化活动，定于每年5月28日举行 • 庞各庄镇先后获得"中国西瓜之乡""西瓜专业镇""农业结构调整先进镇""兴果富民先进镇"等多项荣誉称号 • 庞各庄镇南李渠村的"老宋瓜园"占地4000平方米，还有集科技试验示范、生产销售、旅游观光、休闲采摘为一体的西甜瓜主题文化园区——"老宋瓜趣园"
历史工艺传承	• 大兴西瓜种植历史悠久，在元明清时，大兴西瓜就一直被当作贡品 • 大兴区的农技人员和上千名种瓜能手都有丰富的种瓜技术经验。经过不断的技术创新，开发出"京欣"一号、"京欣"二号、"京欣"三号和"航兴"一号等新品种 • 实施《无公害保护地西瓜栽培技术规程》和《无公害西瓜》质量标准 • 大兴西瓜以沙甜脆著称，成为大兴名片，成为京城百姓信赖品牌，成为当地农民致富支柱产业 • 大兴西瓜品质优良，获得"三品一标"认证，声誉口碑好，远销国内外

表 5-5　农业产业优势（维度）编码表

农业产业优势	编码内容
产品优良品质	• 大兴西瓜品质优良、口碑好、市场信誉高（远近闻名或畅销海内外） • 大兴西瓜曾经获得无公害产品、绿色食品和有机产品认证等 • 大兴西瓜曾获得地理标志产品保护认证、原产地保护认证和农产品地理标志认证等
产业规模化	• 大兴西瓜产业属于该地的农业主导产业之一 • 大兴西瓜生产种植经营企业数量众多 • 大兴西瓜的生产种植基地规模大、管理先进 • 围绕西瓜产业，大兴有众多服务农业的机构，如科研单位、市场营销单位、农业合作社、生产资料单位等 • 大兴庞各庄镇等乡镇的广大农户家庭积极参与大兴优质西瓜的生产种植栽培
产业现代化	• 大兴水利、交通、电力等农业基础设施完善 • 大兴初步形成比较完善的农产品专业市场体系 • 大兴农业信息化发展程度高 • 大兴农业标准化体系发展程度高
产业经营服务一体化	• 大兴龙头农企规模大、辐射带动能力强 • 大兴农业产业集群化优势明显，且带动相关产业发展，如旅游观光等 • 大兴形成由西瓜龙头企业带领大量与农业产业密切相关联的企业、协会、组织、科研院所等组成的比较完善的农业产业服务经营体系

表 5-6　经营管理优势（维度）编码表

经营管理优势	编码内容
品牌授权	• 区域品牌申请者农业协会具有独立的民事责任能力 • 具有管理和监督农产品区域品牌的能力 • 具有为农产品区域品牌农产品产加销提供指导服务的能力 • 成功申请注册农产品区域品牌 • 成功申请注册集体商标和证明商标 • 积极注册农产品区域品牌的网络域名 • 积极进行国外商标注册，保护农产品区域品牌 • 建立并完善农产品区域品牌使用申请许可制度 • 采取有力措施打击区域品牌的冒牌行为和侵权行为

续表

经营管理优势	编码内容
监督规范	• 监督品牌使用和农产品质量 • 积极开展各种质量认证、产品认证 • 积极开展无公害食品认证 • 积极开展绿色食品认证 • 积极开展有机食品认证 • 积极开展农产品地理标志认证 • 积极推广完善品牌防伪技术和手段 • 积极建立农产品质量信息可追溯系统 • 加强品牌危机管理，建立危机预警系统 • 建立完善的农产品区域品牌产品供应链体系 • 协调与品牌相关的各方关系和利益
服务指导	• 推广农产品质量标准化服务 • 积极提供农产品质量监测服务 • 积极提供技术维权、包装防伪等服务 • 积极提供市场信息 • 积极推广行业技术经验 • 积极提供专业技术指导 • 积极提供技术培训服务
营销推广	• 积极做好农产品区域品牌的命名和标识设计 • 积极实施互联网营销、电子商务营销和网络营销等 • 积极开展农产品电视媒体广告宣传 • 积极参与和组织国内外农产品展销活动 • 建立并维持良好的公共关系 • 积极举办农事节庆活动 • 积极构建农产品营销管理和市场推广体系 • 积极参与农产品区域名牌认证工作 • 探索创新农产品区域品牌销售渠道，如农超对接、互联网营销和微博微信自媒体营销

表 5-7 政府扶持优势（维度）编码表

政府扶持优势	编码内容
政策支持服务	• 积极完善农业产业布局和规划 • 积极提供税收、补贴、信贷、用地等优惠政策 • 大力推进交通、水利、能源等基础设施建设 • 大力发展和培育专业市场、规范中介服务、完善市场体系 • 积极完善农业（农产品）市场管理体制 • 积极引导推进证明商标、集体商标注册认证，如地理标志认证、原产地认证 • 积极引导推进农产品的无公害、绿色和有机认证 • 积极引导推进区域品牌农产品的安全认证、安全用药、优良品质认证等制度 • 积极开展农业技术教育培训 • 激励创立农业名牌的基金政策行之有效
发展设计	• 出台发展农产品区域品牌的政策和奖励措施 • 引导并激励农业企业提高农产品质量 • 鼓励品牌认证和申报工作 • 引导"产学研"结合 • 引导发展创建名牌战略 • 颁布出台多项发展品牌和品牌保护法律法规，监督农产品区域品牌使用与维护 • 积极制定引导农产品区域品牌的发展规划和发展战略
区域营销	• 积极打造农产品品牌宣传媒介平台，组织公共营销活动，如农事节庆旅游等 • 积极组织农业企业进行国内外考察交流活动 • 积极组织参加国内外农产品展销会、博览会 • 积极强化品牌文化建设

5.3.2.5 编码和信效度检验

在内容分析过程中，关键是对内容进行编码并进行信效度检验。本研究邀请三位本科生作为编码员进行编码工作，事先对其进行编码培训。内容分析的信度一般通过计算编码者的一致性程度得出（徐璐，2008）。本研究采用编码信度检验公式：CA=T1∩T2∩T3…∩Tn/T1∪T2∪T3…∪Tn，其中T1∩T2∩T3…∩Tn表示n个编码者编码归类相同的个数，T1∪T2∪T3…∪Tn表示n个编码者各自编码个数的并集（求和）（袁登华，2004）。

对内容分析的效度检验采用内容效度比（Content Validity Ratio，CVR）来评定，其公式为：CVR=N(ne-N/2)/(N/2)，其中ne表示评判中认为某些项目很好地表示测量内容范畴的编码者人数，N为编码者总人数（王重鸣，1998）。当0<CRV≤1时，表示项目内容分析的内容效度是可接受的。

区域优势因素构成维度检验结果显示（见表5-8）：编码者信度水平（CA）超过0.8，编码结果达到了较好的信度。从表中可看出，各类别内容表现出较高一致性，表明编码结果信度水平较高。采用内容效度比进行编码效度检验，检验结果显示，CVR为1.0，表示本研究的编码结果达到了较好的内容效度。编码结果分析显示，较高提及频次和频率表明三位编码者归类内容在含义上都能准确反映相应类别，表明研究结果具有较好内容效度。

表5-8 区域优势因素构成维度指标信度检验结果

区域优势	CA	频次	频率（%）	CVR
自然地理环境	0.92	10	78	
人文优势	0.82	12	90	1.0
历史工艺传承	0.80	10	78	

农业产业优势因素构成维度检验结果显示（见表5-9）：编码者信度水平（CA）超过0.8，编码结果达到了较好的信度。从表中可看出，各个内容类别有较高一致性，表明编码结果具有较高信度水平。采用内容效度比进行编码效度检验，检验结果显示，CVR为1.0，表示本研究的编码结果达到较好内容效度。编码结果分析显示，较高提及频次和频率表明三位编码者归类内容在含义上都能准确反映相应类别，表明研究结果具有较好内容效度。

表5-9 农业产业优势因素构成维度指标信度检验结果

农业产业优势	CA	频次	频率（%）	CVR
农产品品质	0.91	10	78	1.0
产业规模化	0.82	12	90	
产业现代化	0.80	10	78	
产业经营服务一体化	0.82	11	79	

经营管理优势因素的构成维度检验结果显示（见表5-10）：编码者的信度水平（CA）超过0.8，编码结果达到了较好的信度。从表中可看出，各内容类别有较高一致性，说明编码结果具有较高信度水平。采用内容效度比进行编码效度检验，检验结果显示 CVR 为1.0，表示本研究编码结果达到较好内容效度。编码结果分析显示，较高提及频次和频率表明三位编码者归类内容在含义上都能够准确反映相应类别，表明研究结果具有较好内容效度。

表5-10 经营管理优势因素构成维度指标信度检验结果

经营管理优势	CA	频次	频率（%）	CVR
品牌授权	0.80	10	78	1.0
监督规范	0.90	12	90	
服务指导	0.80	11	79	
营销推广	0.90	12	90	

政府扶持优势因素构成维度检验结果显示（见表5-11）：编码者信度水平（CA）超过0.8，编码结果达到了较好的信度。从表中可看出，各个内容类别有较高一致性，说明编码结果具有较高信度水平。采用内容效度比进行编码效度检验，检验结果显示，CVR 为1.0，表示本研究的编码结果达到较好内容效度。编码结果分析显示，较高提及频次和频率中表明三位编码者归类内容在含义上都能够准确反映相应类别，表明研究结果具有较好的内容效度。

表 5-11 政府扶持优势因素构成维度指标信度检验结果

政府扶持优势	CA	频次	频率（%）	CVR
政策支持服务	0.90	12	90	
发展设计	0.90	13	93	1.0
区域营销	0.90	12	90	

5.3.3 研究结果

四个北京农产品区域品牌实地调研和访谈的多重案例研究结果，基本上反映和验证了根据前文农产品区域品牌发展机理分析研究的成果，即农产品区域品牌成功发展，离不开区域优势因素、农业产业优势因素、经营管理优势因素和政府扶持优势因素。因此，经过归纳总结，获得了北京农产品区域品牌发展影响因素纬度指标（见表5-12）。

表 5-12 农产品区域品牌发展影响因素的构成维度

区域优势	农业产业优势	经营管理优势	政府扶持优势
自然地理环境	农产品品质	品牌授权	政策支持服务
人文优势	产业规模化	监督规范	发展设计
历史工艺传承	产业现代化	服务指导	区域营销
	产业经营服务一体化	营销推广	

5.4 研究结论

通过北京农产品区域品牌多案例研究可知，发展农产品区域品牌不仅能集聚区域内优质农业资源实现规模化，且能以较低成本向市场传递农产品质量信息，有效克服中小农业企业的弊端。对于目前中国农业发展实际而言，发展农产品区域品牌是一个更优的农业品牌发展制度设计。

本章通过多案例研究法探究北京农产品区域品牌发展影响因素。通过对大兴西瓜、平谷大桃、昌平草莓、怀柔板栗四个农产品区域品牌的多案例研究，归纳总结出影响北京农产品区域品牌发展的关键影响因素及其影响维度指标。虽然四个品牌发展案例都反映出区域优势因素、农业产业优势因素、经营管理优势因素和政府扶持优势因素是影响农产品区域品牌发展的关键因素，但囿于各农产品区域品牌所在区域的经济和资源特点，各因素所起的主导作用不尽相同。在弱农业资源和强经济的大都市市场辐射下，政府因势利导、品牌经营管理优势和农业产业优势起到了至关重要作用。

通过对所选品牌典型案例进行分析，发现四个北京农产品区域品牌发展案例展示出了北京农产品区域品牌发展模式——大都市市场辐射下基于政府强力引导的特色产业集聚发展模式。由此可知，农产品区域品牌发展，必须是在名优特农产品资源基础之上，保护和优化农产品品种资源，采用先进的农业科研技术和生产方式；进一步推进农业产业化发展，建立比较完善的农业产业化标准化体系，确保农产品质量安全；进一步强化品牌意识，采取多种、多元措施，加强品牌经营管理；区域政府要积极实施强力宏观调控，从发展政策、资金支持、土地政策等涉及农产品区域品牌发展的关键方面，给予强力支持，强化产业主导地位。

通过多案例实地调研访谈研究，获得了区域优势的自然地理环境、人文优势、历史工艺传承的细分维度指标，获得了农业产业优势的农产品品质、产业规模化、产业现代化和农业经营服务一体化等细分维度指标，获得了经营管理优势的品牌授权、监督规范、服务指导、营销推广等细分维度指标，获得了政府扶持优势的政策支持服务、发展设计和区域营销等细分维度指标。

5.5 本章小结

关于北京农产品区域品牌如何发展，基于实地访谈和内容分析的多案例研究给出了经验性总结。大兴西瓜、平谷大桃、昌平草莓、怀柔板栗等北京农产品区域品牌发展案例表明：基于区域名优特农产品资源发展农产品区域品牌，是区域优势、农业产业优势、经营管理优势和政府扶持优势四个关键因素综合协同影响的结果。区域先天拥有的优越自然地理环境、人文环境等区域资源优势是农产品区域品牌发展的物质基础。地理纬度、气候日照、土壤肥力、水资源、传统工艺、人文历史等地域先天资源禀赋因素对农产品的产量、品质、口感、种类等影响很大，是名优特农产品生长发展的基础。基于名优特农产品资源的农业主导产业所发展集聚的农业产业优势，形成以龙头农企为主的众多农业企业、农户、合作社，以及其他生产服务机构等相互合作的一体化产业化经营服务体系，为名优特农产品资源实现区域品牌化提供产业发展动力。建立一个完善的品牌经营管理机制并真正发挥作用，尤其是确定半官方组织产业协会为品牌经营管理主体，申请注册商标、授权使用标识制度、质量管理体系、品牌宣传推广体系、营销网络建设等品牌经营管理体制的建立和完善，是名优特农产品区域品牌化的管理原动力。政府对农业发展实施宏观调控，对名优特农产品资源产业强力扶持，提供良好基础设施、创造合理制度环境、出台相应激励政策、制定品牌发展顶层设计、提供公共服务、实施区域营销等，将对名优特农产品资源区域品牌化起到重要领导作用。

多案例访谈研究表明，区域优势、农业产业优势、经营管理优势和政府扶持优势四个关键影响因素维度是影响北京农产品区域品牌发展的关键因素。北京各地可根据实地实际情况，优选有优势的农产品类别，通过充分挖掘区域优势，凝聚农业产业优势，强化品牌经营管理优势，充分发挥政府扶持引导优势，发展农产品区域品牌，是一个比较好的制度选择。同时，多案例访谈研究结果进一步表明，区域优势、农业产业优势、经营管理优势和政府扶持优势下的具体影响因素指标也很重要，从方向细节上指出了发展农产品区域品牌必须关注和重视的具体细节建设。本章通过研究北京农产品区域品牌成功案例，总结归纳了影响北京农产品区域品牌发展的关键影响因素维度及各维度下的影响因素指标，为后面章节的进一步实证研究和发展对策研究提供了基础。

6 农产品区域品牌发展影响因素实证研究

由多案例研究可知，北京农产品区域品牌发展影响因素主要有区域优势、农业产业优势、经营管理优势和政府扶持优势四大关键因素及其维度影响因素。为了在实践中更好地发展北京农产品区域品牌，必须了解北京农产品区域品牌发展的关键影响因素及其维度因素，掌握关键影响因素及其维度因素对北京农产品区域品牌发展的影响作用机理。因此，本章基于前面章节的研究，构建北京农产品区域品牌发展影响因素理论模型并验证模型，通过提出研究假设，制定量表问卷和选择调研对象，预调研和正式调研，收集研究数据，利用SPSS和AMOS等统计软件进行变量测定和数据分析，检验假设和验证模型，从而为北京农产品区域品牌发展提供具体细节抓手和基础借鉴。

6.1 研究设计

6.1.1 理论模型与假设提出

由前面章节北京农产品区域品牌发展现状研究、北京农产品区域品牌发展机理研究、北京农产品区域品牌多案例研究等研究成果可知：第一，大兴西瓜、平谷大桃、昌平草莓和怀柔板栗等多案例研究表明，区域优势因素、农业产业优势因素、经营管理优势因素和政府扶持优势因素有力地促进了北京农产品区域品牌发展。这些北京农产品区域品牌发展都遵循了这样一个规律：在特定区域内的自然地理环境优势和人文历史工艺传承基础上生长形成的名优特农产品，凭借着农产品优良品质而初步获得了一定的区域知名度和美誉度（类似于品牌知名度和品牌美誉度）；随着知名度、美誉度提高，其种植养殖规模不断扩大、产能不断提高，进而逐渐发展形成产业，这时区域内有众多农业生产者，也包括规模较大的农户或农业企业，因无意识或无能力创牌，只能依靠区域农产品的高知名度来谋求联合发展，市场逐渐将这些独特农产品与其原产地联系起来，从而使该原产地域在公众中有了一定的"品牌认知"。这是基于名优特农产品资源发展起来的北京农产品区域品牌雏形，也是基于农业产业逐步发展和经营管理从无意识的生产经营管理逐渐发展到有意识的集约化协同联合经营管理。市场经济规律决定了政府不是品牌建设主体，因而北京市各级政府要尊重市场经济规律，为了发展区域经济而大力扶持名优特农产品产业发展成区域农业主导产业，并引导主导产业来发展北京农产品区域品牌，谋求规模经济效益和品牌效益。北京农业产业优势逐渐发展和发挥作用，其在北京市政府扶持基础之上对北京农产品区域品牌形成集约联合经营管理，逐渐成为整合区域优势、农业产业优势来大力发展北京农业区域品牌的有效机制，促使北京农产品区域品牌逐渐发展成为一个具有较高品牌知名度和美誉度的、能实现集聚优质农业资源的较优制度设计，有力地推动了农业增效、农民增收及乡村振兴发展。第二，在区域优势促进北京农产品区域品牌发展机理中，自然地理环境赋予了北京农产品区域品牌鲜明的区域形象特征，人文优势赋予了北京农产品区域品牌独特的品牌文化，历史工艺传承赋予了北京农产品区域品牌独特的品质。第三，在农业产业优势影响北京农产品区域品牌发展机理中，农业产业规模化提升了农产品区域品牌的价值创造力，农业现代化带动了农产品区域品牌产业快速发展，农业产业经营服务一体化为农产品区域品牌发展保护提供持续动力支持。第四，在经营管理优势影响北京农产品区域品牌发展机理中，品牌商标注册和品牌授权管理有利于保护农产品区域品牌产权，监督规范管理有利于提高农产品区域品牌发展质量，服务指导有利于逐步规范和提高农产品区域品牌发展质量水平，营销推广有利于提高农产品区域品牌知名度和塑造良好品牌形象。第五，在政府扶持优势影响北京农产品区域品牌发展机理中，政府一方面通过提供各种优惠政策、实施名牌战略、推进区域公共营销等宏观调控，促进北京农产品区域品牌快速健康发展。另一方面，政府发展北京农产品区域品牌的主观偏好、政策导向以及对北京农产品区域品牌的管理效率，影响着北京农产品区域品牌的发展方向、发展速度和发展能力。区域优势和农业产业优势为经营管理优势的发挥提供了基础和凭借。政府作为区域行政领导，具有发展经济的职能，但非品牌建设主体，因此政府要尊重市场经济规律，大力引导并整合区域内区域优势、农业产业优势和经营管理优势等有效资源来发展区域经济，从而有效地领导和引导北京农产品区域品牌发展。

基于此，本书梳理出北京农产品区域品牌化发展影响因素构成维度，各维度与北京农产品区域品牌间、各维度间的逻辑关系，构建北京农产品区域品牌发展影响因素模型（如图6-1所示）。

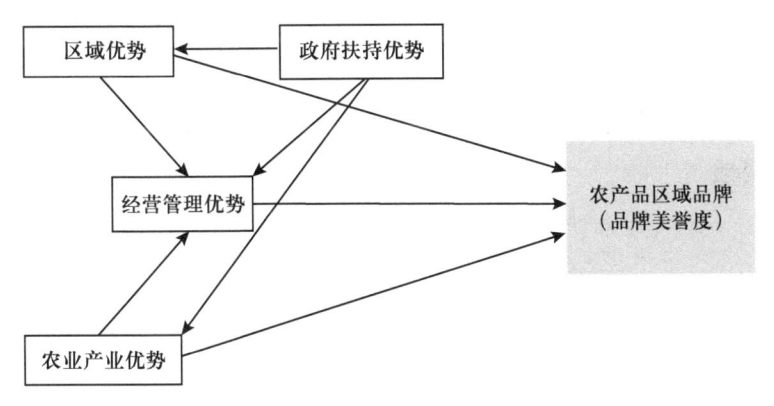

图6-1 北京农产品区域品牌发展影响因素模型

北京农产品区域品牌发展影响因素模型包括四个关键构面。其中区域优势、农业产业优势和经营管理优势为自变量，北京农产品区域品牌（品牌美誉度）为因变量，政府扶持优势作为调节区域优势、农业产业优势和经营管理优势的变量。本书通过北京农产品区域品牌发展机理研究和案例研究发现，各变量之间存在下述关系：区域优势、农业产业优势和经营管理优势影响北京农产品区域品牌发展，将对北京农产品区域品牌发展产生正向影响作用。因而，区域优势、农业产业优势和经营管理优势与北京农产品区域品牌（品牌美誉度）之间存在因果关系。同时，区域优势和农业产业优势又可为经营管理优势的发挥提供基础性依赖，正向影响经营管理优势，从而间接促进北京农产品区域品牌发展。北京农业的分散性和农产品区域品牌的公共性及其对公共政策的客观需求，决定了北京农产品区域品牌发展必须依靠政府参与并发挥重要宏观调节作用。由于政府不是品牌建设主体，政府尊重市场经济规律，通过对区域优势、农业产业优势和经营管理优势的整合调节与扶持，影响北京农产品区域品牌发展（品牌美誉度提高）。据此得到北京农产品区域品牌发展影响因素作用关系机理（如图6-2所示）。

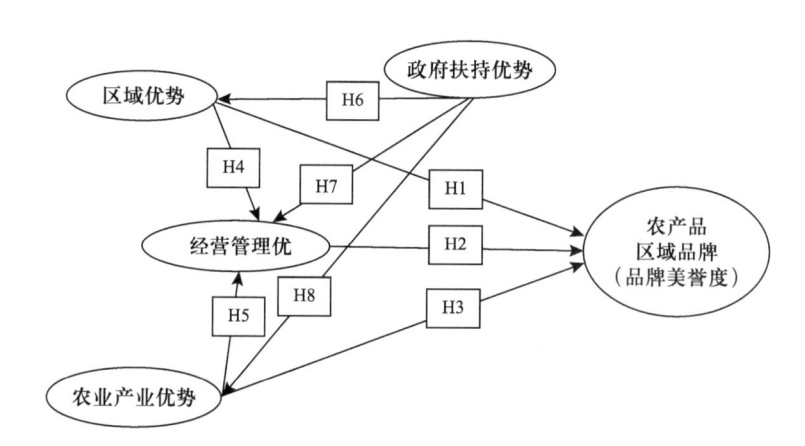

图6-2 北京农产品区域品牌发展影响因素作用关系

同时提出以下研究假设。

H1：区域优势对农产品区域品牌发展有正向作用。

H2：经营管理优势对农产品区域品牌发展具有正向作用。

H3：农业产业优势对农产品区域品牌发展有正向作用。

H4：区域优势对经营管理优势影响农产品区域品牌发展具有正向作用。

H5：农业产业优势对经营管理优势影响农产品区域品牌发展具有正向作用。

H6：政府扶持对区域优势影响农产品区域品牌发展具有正向调节作用。

H7：政府扶持对农业产业优势影响农产品区域品牌发展具有正向调节作用。

H8：政府扶持对经营管理优势影响农产品区域品牌发展具有正向调节作用。

6.1.2 调研对象选择

基于理论研究模型，参照农产品区域品牌在北京各区域的分布、农产品区域品牌类别，以及区域资源优劣和经济水平强弱特征等来选择调研对象，作为研究对象之品牌样本。具体调研对象是使用和管理该农产品区域品牌的农业企业、产业协会、合作组织、农户和政府等部门单位的中高层管理人员。调研采用预调研和正式调研相结合的形式进行。先通过上网搜集资料、电话号码等方式获取信息，然后在实地调研中发放调查问卷。按照每个品牌样本做一份调查问卷。

6.1.3 量表问卷设计

量表是由一组相关描述性语言组成的，用来将主观抽象的态度和概念，按照一定程序进行定量化测量的测量工具。为了进一步运用统计分析方法，基于定量测量来验证本研究所提出的北京农产品区域品牌发展影响因素理论模型和研究假设。本研究进行系统量表开发历时一年，经过多次反复测验，最终形成一套用于本研究的定量测量量表，包括测量影响北京农产品区域品牌发展的区域优势因素测量量表、影响北京农产品区域品牌发展的农业产业优势因素测量量表、影响北京农产品区域品牌发展的经营管理优势因素测量量表和政府扶持优势测量量表。

6.1.3.1 量表界定与题库形成

通过前文对相关理论基础、发展现状研究、发展机理研究等的梳理结果，结合品牌发展影响因素案例研究，尤其是对大兴西瓜、平谷大桃、昌平草莓、怀柔板栗等的实地调研和研究结果，运用归纳法尽可能归纳推导出用来测量各个构念的题项，初步构建出初始题库。

量表开发最主要的任务是界定清楚待测度变量概念，即界定区域优势、农业产业优势、经营管理优势、政府扶持优势四个构面的基本内容。

界定清楚待测内容之后，研究量表开发并生成一个题库，作为测度量表最终候选题项。本研究在编制各个题目时，运用归纳法尽可能多地归纳推导出所测量的各构念变量初始题库，将拟测度的各个量表内容尽量转化成描述性语句，编制成题目（王长峰，2009）。根据编制量表基本规则，一般初始题库题目数大约是最终用于正式测量工具题目数的 2~5 倍。因此，本研究最终形成 4 个量表初始题库。

（1）影响北京农产品区域品牌发展的区域优势量表及初始题库。测度影响农产品区域品牌发展的区域优势量表题项共有 18 个，具体而言，测度自然地理环境的题目 6 个，测度人文优势的题目 6 个，测度历史工艺传承的题目 6 个（见表 6-1）。

表 6-1　区域优势量表初始题库

区域优势 （18）	**自然地理环境（6）** 1. 当地土壤酸碱度条件适宜某农产品的生长 2. 当地气候条件适宜某农产品的生长 3. 当地日照气温条件适宜某农产品的生长 4. 当地地理纬度是公认的某农产品最佳生长带 5. 当地水资源丰富，水土环境良好 6. 当地农产品生产所需生产资料丰富易得
	人文优势（6） 1. 当地形成了有关某农产品的生活习俗 2. 当地形成了有关某农产品的农事节庆活动 3. 当地形成了有关某农产品的传统生活方式 4. 当地历来流传着有关某农产品的史书文集 5. 当地民间流传着有关某农产品属于贡品等故事传说 6. 当地形成了诚实守信、重视农业生产的地域文化特色

续表

区域优势（18）	**历史工艺传承（6）** 1. 当地农产品生产历史悠久 2. 当地拥有丰富灿烂的文化 3. 当地某农产品品质优良且声誉口碑好 4. 当地某农产品的传统种养技术比较先进 5. 当地某农产品的生产与栽培方式独特 6. 当地某农产品的种养方式获得非物质文化遗产认定

（2）影响北京农产品区域品牌发展的农业产业优势量表及初始题库。测度影响农产品区域品牌发展的农业产业优势量表题项有19个，具体而言，测度农产品品质的题目3个，测度产业规模化的题目7个，测度产业现代化的题目6个，测度农业产业经营服务一体化的题目3个（见表6-2）。

表6-2 农业产业优势量表初始题库

农业产业优势（19）	**农产品品质（3）** 1. 当地某农产品营养价值高 2. 当地某农产品口碑信誉高 3. 当地某农产品获"三品一标"等认证
	产业规模化（7） 1. 当地某农产品属于农业主导产业 2. 当地某农产品企业数量众多 3. 当地某农产品生产基地规模大、数量多 4. 当地存在众多的涉农机构 5. 当地广大农户积极参与某农产品生产 6. 当地某农产品种植养殖规模大 7. 当地某农产品的年产量大、产值高
	产业现代化（6） 1. 当地农业基础设施比较完善 2. 当地形成比较完善的农产品专业市场体系 3. 当地农业信息化发展程度高

续表

农业产业优势（19）	4. 当地农业标准化体系发展程度高 5. 当地农业管理理念先进、管理制度科学 6. 当地农业机械化、自动化程度比较高 **产业经营服务一体化（3）** 1. 龙头企业规模大且辐射作用强 2. 当地某农产品具有一定产业集群优势 3. 当地形成比较完善的农业产业经营体系

（3）影响北京农产品区域品牌发展的经营管理优势量表及初始题库。测度农产品区域品牌发展的经营管理优势影响因素量表的测试题项共有35个，具体而言，测度品牌授权的题目9个，测度监督规范的题目10个，测度服务指导的题目7个，测度营销推广的题目9个（见表6-3）。

表6-3　经营管理优势量表初始题库

经营管理优势（35）	**品牌授权（9）** 1. 品牌申请者具有独立民事责任能力 2. 具有管理和监督农产品区域品牌的能力 3. 具有为区域品牌农产品生产、加工、营销提供指导服务的能力 4. 成功申请注册农产品区域品牌 5. 成功申请注册集体商标和证明商标 6. 积极注册农产品区域品牌的网络域名 7. 积极进行国外商标注册 8. 建立并完善农产品区域品牌使用申请许可制度 9. 采取有效措施打击区域品牌的冒牌行为 **监督规范（10）** 1. 监督品牌使用和农产品质量 2. 积极开展各种质量认证、产品认证 3. 积极开展无公害、绿色、有机食品认证 4. 积极开展绿色食品认证 5. 积极开展有机食品认证

续表

	6. 积极开展农产品地理标志认证
	7. 积极采用并推广各种品牌防伪技术和手段
	8. 积极建立产品质量信息可追溯系统
	9. 强化品牌危机管理，建立危机预警系统
	10. 协调与品牌相关的各方关系和利益
	服务指导（7）
	1. 制定并推广农产品质量标准化服务
	2. 积极提供农产品质量检测服务
经营管理	3. 积极提供技术维权、包装防伪等服务
优势（35）	4. 积极提供市场信息
	5. 积极推广行业技术经验
	6. 积极提供专业技术指导
	7. 积极提供技术培训服务
	营销推广（9）
	1. 积极做好农产品区域品牌命名和标识设计
	2. 积极实施农产品互联网营销、电子商务营销
	3. 积极开展农产品电视媒体宣传
	4. 积极举办和组织参与国内外农产品展销活动
	5. 积极建立并维持良好公共关系
	6. 积极举办农事节庆活动
	7. 积极构建农产品营销管理和市场推广体系
	8. 积极开展申请农产品区域名牌认证工作
	9. 探索创新农产品区域品牌销售渠道，如农超对接、互联网预订营销

（4）影响北京农产品区域品牌发展的政府扶持优势量表及初始题库。测度影响农产品区域品牌发展的政府扶持量表题项共有19个，具体而言，测度政策支持服务的题目有10个，测量发展设计的题目有4个，测量区域营销的题目有5个（见表6-4）。

表 6-4　政府扶持优势量表初始题库

政府扶持优势（19）	**政策支持服务（10）** 1. 积极出台和完善维护农产品区域品牌发展的各项规章制度 2. 积极完善特色农产品布局和规划 3. 积极为农产品区域品牌发展提供税收、信贷、用地等优惠政策 4. 积极推进交通、水利、能源等基础设施建设 5. 积极培育专业销售市场、规范中介服务，推动完善农产品市场体系 6. 积极完善农业（农产品）市场管理体制 7. 积极推进农产品的"三品一标"认证 8. 积极推行区域品牌农产品的安全认证、安全用药标章、优良农产品品质认证、危害分析与安全控制点（HACCP）认证等 9. 积极开展农业技术教育培训和人才引进 10. 激励创立农业名牌、驰名品牌的政策行之有效
	发展设计（4） 1. 出台发展农产品区域品牌的政策和奖励措施 2. 颁布出台多项品牌发展和品牌保护法律法规 3. 实施名牌战略，积极引导制定农产品区域品牌发展规划和发展战略 4. 引导创立名牌和中国驰名品牌
	区域营销（5） 1. 积极组织公共营销活动，强化品牌文化建设，如农事节庆活动和旅游等 2. 积极组织农业企业进行国内外考察交流 3. 积极推进农产品区域品牌对外宣传和推荐活动 4. 积极打造农产品品牌宣传推广媒介平台建设 5. 积极推进多项措施，塑造良好区域形象

6.1.3.2　量表设计与题库审定

（1）量表设计。本研究采用问卷调查法作为搜集研究所需资料的主要方法。调查研究以询问调查对象为基础，通过向他们询问各种问题，基于答案内容来搜集研究所需数据。问卷调查是为了获取统一标准定量数据。标准化数据搜集过程，就是为所有调查对象制定准备一份统一的、标准化的、高度结构化的调查问卷，按照预定顺序和措辞来沟通询问。

问卷量表设计包括问卷理论构思与目的、问卷格式、问卷项目语句和问卷用词四个方面的内容。涂平（2008）则认为问卷调查法具有概率样本好、程序标准化、测量方法有依据、数据收集以定量为主、有限的操控五个特点。

为设计出一份比较科学的调查问卷，以实现变量测度和提高研究结果的可靠性、有效性，本研究对问卷设计进行全面考虑和合理处理。问卷设计采用以下四个步骤。

大量相关文献研究。虽然专门针对北京农产品区域品牌发展影响因素作用机理的实证研究并不多，但是许多关于北京农产品区域品牌影响因素、北京农产品区域品牌资产、北京农产品区域品牌发展模式等的定性分析为本书提供了有价值的借鉴。通过北京农产品区域品牌发展现状研究和发展机理研究及案例研究，再结合相关文献已论证的、有关区域品牌、集群品牌及品牌评价指标等的研究成果，凝练出一些问题题项来测度本研究有关变量。

案例研究之实地访谈。通过案例研究的实地调研访谈，利用与农业部门、特产协会、农产品企业深入接触的机会，积累关于对名优特农产品和农产品区域品牌的认识；同时借助赶赴北京各区域的实地调研，通过与管理和使用品牌的农业企业、生产基地、农业委员会、合作社、协会等单位高层管理者面对面访谈，征求其对本研究问题的看法建议，初步获得并验证本研究量表问卷设计的问题。

征询专家意见。基于文献阅读和访谈来设计本研究调查问卷，之后咨询相关营销专家学者对本研究问卷的意见，再修改和完善调查问卷。

问卷预调研测试。在正式调研之前，先对一些使用和管理农产品区域品牌的农业委员会、农业企业、生产基地、合作社、协会等单位的中高层管理人员进行预先调研测试。主要通过面对面访谈填写问卷，及时发现问卷中的问题，并根据反馈建议进一步修改本研究中的一些问题语句，使其简单易懂，并最终确定本研究调查问卷。

本研究问卷设计采用李克特量表法（Likert scale）。7点量表最可靠，能充分反映出受访者温和意见与强烈意见的差别。因此，本研究采用7点量尺制量表，正向语句描述，仅在量表两端分值标示语意，中间不标注各尺度名称。即1分代表"非常不同意"所表述观点，7分代表"非常同意"所表述观点，中间等级不用具体文字描述。

（2）题库审定。根据实地访谈和专家审查情况，将题库中提及率偏低、相关度偏低的题项从题库中剔除；同时根据专家等的建议，调整合并了相关题项。根据以上原则，最终确定了本研究量表题库的定量测量指标。

一是区域优势量表审定题库。通过删减和调整合并，最终确定10个指标作为定量测量正式量表题项。其中集中反映自然地理环境的指标3个，反映人文因素的指标3个，反映历史工艺传承的指标4个（见表6-5）。

表6-5　区域优势量表审定题库

区域优势（10）	**自然地理环境（3）** 1. 当地土壤地质条件适宜某农产品的生长 2. 当地气候水质条件适宜某农产品的生长 3. 当地日照气温条件适宜某农产品的生长 **人文因素（3）** 1. 当地形成了有关某农产品的生活习俗 2. 当地形成了有关某农产品的特有的文化现象 3. 当地民间流传着有关某农产品的故事传说 **历史工艺传承（4）** 1. 当地农产品生产历史悠久 2. 当地拥有丰富灿烂的文化 3. 当地某农产品品质优良且声誉口碑好 4. 当地某农产品传统种养技术先进

二是农业产业优势量表审定题库。通过删减和调整合并，最终确定了11个指标作为定量测量正式量表题项。其中集中反映农业产业规模化优势的指标4个，反映农业产业现代化优势的指标4个，反映农业产业经营服务

一体化优势的指标 3 个（见表 6-6）。

表 6-6 农业产业优势量表审定题库

农业产业优势（11）	**产业规模化（4）** 1. 当地某农产品属于农业主导产业 2. 当地某农产品企业数量众多 3. 当地某农产品生产基地规模大、数量多 4. 当地存在众多涉农服务机构 **产业现代化（4）** 1. 农业基础设施比较完善 2. 农产品市场体系比较完善 3. 农业信息化发展程度比较高 4. 农业标准化发展程度比较高 **产业经营服务一体化（3）** 1. 龙头企业规模大且辐射作用明显 2. 农业产业具有一定产业集群优势 3. 农业产业化经营体系比较完善

三是经营管理优势量表审定题库。通过删减和调整合并，最终确定了 16 个指标作为定量测量正式量表题项。其中集中反映品牌授权管理的指标 3 个，反映监督规范管理的指标 5 个，反映服务指导管理的指标 4 个，反映营销推广管理的指标 4 个（见表 6-7）。

表 6-7 经营管理优势量表审定题库

经营管理优势（16）	**品牌授权（3）** 1. 注册品牌并具有独立民事责任能力 2. 注册农产品区域品牌商标 3. 建立比较完善的品牌申请授权使用制度

续表

经营管理优势 （16）	监督规范（5） 1. 积极制定推广品牌产品标准化 2. 积极推进管理、质量、产品等认证 3. 积极打击假冒行为，采用各种品牌防伪技术和手段（信息追溯、科学包装、标识管理等） 4. 建立完善农产品区域品牌产品供应链体系 5. 协调与品牌相关的各方关系和利益
	服务指导（4） 1. 制定并推广农产品质量标准化服务 2. 积极提供农产品质量检测服务 3. 积极提供技术维权、包装防伪、标识管理等服务 4. 积极提供市场信息、专业指导、技术培训等服务
	营销推广（4） 1. 积极实施互联网营销、电子商务营销、农超对接、旅游营销等 2. 积极举办和组织参加国内外农事节庆等展销会活动 3. 积极构建农产品营销管理和市场推广体系 4. 积极开展申请农产品区域品牌的名牌、驰名品牌认证工作

四是政府扶持优势量表审定题库。通过删减和调整合并，最终确定了15个指标作为定量测量正式量表题项。其中反映提供政策支持服务的指标7个，反映发展设计的指标4个，反映区域营销的指标4个（见表6-8）。

表6-8　政府扶持优势量表审定题库

政府扶持优势 （15）	政策支持服务（7） 1. 积极完善农业产业布局和规划 2. 积极提供税收、补贴、信贷、用地等优惠政策 3. 大力推进交通、水利、能源等基础设施建设 4. 积极完善农产品市场管理体系

续表

政府扶持优势 （15）	5. 积极引导推进"三品一标"认证 6. 积极引导推进区域品牌农产品的安全认证、安全用药、优良品质认证等制度 7. 积极开展并推广农业技术教育培训 **发展设计（4）** 1. 出台创立农产品区域品牌的政策和奖励措施 2. 颁布出台多项品牌发展和品牌保护法律法规，积极打击假冒侵权行为 3. 实施名牌战略，引导制定农产品区域品牌发展规划和战略 4. 引导"产学研"结合 **区域营销（4）** 1. 积极组织公共营销活动，强化品牌文化建设，如利用农事节庆、旅游等 2. 积极打造农产品品牌宣传推广媒介平台 3. 积极组织农业企业进行国内外考察交流活动 4. 积极组织推进农业品牌展销博览会等宣传和推介活动

五是北京农产品区域品牌发展测量量表。衡量北京农产品区域品牌发展的量表，主要是借鉴品牌美誉度测量指标来测量北京农产品区域品牌发展情况。品牌美誉度反映了消费者对品牌的信任和赞赏程度及评价，表明品牌在消费者心目中的地位和口碑情况。Arjun Chaughui（2002）曾用"品牌地位、品牌口碑、品牌声誉、品牌声望、品牌受欢迎程度"5个方面的量表来测量单体品牌美誉度；国内学者孙丽辉（2010）采用"品牌重要地位、品牌有口皆碑、品牌名气大、品牌很受欢迎、品牌高声望"5个指标来测量区域名牌美誉度。因此，根据两位学者测量品牌美誉度的指标，设计"品牌具有重要地位、品牌受欢迎程度、品牌口碑好、品牌声誉好"4个测量北京农产品区域品牌美誉度的指标，作为北京农产品区域品牌发展的量表指标和测量效果的检验指标，并用此量表测量结果进行数据调查（见表6-9）。

表 6-9 农产品区域品牌测量量表

品牌美誉度（4）	1. 这个品牌具有重要地位 2. 这个品牌很受欢迎 3. 这个品牌口碑好 4. 这个品牌声誉好

经过上述工作，本研究所开发的 4 个量表初始题库通过实地调研访谈和专家审定后基本题目已经确定下来，确定了北京农产品区域品牌美誉度测量量表，并按照李克特量表法 7 点量表要求，设计北京农产品区域品牌发展影响因素测量量表（见附录 1），进而制定预调研调查问卷（见附录 2）。

6.2 数据收集与变量测定

6.2.1 预调研

6.2.1.1 预调研方式与数据收集

预调研品牌样本遵循以下原则：首先，考虑区域品牌在北京东部、中部和西部区域的分布及其资源和经济发展水平特点。其次，考虑农产品品牌类别，调研品牌样本基本覆盖农产品区域品牌的七大类别，如粮油类、蔬菜类、水果类、畜牧类、水产类、茶叶类、其他类（中药材、花卉）。

预调研主要采取面对面访谈和填写问卷方式。通过上网搜集调研对象单位联系方式，先预约然后实地访谈，采取面对面访谈和问卷填写方式进行。调研主要选择管理和使用农产品区域品牌的单位、企业中高层管理人员，如质监单位、农业委员会、农业企业、生产基地、合作社、协会等；此次预调查共调研 25 个农产品区域品牌，发放问卷 25 份，回收问卷 25 份（问卷回收率达 100%）。

预调研安排在 2020 年 9—11 月进行。预调研对象品牌选择大兴区 4 个（大兴西瓜、大兴梨、安定桑葚、采育葡萄），平谷区 3 个（平谷大桃、北寨红杏、茅山后佛见喜梨），怀柔区3个（怀柔板栗、龙山矿泉水、怀柔虹鳟鱼），昌平区3个（昌平草莓、昌平苹果、昌平水果型苤蓝），延庆区3个（延庆国光苹果、延庆葡萄、京白菊），密云区2个（密云甘栗、黄土坎鸭梨），门头沟区3个（京白梨、妙峰山玫瑰花、京西白蜜），通州区2个（张家湾葡萄、通州大樱桃），顺义区2个（北郎中黑猪肉、北郎中黑麦）共计25个调研品牌，类别覆盖七大类别，具有代表性。

6.2.1.2 试测量表信效度检验

（1）试测量表信度检验。一份好的量表问卷必须具有相当高的信度和效度水平。所谓信度，是指量表问卷无偏差程度。学界普遍使用的检验项目内部一致性的指标是Cronbach's α系数（克隆巴赫系数）。根据Numnnally的建议，Cronbach's α系数小于0.35，表明问卷测量表的信度较低；Cronbach's α系数介于0.35和0.7之间，表明问卷测量表的信度是可以接受的；Cronbach's α系数大于0.7，表明问卷测量表的信度较高。

利用SPSS22.0软件对预测试问卷进行信度检验，发现各构面量表的Cronbach's α值均大于0.7，量表问卷总测试Cronbach's α值为0.993，表明问卷量表的信度很高（见表6-10）。

表6-10 试测量表问卷的信度检验

研究变量	量表维度构面Cronbach's α值	量表Cronbach's α值
区域优势	0.972	0.993
农业产业优势	0.963	
经营管理优势	0.978	
政府扶持优势	0.974	
品牌美誉度	0.952	

（2）试测量表效度检验。效度是指一个测验能够测得的该测验所预测的心理和行为程度，即测量接近真实情况的程度（盛亚军等，2008）。根据相关专家对效度的不同阐释，本研究采用内容效度和结构效度来检验量表问卷

的效度。

本研究在量表编制过程中参考了国内相关文献以及外文文献，并进行实地访谈及邀请相关专家学者进行讨论协商，进而评价审定最初的题库，根据反映意见和建议进行增减调整题项。因此可以认为本研究具备了内容效度。

在因子分析前，先对问卷量表的每个维度进行巴特利特球形检验（Bartlett）和KMO检验，以确定各变量观察值之间是否存在共同因子。统计学家Kaiser给出了一个KMO的标准，以判断是否可以进行因子分析：KMO小于0.5，不适合因子分析；0.6<KMO<0.7，不太适合因子分析；0.7<KMO<0.8，适合因子分析；0.8<KMO<0.9，很适合因子分析；KMO>0.9，非常适合因子分析（吴明隆，2010）。

利用SPSS22.0软件对预测试样本进行Bartlett检验和KMO检验，发现Bartlett检验结果显示各量表构面相伴概率均小于显著性0.05；而KMO检验中结果显示各量表构面的KMO值均大于0.8，说明样本量表适合做因子分析（见表6-11）。之后分别对量表的各维度进行主成分分析，因子分析结果显示，各维度均自动聚成一类。

表6-11 试测量表问卷的效度检验

研究变量	量表构面KMO值	Bartlett相伴概率
区域优势	0.912	0.000
农业产业优势	0.923	0.000
经营管理优势	0.911	0.000
政府扶持优势	0.902	0.000
品牌美誉度	0.860	0.000

基于以上几个环节的阶段性工作，本研究完成了量表开发工作，并经过信度效度检验，基本可以认为本研究所开发的测量农产品区域品牌发展影响因素的量表可以使用，因而确定正式调查问卷（见附录3）。

6.2.2 正式调研

6.2.2.1 调研方式

根据调研任务的繁重程度，本研究计划采取实地调研、面对面访问填写方式。虽然费时费力，但能保证调研访问一对一、面对面的问卷填写和回收。

实地问卷调研方法一般采取如下程序进行：第一，通过互联网获得与北京农产品区域品牌关系密切的被调查的农业龙头企业、农产品标准化生产基地、农业合作社、产销协会、质检所以及农村村委会的具体情况，获得联系方式，如电话号码等。第二，通过电话预约，征得对方同意后在约定时间到达被调查单位，进行面对面访问和问卷填写。第三，调查开始前，先向对方说明此次调查的目的和方式，特别是尽量向对方说明本量表问卷的目的是获得北京农产品区域品牌形成发展的第一手数据信息，所获资料仅供学术研究所用，不外传，不存在泄漏企业单位的机密信息等类似情况，不涉及企业单位的财务等内部隐私，以争取对方的配合支持，请求协助作答。第四，调研开始，调研人员就量表中的有关问题进行解释，并引导被调查者填写量表，争取在现场就能够获得填写好的量表问卷资料。

6.2.2.2 调研实施

正式调研时间安排在 2021 年 8 月至 2022 年 6 月进行。主要调研对象是北京农产品区域品牌；被访谈者主要选择管理和使用农产品区域品牌的农业龙头企业、农业生产基地、农业合作社、农业协会和当地政府相关部门的高层管理人员和相关部门负责人，也包括种养规模大的农户。调研方式主要采用实地调研、面对面访问填写方式。

6.2.2.3 数据收集

本次调研的问卷回收统计安排在 2022 年 7 月至 2023 年 2 月进行。本次调研共发放问卷 70 份，回收问卷 66 份，剔除无效问卷 6 份，最后获得有效问卷 60 份，问卷有效率为 91%。

调研的北京 70 个农产品区域品牌是：大兴区 6 个（大兴西瓜、庞各庄镇金把黄鸭梨、安定桑葚、采育葡萄、梨花村梨、西红门萝卜），平谷区 7 个（平谷大桃、平谷鲜桃、北寨红杏、茅山后佛见喜梨、苏子峪蜜枣、刘家店碧霞蟠桃、井儿峪大盖柿），怀柔区 5 个（怀柔板栗、龙山矿泉水、怀柔虹鳟鱼、怀柔核桃、怀柔杏仁），昌平区 6 个（昌平草莓、昌平苹果、昌平水果型茴蓝、昌蜜红少籽瓜、十三陵樱桃、昌平盖柿），延庆区 8 个（延庆国光苹果、延庆葡萄、京白菊、延庆河谷葡萄、永宁豆腐、里炮苹果、延庆水豆腐、妫川豆塑），密云区 9 个（密云甘栗、黄土坎鸭梨、燕山板栗、庄头峪红香酥梨、云岫李子、石峨御皇李子、密云金丝小枣、大城北京红梨、密云核桃），门头沟区 9 个（妙峰山玫瑰花、京白蜜、京白梨、泗家水红头香椿、门头沟纸皮核桃、京西灵水核桃、火村红杏、太子墓村苹果、陇驾庄盖柿），通州区 4 个（张家湾葡萄、通州大樱桃、通州腐乳、通州早凤王桃），顺义区 6 个（河北村鑫双河樱桃、北郎中黑猪肉、北郎中黑麦、顺义砀山酥梨、顺义中华圣桃、顺鑫农业），房山区 8 个（长辛店白枣、房山磨盘柿、张坊磨盘柿、北京金北联红小豆、房山平菇、房山香菇、房山金针菇、上方山香椿），海淀区 2 个（海淀玉巴达杏、京西稻）。

60 个有效农产品区域品牌样本在 14 个区域的分布情况如表 6-12 所示。

表 6-12　样本品牌调研对象及问卷回收情况统计

区域	政府部门	农业企业	生产基地	合作社协会	农户	回收	有效
大兴 6	1	1	2	2	0	6	5
门头沟 9	2	2	2	2	1	9	7
房山 8	1	2	2	2	1	8	7
通州 4	1	1	1	1	0	4	4
平谷 7	1	2	2	2	0	7	6
顺义 6	1	2	2	1	0	6	5
密云 9	1	2	3	2	1	9	7

续表

区域	政府部门	农业企业	生产基地	合作社协会	农户	回收	有效
延庆 8	1	2	2	2	1	8	7
怀柔 5	0	2	2	1	0	5	5
昌平 6	1	2	1	1	1	6	5
海淀 2	0	1	1	0	0	2	2

6.3 数据分析与结果

将收集的 60 份数据平均分为两组，通过利用样本品牌数据的前一半数据（上 n=30）分别对 5 个量表进行数据分析和因子分析检验，以检验量表数据质量；接着利用样本品牌数据的后一半数据（下 n=30）进行验证分析和理论模型检验验证。

6.3.1 北京农产品区域品牌区域优势量表分析

6.3.1.1 数据分析

（1）质量分析。对上 n=30 个品牌样本数据进行质量分析，首先进行正态分布检验，结果显示品牌样本数据各题项测量值分布的偏度系数绝对值小于 1，数据基本符合正态分布。其次进行独立样本 T 检验，结果显示调研数据和预调研数据的高分组和低分组的测项差异显著（$\alpha=0.05$）。这说明区域优势量表各题项均具有良好的鉴别度。

（2）信度检验。通过科隆巴赫系数（Cronbach's α）、测项与分量表总分的相关性（Corrected Item-Total Correlation）两个指标来测量问卷量表的可信度。检验结果显示，区域优势量表的科隆巴赫系数（Cronbach's α）为 0.953（见表 6-13）。另外一项检验量表信度的指标是针对量表中各测项与量表总分的相关性，即 Corrected Item-Total Correlation（CITC）进行统计鉴定，检验结果显示，除了题项 Ac8 之外，其他各题项的 CITC 值均在 0.3 以上（见表 6-13），故删去题项 Ac8。表明本研究量表具有较高的信度水平。

表 6-13　区域优势量表信度与效度检验结果

研究变量	测量题项	因子载荷	CITC	CR	AVE	Cronbach's α
自然地理环境	土壤地质 Aa1	0.85	0.673	0.889	0.728	
	气候降水 Aa2	0.87	0.710			
	日照温暖 Aa3	0.84	0.617			
人文因素	生活习俗 Ab4	0.89	0.718	0.906	0.763	0.953
	文化现象 Ab5	0.85	0.667			
	故事传说 Ab6	0.88	0.727			
历史工艺传承	生产历史 Ac7	0.88	0.675	0.862	0.676	
	品质口碑 Ac9	0.84	0.672			
	传统工艺 Ac10	0.74	0.722			

（3）效度检验。效度是指测量的准确程度，主要指测量指标能真正测度变量的准确程度。效度高，表明测度结果能真正反映出所测变量的特征。效度涉及多层面、多维度，一般有内容效度和结构效度，而结构效度又包含收敛效度、判别效度。

本研究在量表设计中参考阅读有关国内外文献资料，基于理论来选择变量和设计问题，并征询该领域相关专家的意见进行讨论审定，进而甄选审定最初量表的题项，对题项进行合理的删减合并，从而保证了本书所用量表的内容效度。

对测量量表进行收敛效度检验。检验结果显示（见表 6-13）：所有题项的测量变量标准化因子负载均大于 0.70，并在 $p<0.01$ 水平下显著，量表各维度的组合信度 CR>0.80，平均方差抽取量 AVE>0.60，满足 Fonell 和 Larcker（1981）提出的收敛效度的三项标准，表明本研究的测量量表有较高收敛效度。

用相关分析来测度量表的区别效度。区别效度是指量表区别不同纬度或概念的程度，当量表与不同概念的测量工具相关程度很低的时候，说明该量表具有区别效度，因此可用相关关系来测度量表区别效度（孙丽辉，2010）。检验结果显示（见表6-14）：在各量表题项间，地理环境、人文因素、历史工艺传承3个维度内的题项相关系数都大于3个维度间题项的相关系数，说明测量量表具有良好的区别效度。

表 6-14 区域优势量表各题项相关系数

题项	Aa1	Aa2	Aa3	Ab4	Ab5	Ab6	Ac7	Ac9	Ac10
Aa1	1.000								
Aa2	0.664	1.000							
Aa3	0.687	0.644	1.000						
Ab4	0.686	0.684	0.706	1.000					
Ab5	0.667	0.705	0.682	0.738	1.000				
Ab6	0.692	0.698	0.690	0.768	0.734	1.000			
Ac7	0.735	0.657	0.703	0.764	0.716	0.752	1.000		
Ac9	0.625	0.685	0.648	0.710	0.694	0.689	0.685	1.000	
Ac10	0.514	0.592	0.485	0.627	0.566	0.578	0.621	0.593	1.000

6.3.1.2 因子分析

根据前文可知，区域优势因素由自然地理环境、人文因素和历史工艺传承3个方面的因素组成，因此通过这3个方面来检验区域优势因素对农产品区域品牌的影响作用机理。本研究将调研收集到的60个品牌数据样本分为前后两部分，对前一半样本（上 n=30）使用探索性因子分析找到公因子，对后一半样本（下 n=30）使用验证性因子分析验证。

对量表各题项进行KMO和巴特利特球形检验（Bartlett），检验各量表的题项变量之间是否存在偏相关，若存在偏相关，则可能共享潜在因子，可进行因子分析。检验结果显示：量表KMO值为0.967，巴特利特球形检验

（Bartlett）的 Chi-square/df 值达到显著性水平（P=0.000）。

采用主成分分析法来提取公因子，采用最大公差法进行旋转，以累计方差解释率大于60%作为提取公因子的标准。检验结果显示（见表6-15）：农产品区域品牌区域优势量表中9个题项析出3个因子，累计解释方差达70.641%。因子1在"土壤地质""气候降水""日照温度"3个题项上的载荷值都超过0.8，这3个题项反映农产品区域品牌所依赖的自然地理环境条件，因此将该因子命名为"自然地理环境"。因子2在"生活习俗""文化现象""故事传说"3个题项上的载荷值都超过0.8，这3个题项反映区域的人文因素，因此将该因子命名为"人文优势"。因子3在"生产历史""品质口碑""工艺技术"3个题项上的载荷值都超过0.7，这3个题项反映区域历史工艺传承因素，故将该因子命名为"历史工艺传承"。

表6-15　区域优势量表的探索性因子分析结果

测量题项	因子1（自然地理环境）	因子2（人文优势）	因子3（历史工艺传承）
土壤地质（Aa1）	0.827		
气候降水（Aa2）	0.828		
日照气温（Aa3）	0.825		
生活习俗（Ab1）		0.883	
文化现象（Ab2）		0.862	
故事传说（Ab3）		0.877	
生产历史（Ac1）			0.881
品质口碑（Ac3）			0.835
工艺技术（Ac4）			0.724
KMO 检验	0.967		
Bartletts' 球形检验	Chi-square=2521.799，df=45，Sig=0.000（p<0.001）		
累计方差解释率	70.641%		

6.3.2 农产品区域品牌农业产业优势因素量表分析

6.3.2.1 数据分析

（1）质量分析。对上 n=30 个品牌样本数据进行质量分析。正态分布检验结果显示，数据各题项测量值分布的偏度系数绝对值小于 1，数据基本符合正态分布。对数据进行独立样本 T 检验，结果显示调研数据和预调研数据的高分组和低分组的测项差异显著（$\alpha=0.05$）。表明农业产业优势量表各题项均具有良好的鉴别度。

（2）信度检验。通过科隆巴赫系数（Cronbach's α）、测项与分量表总分的相关性（Corrected Item-Total Correlation，CITC）两个指标来测量量表的可信度，结果见表 6-16，农业产业优势影响量表的科隆巴赫系数（Cronbach's α）为 0.954。各测项与量表总分的相关性 CITC，题项"Bb18 标准化体系发达"的 CITC 值低于 0.3，故删去该题项，量表其他题项的 CITC 值均在 0.3 以上，表明本研究量表具有较高信度水平。

表 6-16　农业产业优势量表信度和效度检验结果

研究变量	题项	因子载荷	CITC	CR	AVE	Cronbach's α
产业规模化	农业主导产业 Ba11	0.82	0.764	0.896	0.685	0.954
	企业数量多 Ba12	0.80	0.693			
	生产基地规模大 Ba13	0.85	0.739			
	众多涉农机构 Ba14	0.84	0.838			
产业现代化	农业基础设施完善 Bb15	0.83	0.593	0.855	0.663	
	专业市场体系 Bb16	0.77	0.490			
	信息化程度高 Bb17	0.84	0.745			
产业经营服务一体化	龙头农企 Bc19	0.85	0.480	0.869	0.689	
	产业集群 Bc20	0.82	0.707			
	产业化经营 Bc21	0.82	0.812			

（3）效度检验。本研究在量表设计中参考阅读大量的国内外文献资料，基于理论来选择变量指标，并邀请该领域相关专家进行讨论审定，来甄选审定最初量表的题项，对题项进行合理的删减合并，从而保证了本书所用量表的内容效度。

对测量量表进行收敛效度检验。检验结果显示（见表6-16）：所有题项测量变量的标准化因子负载均大于0.70，并在$p<0.01$水平下显著，量表各维度的组合信度（CR）均大于0.80，平均方差抽取量（AVE）均大于0.60，这说明本研究的农业产业优势测量量表有较高收敛效度。

用相关分析来测度量表区别效度。区别效度是指量表区别不同纬度或概念的程度，当量表与不同概念的测量工具相关程度很低的时候，说明该量表具有区别效度，因此可用相关关系来测度量表的区别效度（孙丽辉，2010）。检验结果显示（见表6-17）：在量表各题项间，产业规模化、产业现代化和农业产业经营服务一体化3个维度内的题项相关系数都大于3个维度间题项的相关系数，说明测量量表具有良好的区别效度。

表6-17 农业产业优势量表各题项相关系数

题项	Ba11	Ba12	Ba13	Ba14	Bb15	Bb16	Bb17	Bc19	Bc20	Bc21
Ba11	1.000									
Ba12	0.651	1.000								
Ba13	0.688	0.635	1.000							
Ba14	0.664	0.672	0.653	1.000						
Bb15	0.647	0.623	0.616	0.669	1.000					
Bb16	0.575	0.584	0.636	0.628	0.622	1.000				
Bb17	0.642	0.593	0.620	0.589	0.684	0.687	1.000			
Bc19	0.656	0.655	0.705	0.665	0.701	0.636	0.707	1.000		
Bc20	0.624	0.630	0.684	0.697	0.655	0.653	0.663	0.701	1.000	
Bc21	0.616	0.636	0.649	0.642	0.652	0.643	0.703	0.708	0.663	1.000

6.3.2.2 因子分析

根据前文研究，农业产业优势因素由产业规模化、产业现代化和农业产业经营服务一体化三方面因素组成，因此通过这三个方面来检验农业产业优势因素对农产品区域品牌的影响作用机理。本研究将调研收集到的60个品牌数据样本分为前后两部分，对前一半样本（上 n=30）使用探索性因子分析找到公因子，对后一半样本（下 n=30）使用验证性因子分析验证。

对量表各题项进行 KMO 和巴特利特球形检验（Bartlett），检验各量表的题项变量之间是否存在偏相关，若存在偏相关，则可能共享潜在因子，可进行因子分析。检验结果显示（见表6-18）：量表的 KMO 值 =0.956，巴特利特球形检验（Bartlett）的 Chi-square/df 值都达到显著性水平（P=0.000）。

表6-18 农业产业优势量表探索性因子分析结果

测量题项	因子1（产业规模化）	因子2（产业现代化）	因子3（产业经服一体化）
农业主导产业 Ba11	0.809		
农业企业数量 Ba12	0.826		
生产基地规模 Ba13	0.812		
涉农机构 Ba14	0.865		
农业基础设施 Bb15		0.831	
农业市场体系 Bb16		0.819	
农业信息化 Bb17		0.852	
龙头农企 Bc19			0.829
产业集群 Bc20			0.824
产业化经营 Bc21			0.853
KMO 检验	0.956		
Bartletts' 球形检验	Chi-square =2367.417，df =45，Sig=0.000（p<0.001）		
累计方差解释率	69.111%		

采用主成分分析法来提取公因子，采用最大公差法进行旋转，以累计方差解释率大于60%作为提取公因子的标准。检验结果显示（见表6-18）：农产品区域品牌农业产业优势量表中的10个题项析出3个因子，累计解释方差达69.111%。因子1在"农业主导产业Ba11""农业企业数量Ba12""生产基地规模Ba13""众多涉农机构Ba14"4个题项上的载荷值都超过了0.5，这4个题项反映了农业产业的规模化发展水平，因此将该因子命名为"产业规模化"。因子2在"农业基础设施Bb15""农业市场体系Bb16""农业信息化Bb17"3个题项的载荷值都超过了0.5，这3个题项反映了农业现代化发展水平，因此将该因子命名为"产业现代化"。因子3在"龙头农企Bc19""产业集群Bc20""产业化经营Bc21"3个题项的载荷值都超过了0.5，这3个题项反映了农业产业经营服务一体化发展程度，因此将该因子命名为"产业经服一体化"。

6.3.3　农产品区域品牌经营管理优势量表分析

6.3.3.1　数据分析

（1）质量分析。对上 n=30 个品牌样本数据进行质量分析。正态分布检验结果显示，数据各题项测量值分布的偏度系数绝对值小于1，数据基本符合正态分布。对数据进行独立样本T检验，结果显示调研数据和预调研数据的高分组和低分组的测项差异显著（$\alpha=0.05$）。说明经营管理优势量表各题项均具有良好鉴别度。

（2）信度检验。通过科隆巴赫系数（Cronbach's α）、测项与分量表总分的相关性（CITC）两个指标来测量量表的可信度。检验结果显示（见表6-19），经营管理优势影响量表的科隆巴赫系数（Cronbach's α）为0.960。各测项与量表总分的相关性检验结果显示，题项"Cb28供应链体系""Cc31质量检测""Cd37名牌认证"3个题项的CITC值均低于0.3，故删去这3个题项，量表其余题项的CITC值均在0.5以上。表明本研究量表具有较高的信度水平。

表 6-19　经营管理优势量表信度和效度检验结果

研究变量	题项	因子载荷	CITC	CR	AVE	Cronbach's α
品牌授权	民事责任 Ca22	0.82	0.612	0.863	0.678	
	注册商标 Ca23	0.84	0.571			
	申请授权使用 Ca24	0.81	0.589			
监督规范	产品标准化 Cb25	0.84	0.829	0.881	0.649	0.960
	管理质量认证 Cb26	0.81	0.680			
	打假防伪措施 Cb27	0.74	0.740			
	协调关系 Cb29	0.83	0.683			
服务指导	标准化服务 Cc30	0.81	0.801	0.872	0.695	
	技术防伪管理 Cc32	0.82	0.821			
	信息技术培训 Cc33	0.87	0.794			
营销推广	多元营销 Cd34	0.82	0.715	0.863	0.678	
	节庆会展 Cd35	0.85	0.696			
	管理推广 Cd36	0.80	0.797			

（3）效度检验。内容效度测度方面，本研究在量表设计过程中参考阅读了大量国内外文献资料，基于理论来选择变量和指标，并邀请该领域相关专家进行讨论审定，来甄选审定最初量表的题项，对题项进行合理的删减合并，从而保证了本书所用量表的内容效度。

对测量量表进行收敛效度检验。检验结果显示（见表 6-19）：所有测量题项变量的标准化因子载荷均大于 0.70，并在 $p<0.01$ 水平下显著，量表各个维度的组合信度都大于 0.80，平均方差抽取量都大于 0.60，表明测量量表有较高收敛效度。

用相关分析来测度量表区别效度。区别效度是指量表区别不同纬度或概念的程度，当量表与不同概念的测量工具相关程度很低的时候，说明该量表具有区别效度，因此可用相关关系来测度量表区别效度（孙丽辉，2010）。检验结果显示（见表 6-20）：在经营管理优势量表各题项间，品牌授权、监督规范、指导服务和营销推广 4 个维度内的题项相关系数都大于 4 个维度间题项的相关系数，表明测量量表具有良好的区别效度。

表 6-20 经营管理优势量表各题项间相关系数

题项	Ca22	Ca23	Ca24	Cb25	Cb26	Cb27	Cb29	Cc30	Cc32	Cc33	Cd34	Cd35	Cd36
Ca22	1.000												
Ca23	0.663	1.000											
Ca24	0.701	0.641	1.000										
Cb25	0.639	0.653	0.652	1.000									
Cb26	0.604	0.643	0.582	0.659	1.000								
Cb27	0.579	0.602	0.597	0.637	0.587	1.000							
Cb29	0.675	0.677	0.615	0.706	0.695	0.583	1.000						
Cc30	0.640	0.580	0.649	0.684	0.622	0.640	0.621	1.000					
Cc32	0.625	0.664	0.641	0.691	0.637	0.598	0.649	0.654	1.000				
Cc33	0.663	0.669	0.659	0.702	0.697	0.623	0.708	0.715	0.709	1.000			
Cd34	0.618	0.655	0.637	0.682	0.648	0.629	0.661	0.640	0.661	0.686	1.000		
Cd35	0.652	0.649	0.697	0.668	0.674	0.622	0.651	0.671	0.641	0.694	0.695	1.000	
Cd36	0.596	0.613	0.617	0.691	0.648	0.584	0.634	0.668	0.647	0.703	0.652	0.682	1.000

6.3.3.2 因子分析

根据前文的研究结果，经营管理优势因素由品牌授权、监督规范、指导服务和营销推广 4 个方面的因素组成，因此通过这 4 个方面来检验经营管理优势因素对农产品区域品牌的影响作用机理。本研究将调研收集到的 60 个品牌数据样本分为前后两部分，对前一半样本（上 n=30）使用探索性因子分析找到公因子，对后一半样本（下 n=30）使用验证性因子分析验证。

对量表各题项进行 KMO 和巴特利特球形检验（Bartlett），检验各量表的题项变量之间是否存在偏相关，若存在偏相关，则可能共享潜在因子，即可进行因子分析。检验结果显示（见表 6-21）：量表的 KMO 值 = 0.974，巴特利特球形检验（Bartlett）的 Chi-square/df 值都达到显著性水平（P=0.000）。

采用主成分分析法来提取公因子，采用最大公差法进行旋转，以累计方差解释率大于 60% 作为提取公因子的标准。检验结果显示（见表 6-21）：农产品区域品牌经营管理优势量表中的 13 个题项析出 4 个因子，累计解释方差达 68.119%。因子 1 在"民事责任 Ca22""注册商标 Ca23""授权使用 Ca24" 3 个题项的载荷值都超过 0.8，这 3 个题项反映品牌经营管理中的品牌注册授权使用情况，故将该因子命名为"品牌授权"。因子 2 在"产品标准化 Cb25""管理质量认证 Cb26""打假防伪措施 Cb27"和"协调关系 Cb29" 4 个题项的载荷值都超过了 0.7，这 4 个题项反映品牌经营管理的监督规范管理情况，故将该因子命名为"监督规范"。因子 3 在"标准化服务 Cc30""技术防伪管理 Cc32"和"信息技术培训 Cc33" 3 个题项的载荷值都超过了 0.7，这 3 个题项反映品牌服务情况，故将该因子命名为"指导服务"。因子 4 在"多元营销 Cd34""节庆展销 Cd35""市场推广 Cd36" 3 个题项的载荷值都超过了 0.8，这 3 个题项反映品牌营销情况，故将该因子命名为"营销推广"。

表 6-21　经营管理优势量表探索性因子分析结果

测量题项	因子 1 （品牌授权）	因子 2 （监督规范）	因子 3 （指导服务）	因子 4 （营销推广）
民事责任 Ca22	0.827			
注册商标 Ca23	0.810			
授权使用 Ca24	0.828			
产品标准化 Cb25		0.754		
管理质量认证 Cb26		0.857		
打假防伪措施 Cb27		0.846		
协调关系 Cb29		0.834		
标准化服务 Cc30			0.820	
技术防伪管理 Cc32			0.778	
信息技术培训 Cc33			0.825	

续表

测量题项	因子1 （品牌授权）	因子2 （监督规范）	因子3 （指导服务）	因子4 （营销推广）
多元营销 Cd34				0.829
节庆展销 Cd35				0.859
市场推广 Cd36				0.812
KMO 检验	0.974			
Bartletts' 球形检验	Chi-square= 3223.870，df =78，Sig=0.000（p<0.001）			
累计方差解释率	68.119%			

6.3.4 政府扶持优势量表分析

6.3.4.1 数据分析

（1）质量分析。对上 n=30 个品牌样本数据进行质量分析。正态分布检验结果显示，数据各题项测量值分布的偏度系数绝对值小于 1，表明样本数据基本符合正态分布。对数据进行独立样本 T 检验，结果显示调研数据和预调研数据的高分组和低分组的测项差异显著（α=.05）。这说明政府扶持优势量表各题项均具有良好的鉴别度。

（2）信度检验。通过科隆巴赫系数（Cronbach's α）、测项与分量表总分的相关性（CITC）两个指标来测量量表的可信度。检验结果显示（见表 6-22），政府扶持优势量表的科隆巴赫系数（Cronbach's α）为 0.952。各测项与量表总分的相关性（CITC）检验结果显示，因"交通规划 Da40""三品一标 Da42""安全认证 Da43""技术培训 Da44""产学研 Db48""组织交流 Dc51"6 个题项的 CITC 值小于 0.3，故删去这 6 个题项，量表其他题项的 CITC 值均在 0.3 以上。表明本研究量表具有较高的信度水平。

表 6-22 政府扶持优势量表信度和效度检验结果

研究变量	题项	因子载荷	CITC	CR	AVE	Cronbach's α
政策支持服务	Da38	0.80	0.397	0.848	0.651	0.952
	Da39	0.82	0.448			
	Da41	0.80	0.537			
发展设计	Db45	0.85	0.777	0.875	0.700	
	Db46	0.82	0.742			
	Db47	0.84	0.872			
区域营销	Dc49	0.89	0.804	0.901	0.763	
	Dc50	0.85	0.860			
	Dc52	0.88	0.822			

（3）效度检验。内容效度测度方面，本研究在量表设计过程中参考阅读了大量国内外文献资料，基于理论来选择变量和指标，并邀请该领域相关专家进行讨论审定，来甄选审定最初量表的题项，对题项进行合理的删减合并，从而保证了本书所用量表的内容效度。对测量量表进行收敛效度检验。检验结果显示（见表 6-22）：所有测量题项变量的标准化因子载荷均大于 0.80，并在 $p<0.01$ 水平下显著，量表各维度组合信度均大于 0.80，平均方差抽取量均大于 0.60，说明量表有良好的收敛效度。

用相关分析来测度量表区别效度。区别效度是指量表区别不同纬度或概念的程度，当量表与不同概念的测量工具相关程度很低的时候，说明该量表具有区别效度，因此可用相关关系来测度量表区别效度（孙丽辉，2010）。检验结果显示（见表 6-23）：在政府扶持作用量表各题项间，政策支持服务、发展设计和区域营销三维度内的题项相关系数都大于三个维度间题项的相关系数，表明测量量表具有良好的区别效度。

表 6-23 政府扶持优势量表各题项相关系数

题项	Da38	Da39	Da41	Db45	Db46	Db47	Dc49	Dc50	Dc52
Da38	1.000								
Da39	0.660	1.000							
Da41	0.645	0.656	1.000						
Db45	0.652	0.677	0.658	1.000					
Db46	0.616	0.662	0.651	0.691	1.000				
Db47	0.670	0.645	0.673	0.684	0.679	1.000			
Dc49	0.644	0.680	0.658	0.705	0.704	0.689	1.000		
Dc50	0.602	0.633	0.670	0.701	0.717	0.707	0.710	1.000	
Dc52	0.666	0.690	0.662	0.710	0.709	0.710	0.711	0.709	1.000

6.3.4.2 因子分析

根据前文的研究结果，政府扶持优势因素由政策支持服务、发展设计和区域营销3个方面的因素组成，因此通过这3个方面来检验政府扶持优势因素对农产品区域品牌的影响作用机理。本研究将对上 n=30 样本使用探索性因子分析找到公因子，对下 n=30 样本使用验证性因子分析验证。

对量表各题项进行 KMO 和巴特利特球形检验（Bartlett），检验各量表题项变量之间是否存在偏相关，若存在偏相关，则可能共享潜在因子，即可进行因子分析。检验结果显示（见表6-24）：量表的 KMO 值 =0.959，巴特利特球形检验（Bartlett）的 Chi-square/df 值都达到显著性水平（P=0.000）。

采用主成分分析法来提取公因子，采用最大公差法进行旋转，以累计方差解释率大于 70% 作为提取公因子的标准。检验结果显示（见表6-24）：政府扶持优势量表中的9个题项析出了3个因子，累计解释方差达72.427%。因子1在"农业布局规划""税收信贷优惠政策""市场管理体制"3个题项上的载荷值都超过0.6，这3个题项反映政府提供政策支持服务的情况，故将该因子命名为"政策支持服务"。因子2在"品牌发展保护法规""发展品牌政策奖励""品牌发展规划"3个题项上的载荷值都超过了0.8，这3个题项反映政府引导制定发展顶层设计，故将该因子命名为"发展设计"。因子3

在"区域公共营销""营销平台建设""评价宣传推荐"3个题项的载荷值都超过了 0.8,这 3 个题项反映政府对区域品牌的营销推广情况,故将该因子命名为"区域营销"。

表 6-24 政府扶持优势量表探索性因子分析结果

题项	因子 1 (政策支持服务)	因子 2 (发展设计)	因子 3 (区域营销)
农业布局规划 Da38	0.829		
税收信贷优惠政策 Da39	0.798		
市场管理体制 Da41	0.812		
品牌发展保护法规 Db45		0.859	
发展品牌政策奖励 Db46		0.876	
品牌发展规划 Db47		0.887	
区域公共营销 Dc49			0.847
营销平台建设 Dc50			0.865
评价宣传推荐 Dc52			0.877
KMO 检验	0.959		
Bartletts' 球形检验	Chi-square= 2297.494,df =36,Sig=0.000(p<0.001)		
累计方差解释率	72.427%		

6.3.5 农产品区域品牌美誉度量表分析

6.3.5.1 信度和效度水平检验

通过科隆巴赫系数(Cronbach's α)、测项与分量表总分的相关性(CITC)两个指标来测量量表的可信度。检验结果显示(见表 6-25),品牌美誉度量表的科隆巴赫系数(Cronbach's α)为 0.956。各测项与量表总分相关性(CITC)检验结果显示,量表各题项的 CITC 值均在 0.3 以上。表明本研究量表具有较高信度水平。

表 6-25　农产品区域品牌美誉度量表信效度检验结果

研究变量	题项	因子载荷	CITC	CR	AVE	Cronbach's α
品牌具有重要地位	Ea53	0.90	0.697	0.956	0.847	0.956
品牌很受欢迎	Eb54	0.94	0.640			
品牌口碑好	Ec55	0.91	0.742			
品牌声誉好	Ed56	0.93	0.804			

内容效度测度方面，品牌美誉度量表主要借鉴国内外专家学者的现成量表，保证了本研究量表的内容效度。在量表收敛效度测度中，量表的验证性因子分析结果显示（见表 6-25）：所有测量题项所测变量的标准化因子载荷均大于 0.80，并在 $p<0.01$ 水平下显著，量表组合信度大于 0.80，平均方差抽取量大于 0.80，表明品牌美誉度量表具有较好的收敛效度。

6.3.5.2　因子分析

对品牌美誉度量表进行 KMO 和巴特利特球形检验（Bartlett）。检验结果显示（见表 6-26）：量表 KMO 值 =0.862，巴特利特球形检验（Bartlett）和 Chi-square/df 值都达到显著性水平（P=0.000）。

表 6-26　农产品区域品牌美誉度量表探索性因子分析结果

题项	因子 1（品牌美誉度）
品牌有重要地位 Ea53	0.932
品牌很受欢迎 Eb54	0.952
品牌口碑好 Ec55	0.933
品牌声誉好 Ed56	0.944
KMO 检验	0.862
Bartletts' 球形检验	Chi-square=1310.026，df =6，Sig=0.000（p<0.001）
累计方差解释率	88.296%

采用主成分分析法来提取公因子，采用最大公差法进行旋转，以累计方差解释率大于 70% 作为提取公因子的标准。检验结果显示（见表 6-26）：

量表中 4 个题项析出 1 个因子，累计解释方差达 88.296%。因子 1 在"品牌有重要地位""品牌很受欢迎""品牌口碑好""品牌声誉好"4 个题项上载荷值都超过 0.8，这 4 个题项反映品牌美誉度，故将该因子命名为"品牌美誉度"。

综合以上对量表分析，量表数据均通过检验，适合本研究进一步的验证分析和模型检验。

6.4 实证检验结果

运用"结构方程模型建模分析"方法，利用 AMOS22.0 软件对另外 30 份数据样本（下 n=30）进行数据验证分析。利用 AMOS22.0 软件对 30 份样本数据（下 n=30）进行正态分布检验。进行单变量正态分布检验，检验结果是偏度 | skew | 值均 <2，峰度 | kurtosis | 均 <7，表明样本数据符合单变量正态分布。进行多元正态分布检验，检验结果 c.r.=10.748 < 50，表明样本数据基本符合多元正态分布。

6.4.1 农产品区域品牌发展影响因素作用检验

本研究对所提出的理论模型通过结构方程建模分析，采用所问卷调查获得的北京农产品区域品牌数据，对相关假设进行检验和统计分析检验。通过模型修正等步骤，采用 AMOS22.0 统计软件，利用下一半数据样本（下 n=30），采用最大似然法对理论模型中相关参数进行估计。检验结果显示（见表 6-27 和图 6-3）：χ^2=1312.775，χ^2/d.f.=1.421<3；从绝对拟合指标看，RMSEA 值为 0.038<0.05，SRMR= 0.034<0.05，GFI=0.838，虽然小于 0.9 但大于 0.8，是可接受的；从相对拟合指标来看，CFI=0.972，IFI=0.972，NFI=0.911，都超过 0.9 的最低标准；在 α=0.05 时，Hoelter's N=234>200，样本量是适当的。因此数据和模型拟合程度比较理想，模型整体解释力基本可以。

表 6-27 结构方程模型路径系数及显著性

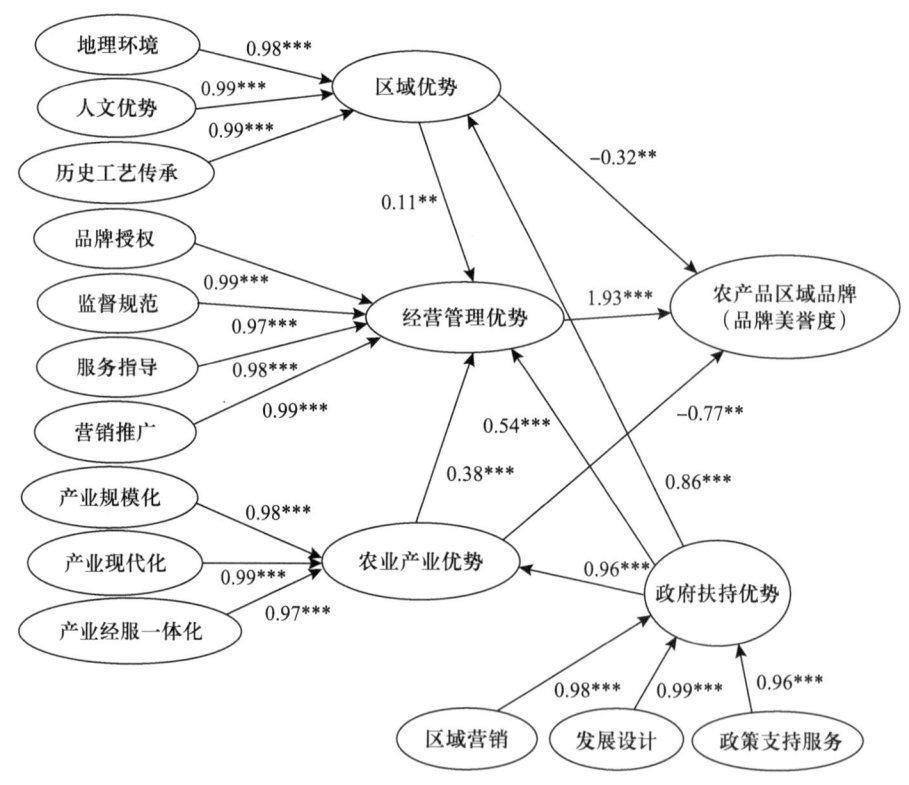

模型构面			标准化估计值	标准误	C.R.（t 值）	P
农业产业优势	←	政府扶持优势	0.961	0.065	16.008	***
区域优势	←	政府扶持优势	0.860	0.062	14.912	***
经营管理优势	←	政府扶持优势	0.538	0.093	5.426	***
经营管理优势	←	农业产业优势	0.381	0.082	4.226	***
经营管理优势	←	区域优势	0.100	0.030	3.059	0.002
农产品区域品牌	←	区域优势	−0.324	0.118	−2.843	0.004
农产品区域品牌	←	农业产业优势	−0.771	0.424	−2.053	0.040
农产品区域品牌	←	经营管理优势	1.929	0.540	4.459	***

Chi-sqr=1312.775　d.f.=924　Chi/d.f.=1.421　GFI=0.838　RMSEA=0.038
SRMR=0.034　IFI=0.972　NFI=0.911　CFI=0.972　Hoelter's N=234
*** 表示 P 值在 0.001 水平上显著　** 表示 P 值在 0.05 水平上显著

图 6-3 北京农产品区域品牌发展影响机理的结构方程验证

数据检验结果显示（见表6-27和图6-3），在北京农产品区域品牌发展影响因素模型中，各路径系数与假设的匹配，在 P<0.05 或 P<0.001 的水平上都显著，且 |C.R.|= t >1.96，都通过 t 检验。虽然模型存在一点估计错误，如经营管理优势的路径系数为 1.93（这可能是样本量小所导致的），但经营管理优势对农产品区域品牌发展（提高品牌美誉度）的影响路径在 p<0.001 的水平上显著，且 |C.R.|=t=4.459 >1.96，符合理论假设，不影响模型整体解释力。所以，本研究所构建的农产品区域品牌发展影响因素模型基本通过了检验，是成立的。总之，农产品区域品牌发展（提高品牌美誉度），是在尊重市场规律的条件下，经营管理优势因素实施正向影响作用、区域优势因素和农业产业优势因素均通过对经营管理优势因素实施正向影响而间接影响农产品区域品牌发展，以及政府扶持优势对区域优势因素、农业产业优势因素和经营管理优势因素等实施正向调节的不断递进的结果。

数据分析模型验证结果显示，区域优势对农产品区域品牌发展的路径系数为 –0.32（虽然 P=0.004 < 0.05，|C.R.|= t =2.843>1.96，显著），假设 H1 不成立。区域优势对经营管理优势发挥影响农产品区域品牌发展的路径系数是 0.11（p<0.05 且 |C.R.|= t =3.059>1.96，显著），假设 H4 成立。这表明区域优势因素对农产品区域品牌发展具有正向作用的假设没有通过检验，但是区域优势通过正向影响经营管理优势从而间接影响农产品区域品牌发展的作用是不容忽视的。这表明：第一，区域优势中的自然地理环境、人文因素和历史工艺传承等对区域内名优农产品的知名度和美誉度提高有一定影响，"一方水土产一方物产"。但随着发展，由于缺乏有效的清晰区域界定和产权界定等品牌经营管理，加上农业的外部性以及"搭便车"，易导致"公地悲剧"和"柠檬市场"等逆向选择，反而不利于农产品区域品牌发展（提高品牌美誉度）。第二，区域优势因素必须借助经营管理优势因素才能更好地促进农产品区域品牌发展（提高品牌美誉度）。通过基于清晰产权界定和区域界定的注册授权管理、监督规范、服务指导和营销推广等经营管理，更有利于保护区域生态地理环境、区域文脉保护和传统工艺优化等，从而为农产品区域

品牌发展（提高品牌美誉度）提供物质和文化基石。第三，区域优势因素与农产品区域品牌发展（美誉度提高）之间存在负相关关系，表明农产品区域名牌发展将反过来促进区域优势的凝聚，促进自然地理环境保护、区域文脉保护和工艺传承优化等。但区域环境保护不好，如环境污染等，区域优势因素则可能转变为农产品区域品牌发展的障碍因素，影响农产品区域品牌产品质量安全和美誉度。农产品区域品牌发展（品牌美誉度提高）离不开特定传统性和地方性的情境地域空间，植根于地域空间的自然地质和文化历史传承能提升农产品区域品牌的物质和文化价值。自然地理环境、人文因素和历史工艺传承是影响农产品区域品牌发展的刚性因素，独特的自然条件，如气候、土壤以及独有生产方式，使该区域的农产品在产品类别、功能价值和产品特色上表现出明显的区域独特性和区域特征。自然气候、地质土壤和原产地域等地理空间环境赋予农产品区域品牌一种"符号"象征意义。人文因素和历史工艺传承则为农产品区域品牌塑造了一种动态的情感价值，这些地方元素的融入能赢得消费者认同和心理共鸣。随着农产品区域品牌的功能价值和情感价值不断被强化，地域文化重构了区域品牌的意义与价值，消费者愿意为产品所蕴含的品牌名称、美学意义和文化资本而付费。特别是在地理环境保护开发、人文因素挖掘和历史工艺传承等方面得到科学有效治理，将对农产品区域品牌形成及发展所依赖的区域优势正向影响经营管理优势，从而间接影响农产品区域品牌发展起到很大促进作用。地理空间差异、地方文化多元以及历史传承中遗留的地方文化遗产，最终会发展成蕴涵丰富地域文化的农产品区域品牌文化，从而在科学经营管理和政府相关政策下更好地促进农产品区域品牌发展。

研究结果显示：农业产业优势对农产品区域品牌发展（提高品牌美誉度）的影响路径系数为 –0.77（虽然 P=0.040 <0.05 且 |C.R.|= t =2.053>1.96，显著），假设 H3 不成立。农业产业优势对经营管理优势影响农产品区域品牌发展的路径系数是 0.38（P<0.001 且 |C.R.|= t =4.226>1.96，显著），假设 H5 成立。表明农业产业优势对农产品区域品牌发展（提高品牌美誉度）具有正向

作用的假设没有通过检验,这与孙丽辉(2010)研究得到产业优势对区域名牌形成无显著正向作用的结论一致,但是不能忽视农业产业优势通过正向影响经营管理优势的发挥从而间接影响农产品区域品牌发展(提高品牌美誉度)的作用。这表明:第一,农业产业优势因素中的产业规模大、产业现代化和产业经营服务一体化等对区域内名优农产品的品质提升以及知名度和美誉度的提高是有一定影响的。但随着发展,由于区域名优农产品的"所有权虚位"、缺乏清晰区域界定和产权界定等有效的经营管理,农业品牌意识和能力不足,加上"搭便车"等农业发展的外部性问题,必然导致"公地悲剧"和"柠檬市场"等逆向选择产生,反而不利于农产品区域品牌发展(提高品牌美誉度),现实中区域名优特农产品频遭"李鬼"等假冒侵权就是例证。第二,农业产业优势必须借助经营管理优势才能更好地正向影响农产品区域品牌发展(提高品牌美誉度)。通过建立基于清晰产权界定和区域界定的注册授权管理、监督规范、服务指导和营销推广等科学有效的经营管理治理机制,不仅消除了农业发展的外部性、避免逆向选择发生,而且能集聚优质农业资源更好地进行农业产业化发展升级和农产品品质升级,从而为农产品区域品牌发展(提高品牌美誉度)提供更优更强的产业动力支撑。第三,农业产业优势与农产品区域品牌发展(提高品牌美誉度)负相关,说明农业产业发展对农产品区域品牌初始发展有一定的影响作用。基于良好治理的农产品区域品牌的发展(品牌知名度和美誉度提高),反过来又促进了农业产业更优地集聚发展升级。在农产品区域品牌发展的带动(品牌背书)下,区域农业企业品牌和农产品品牌健康快速发展起来。这也需要充分发挥并强化政府的宏观调控和引导。总之,在良好的品牌治理机制下,大量相互关联的农产品生产基地、农业企业、农户和科研机构集聚在特定区域内,在产业协会等经济组织和龙头企业的带领下,通过现代化生产、专业化分工协作而逐渐形成具有竞争合作、学习创新的区域特色的农业产业体系,继而通过农产品区域品牌化制度设计,实现农产品区域品牌和企业品牌相互促进,最终发展成为名牌而实现品牌集聚。同时,研究结果还显示:农业产业规模化的路

径系数为0.98（P<0.001且|C.R.|=t=15.897>1.96，显著），表明产业规模化发展有利于提升农业产业优势（规模经济效应），从而提升了农产品区域品牌的价值创造力和竞争力。农业产业现代化的路径系数为0.03（P<0.001且|C.R.|=t>1.96，显著），表明农业现代化发展有效提升了农业产业优势，促进了农产品区域品牌产业化发展。农业产业经营服务一体化的路径系数为0.97（P<0.001且|C.R.|=t=16.452>1.96，显著），表明农业产业经营服务一体化发展为农产品区域品牌发展和保护提供雄厚产业支撑，是农产品区域品牌发展的重要产业保障，尤其是"农业龙头企业+产业集群+农户"产业发展模式，更易发挥农产品区域品牌规模优势。农业产业集群在资源整合能力、市场竞争力、组织管理能力、品牌经营管理能力等方面，对农产品区域品牌规范化发展提供直接发展动力。总之，农产品区域品牌发展（品牌美誉度提高）是农业产业规模化、产业现代化和产业经营服务一体化等农业产业特色化发展促进的必然结果。

研究结果显示：经营管理优势对农产品区域品牌发展的影响路径系数为1.93（P<0.001且|C.R.|=t=4.459>1.96，显著），假设H2成立，这表明经营管理优势对农产品区域品牌发展起着正向作用（虽然经过模型修正后，经营管理优势路径系数仍超过1，这可能是样本小所导致的，不影响模型整体解释力）。同时假设H4和假设H5成立的检验结果表明，区域优势因素和农业产业优势因素均通过正向影响经营管理优势而间接促进农产品区域品牌发展，更说明了品牌经营管理机制对农产品区域品牌发展（提高品牌美誉度）的重要性。研究结果也进一步验证了农产品区域品牌发展实践困境：离开了科学的农产品区域品牌经营管理机制，名优特农产品和农产品区域品牌因其区域公共产权性质，极易陷入"公地悲剧"和"柠檬市场"，导致逆向选择发生。研究结果还显示，品牌授权的影响路径系数为0.98（P<0.001且|C.R.|=t=16.648>1.96，显著），表明农产品区域品牌经过商标注册、明晰品牌产权主体、实施品牌授权管理，有力地提升了农产品区域品牌的经营管理优势。这说明：第一，建立完善农产品区域品牌产权治理机制，依法授

权确定半官方的农业产业协会拥有农产品区域品牌产权，实行品牌授权，能有效克服农产品区域品牌的"搭便车"问题，从而避免"公地悲剧"和"柠檬市场"现象。第二，通过对农产品区域品牌的产权主体和区域边界进行清晰合理的界定，不仅解决了品牌"所有者缺位"问题，明确了农产品区域品牌维护主体的权利义务，同时也通过产权激励品牌所有者对品牌资产进行有效的管理、投资和开发，而且更能发挥品牌授权、监督规范、服务指导和营销推广等品牌经营管理优势。监督规范的影响路径系数为0.97（P<0.001且|C.R.|= t >1.96，显著），表明对农产品区域品牌实施监督规范管理，对品牌经营管理优势的发挥以及农产品区域品牌的高质量、规范化和标准化发展具有至关重要的正向影响。这也说明，出台行业标准，建立质量认证体系，实施农产品区域品牌全面质量管理工作；建立并完善农产品区域品牌标准化体系；建立并强化全过程质量控制，建立健全品牌产品质量管理检测体系；制定农产品质量标准；重视农产品质量认证、企业质量管理体系认证和环境管理体系认证，重视农产品区域品牌的质量控制的同时，采用各种品牌防伪技术和手段（信息追溯、科学包装、标识管理等）打击假冒伪劣等侵权行为等，有助于持续保持和提高农产品区域品牌的精品地位。服务指导对经营管理优势发挥对农产品区域品牌发展的路径系数是0.98（P<0.001且|C.R.|= t =16.313 >1.96，显著），表明基于农产品区域品牌的公共品牌特征，制定并统一提供品牌标准化服务和质量标准化服务，统一提供技术维权、包装防伪、标识管理等服务，统一提供市场信息、专业指导、技术培训等服务，有利于提高农产品区域品牌使用的依规发展水平，树立统一的区域品牌形象，从而提高品牌品质和品牌竞争力。品牌营销推广对经营管理优势发挥对农产品区域品牌发展的路径系数是0.99（P<0.001且|C.R.|= t =18.073 >1.96，显著），表明营销推广中的品牌定位、产品包装、营销传播、品牌形象塑造以及品牌维护等方面的经营建设，将提高农产品区域品牌发展竞争力并塑造良好品牌形象。这也说明，统一的营销推广，积极利用各种传媒、互联网营销以及移动互联网原产地营销，打造农事节庆会展活动，构建一个集休闲农业、旅

游、商贸、文化传播于一体的平台；拓展农产品区域品牌的多元销售渠道建设，建设"农超对接""农社对接""国家直销"连锁专卖、订单营销、移动互联网营销、休闲农业、农产品会展博览等渠道，拓展销售空间，对于提高品牌知名度和树立良好品牌形象具有重要作用。

研究结果显示，政府扶持优势对区域优势、农业产业优势和经营管理优势的正向调节作用的路径系数分别为 0.86、0.96 和 0.54（P 均 <0.001 且 |C.R.|= t 值分别为 =14.912、16.008 和 5.426，均 >1.96，显著），假设 H6、假设 H7 和假设 H8 均通过检验，假设成立。检验结果表明：农产品区域品牌发展培育（提高品牌美誉度），固然离不开名优特农产品资源所在地的区域优势刚性、农业产业优势和经营管理优势，但是这些优势要充分发挥还必须依靠政府尊重市场经济规律、科学实施宏观调控和发挥经济建设职能、大力扶持农产品区域品牌发展。因为，区域政府具有社会经济发展建设职能，但不是农产品区域品牌建设主体，只能通过政策支持服务、发展顶层规划设计和区域公共营销等来正向调节区域优势、农业产业优势和经营管理优势，从而引导扶持农产品区域品牌发展（提高品牌美誉度）。研究结果还显示，政策支持服务的路径系数是 0.96（P <0.001 且 |C.R.|= t =16.010>1.96，显著），发展顶层设计的路径系数是 0.99（P <0.001 且 |C.R.|= t >1.96，显著），区域公共营销的路径系数是 0.98（P <0.001 且 |C.R.|= t =17.904 >1.96，显著），这表明政府出台相关政策法规，保护原产地生态环境、保护区域文脉和传统农业生产工艺；制定区域经济发展战略规划和产业发展战略，为农业发展提供各种政策资金支持；出台品牌保护法规，实施品牌价值评价，实施区域公共营销，树立良好区域形象等，必将提升区域优势、农业产业优势和品牌经营管理优势，从而促进农产品区域品牌发展。总之，政府扶持力度对区域优势、农业产业优势和经营管理优势的发挥起着重要的正向调节作用。基于区域发展实际情况，从宏观上引导和重视发展农产品区域品牌的执政效能、扶持政策，以及对农产品区域品牌发展的领导管理质量和效率等，在很大程度上主导着农产品区域品牌的发展方向、发展速度及可持续发展能力。

6.4.2 模型检验结果

综上所述，本研究依靠调研所得60个北京农产品区域品牌样本数据，将数据随机分成相等两组（上 n=30，下 n=30）进行相关统计检验，利用SPSS18.0和AMOS22.0软件进行探索性因子分析和验证性因子分析验证，通过模型检验和分析，结果表明，本研究提出的北京农产品区域品牌发展影响因素模型得到基本验证。本研究所提出的命题假设基本通过统计检验（见表6-28）。

表6-28 北京农产品区域品牌发展影响机理模型假设检验结果汇总

假设	假设内容	验证结果
H1	区域优势对农产品区域品牌发展具有正向作用	不支持
H2	经营管理优势对农产品区域品牌发展具有正向作用	支持
H3	农业产业优势对农产品区域品牌发展具有正向作用	不支持
H4	区域优势对经营管理优势影响农产品区域品牌发展具有正向作用	支持
H5	农业产业优势对经营管理优势影响农产品区域品牌发展具有正向作用	支持
H6	政府扶持对区域优势影响农产品区域品牌发展具有正向调节作用	支持
H7	政府扶持对农业产业优势影响农产品区域品牌发展具有正向调节作用	支持
H8	政府扶持对经营管理优势影响农产品区域品牌发展具有正向调节作用	支持

总之，北京农产品区域品牌发展成功，是基于区域政府扶持之上的。区域优势、农业产业优势和经营管理优势这三方面因素不断相互影响、相互作用下，其在区域政府对这三方面因素的有力宏观调控和引导下促进了北京农产品区域品牌的发展。

6.5　讨论与启示

从研究结果可知，政府要尊重市场经济规律，实施宏观调控和大力扶持引导，正向调节区域优势、农业产业优势和经营管理优势对北京农产品区域品牌发展的作用，尤其是要建立科学的北京农产品区域品牌治理机制，正确利用区域优势因素和农业产业优势因素，充分发挥品牌经营管理机制的作用，才能健康快速地发展北京农产品区域品牌，提高品牌美誉度，促进区域经济发展。

研究结果也充分说明，农产品区域品牌是一种较好的农业品牌发展的制度设计。农产品区域品牌作为一种品牌标识，能向消费者传递基于区域名优特农产品原生资源的农产品质量信息。由于制度和区域知识与能力具有低流动性和不易模仿性，从而具有较强的地域根植性，能更好地集聚区域内分散优质农业资源，以较低成本进行品牌宣传推广，发挥资源整合配置功能，不仅能适应国内外市场对高端农产品的需要，成为北京区域特色农业经济发展的新亮点，而且能有力促进北京区域农业产业结构优化升级和区域经济发展。

农产品区域品牌已经成为北京发展农业品牌、带动农业产业发展的有力抓手。基于区域发展，发展农产品区域品牌，形成与区域经济、区域形象的正面联动，在解决"三农"问题、强化"青山绿水有乡愁"、乡村振兴以及特色城镇化建设发展中，具有特别重要的意义。北京各区域当前及未来应充分利用现有政策，大力挖掘当地农业名特优农产品资源，大力发展农产品区域品牌，结合区域独特地域文化和历史传承，形成特色农产品区域品牌规模经济，增加农产品附加值，实现持续的农业增效和农民增收。同时，要通过注册商标和发展农产品区域品牌，以品牌产权经营来促进农业产业结构升级，加速特色农业产业带发展，尽快实现区域原生资源优势向农产品区域品牌优势和市场竞争优势转变，从而加快中国农业现代化发展步伐。

6.6 本章小结

本章节基于前面章节的理论与文献综述研究、北京农产品区域品牌发展现状研究、北京农产品区域品牌发展机理研究、多案例研究的研究成果，构建北京农产品区域品牌发展影响因素模型，并提出研究假设，通过量表问卷的设计、审定，确定量表问卷；通过在 6 个省分区域实施预调研，获得 25 个品牌样本，检验了量表问卷的有效性；通过在北京区域的正式调研，获得 60 个有效品牌样本；通过利用 SPSS 和 AMOS 软件进行数据分析和模型验证分析，模型检验参数表明北京农产品区域品牌发展影响因素模型拟合良好，模型成立，所提出的 8 个假设中有 6 个假设通过检验。研究结果表明：基于各级政府强力调控扶持引导之上的区域优势、农业产业优势和经营管理优势这三方面因素不断相互影响、相互作用，以及区域政府对这三方面因素的有力调控引导，共同促进了北京农产品区域品牌发展。本章节的研究结果为第 7 章北京农产品区域品牌发展对策研究提供了很好的思路借鉴，并打下了坚实的理论和实证基础。

7 北京农产品区域品牌发展对策研究

基于前面章节研究成果，如理论与文献综述研究、发展现状研究和发展机理研究以及案例研究，尤其是第6章的实证研究成果，非常有必要对北京农产品区域品牌发展提供具体可行的建议和措施。因此本章基于前面章节的研究成果，对北京农产品区域品牌发展进行对策研究（见图7-1）。

大力培育区域优势，实现北京名优区域品牌农产品定位差异化	挖掘区域特色，建设美丽乡村和特色小城镇；发挥自然资源优势；挖掘区域特色文化优势，丰富品牌文化内涵；发挥区域历史文化传统工艺传承优势，塑造品牌特色
大力发掘完善北京农业产业优势	挖掘培育农产品区域品牌的特色优势：以"三品"认证为核心，形成农产品区域品牌主导产业和产业带；注重农产品从生产到餐桌全过程的质量安全管理体系；积极推进传统农业生产工艺的非物质文化遗产认定
	以科技创新为手段开发和提升农产品区域品牌
	以产业化来带动农产品区域品牌的规模化和标准化：制定农产品区域品牌规划；打造龙头农业企业；建设农业标准化生产基地；积极发展农业产业集群，延长完善产品链
完善北京农产品区域品牌经营管理	大力发展和完善农产品区域品牌的发展模式；完善农产品区域品牌产权制度，规范申请授权使用；完善商标注册和产品认证；以"三品"建设提高质量安全；塑造农产品区域品牌形象；完善农产品区域品牌传播推广营销策略
推进北京农产品区域品牌发展的政府行为与扶持引导	政府从宏观上扶持调控农产品区域品牌发展；制定完善产业政策、财政金融政策和人才政策；制定农产品区域品牌战略规划；建立完善公平有序的市场竞争环境和机制；规范品牌评价认证活动；大力扶持培育品牌主体；建立健全品牌保证体系和标准化体系；建立完善严格审检制度和打假机制
促进建立完善农产品区域品牌发展的国家层面制度	促进建立科学规范的多层次的农产品区域品牌管理体系；促进建立权责统一的农产品区域品牌管理体制和发展机制；促进谋划农产品区域品牌发展顶层设计；促进构建农产品区域品牌发展新机制

图7-1 北京农产品区域品牌发展对策

7.1 培育区域优势，实现农产品区域品牌精确定位和高质量发展

自然因素在农产品区域品牌的发展中显得尤为重要。地域、气候、土壤、水源等先天禀赋对农产品的质量、品质、成本、类型等影响很大，是农产品区域品牌发展的物质基础。因此，基于特定地域文化和自然地理资源的特色农产品区域品牌的高质量发展，不仅能合理调整区域产业结构、形成特色产业经济带，而且能成为促进美丽乡村建设和促进乡村振兴的重要举措，成为传播特色地域文化、增强文化自信的重要载体。

7.1.1 挖掘区域特色，建设美丽乡村和特色小城镇

基于北京不同地域的自然条件和物产差异，形成了各具区域特色农产品。区域特征是农产品的比较优势，借助市场交换，区域特色优势可转化为市场竞争优势。所以，发展农产品区域品牌，非常有必要充分挖掘区域品牌的地域特色，保护和发扬品牌正宗特色（严群英，2010）。

通过挖掘区域优势，可调动产区利益相关者共同维护、塑造优势区域形象的积极性，促进农产品区域品牌产业化发展，从而提高整个产业区域质量，形成我国农产品区域品牌产业优势聚集区（胡正明，2010）。通过利用区域特色来发展农产品区域品牌，以品牌和知识产权来调整农业产业结构，可促进农业产业升级转型，加快现代农业发展。

利用区域特色农产品资源，推进美丽乡村建设、城镇化发展和乡村振兴，形成特色鲜明的新乡村、新形象、新城镇、新面貌。一是基于区域农业资源特色，逐步推进特色专业美丽乡村建设。建设与改善农民生活相关的基础设施，建设和完善农村配套服务设施，建立健全农村市场体系，形成现代流通方式下的农村消费经营网络，强化农村专业经济组织建设（薛桂芝，2010）。培养新农民、新农人，有针对性地举办相关技术培训，提高农民的

科技文化素质、经营管理和服务能力。二是城镇化发展应因地制宜、倡导个性化、注重特色；城镇化要与区域产业相结合，考虑区域农业产业优势，建设农产品区域品牌特色小城镇；要构建公共服务体系，建立完善道路交通、学校教育和医疗卫生等相关公共配套服务，实现城乡无缝对接（叶晓明，2011）。借助特色区域农业品牌化发展，推进乡村农业振兴，基于"农业+旅游休闲、文化创意、生态环保"等，带动相关产业融合发展。

7.1.2 保护和发挥自然资源优势，促进农产品区域品牌高质量发展

农产品区域品牌由于其自身特性，因此对区域资源的依赖性特别强（易亚兰，2010）。蒋廉雄（2005）指出自然资源、基础设施等是影响区域品牌竞争力的重要因素。彭代武等学者（2010）认为农产品资源禀赋的差异性是区域品牌存在的前提条件。基于独特气候条件和地理环境差异，可形成众多各具区域特色的农产品区域品牌，带动农业品牌发展，实现农业增效、农民增收；又因农产品区域品牌产品的优良品质高度依赖区域独特自然环境，促使农产品区域品牌经营管理者强化对区域自然环境的保护和关注，从而有力促进区域农业特色化发展与保护生态环境的和谐统一。

依托独特区域资源环境，充分发挥地域名优特农产品优势。要因地制宜、因势利导，挖掘资源潜力，在保持传统品牌正宗特色与文化内涵的基础上适当创新，使农产品区域品牌更加适销对路（冯林和秦燕，2011），实现特色化高质量发展。要保护区域自然生态环境，基于名特优农产品资源分布，依法划定名优特农产品生产区域，严肃惩处破坏污染生态环境的责任人或单位；加强技术创新应用，促进品种改良和传统技术改进等。

7.1.3 挖掘凝练区域特色文化优势，丰富品牌文化内涵

当今消费者消费或购买的更多是一种文化价值认同。因此，要挖掘区域原生文脉，丰富农产品区域品牌文化内涵，与消费者产生共鸣，获得较高

品牌忠诚度。要挖掘凝练地域文脉资源，挖掘农产品区域品牌所承载的文化内涵、象征意义、价值取向、人本关怀等，使消费者获得价值认同和精神熏陶。如福建省安溪县是全国的产茶大县，拥有安溪铁观音、安溪黄金桂等区域品牌，因而在品牌推广中特别注重宣传茶文化和展示茶艺。

要利用好当地历史和文化资源，挖掘凝练区域特色农产品发展历史中的名人典故和故事传说，通过脍炙人口的广告宣传语，讲好农产品区域品牌故事，增加农产品区域品牌的人文内涵。同时借助媒体资源，通过地方事件营销，展示当地风俗民情，宣传农产品区域品牌的深厚人文底蕴。

7.1.4　充分发挥区域历史文化、传统工艺传承优势，塑造品牌特色

北京农产品区域品牌承载了区域文化历史沉淀、知识创造创新和文化认同等三重价值，形成了独具特色的种养工艺。

与品牌联系的地方区域的社会空间语境、技艺的历史烙印、独特物产使得品牌具有文化意义。区域环境所具有的"地方文化"的社会网络、传统延续、历史积淀等特有的"地方性"特征，承载了区域特有的风土人情、地方性格和地方想象，在全球化快速发展的今天，逐渐成为一种特殊的稀缺文化资产。因此，要挖掘北京地域文化内涵，开发有地域文化特色的高质量农产品，形成有北京历史特色和文化特色的北京农产品区域品牌。

围绕区域内某农产品生产过程而逐渐形成并植根于民间的故事传说，会伴随着一个农产品成为区域的消费习俗、文化惯例、传统生活方式等，为区域品牌发展积累深厚文化基础（姜涛，2012）。悠久历史、丰富文化内涵、令人尊敬的声誉、古代劳动人民的智慧结晶、流传着很多生动故事等与区域农产品发展相关的因素，都需要挖掘和提炼，这是发展农产品区域品牌和提高其知名度的重要基础。

因此，充分利用区域历史文化传承优势，尤其是能代表北京古代劳动人民生产社会实践的智慧结晶和传统工艺技术，要积极挖掘整理提炼，积

极申报农业非物质文化遗产，增强北京农产品区域品牌的文化底蕴，提高品牌附加值和品牌声誉，塑造独特品牌个性，从而实现品牌特色化、差异化。如大兴西瓜具有悠久种植历史、丰富文化内涵，同时创新开发出观赏功能和科教培训功能，彰显出北京都市农业特有的区域品牌联想和品牌文化内涵，带动大兴庞各庄镇等区域产业振兴和乡村城镇化高质量发展。

7.2 发掘和完善北京农业产业优势

7.2.1 以优势特色农产品为依托，培育北京农产品区域品牌

7.2.1.1 以"三品一标"认证为核心，形成优势区域品牌农产品主导产业和产业带

北京农产品区域品牌发展是以产品优质化和差异化为基本条件的。发展北京农产品区域品牌，应首先瞄准品质优良、特色鲜明和附加值高的具有比较优势的名优特农产品，发掘农产品丰富性与区域文脉的关联性，促进北京农产品区域品牌发展。因此，培育优势农产品，发展规模化生产基地，形成特色鲜明的区域优势主导产业，继而形成具有集聚优势和规模化优势的产业带（区域），创造出独特良好的北京农产品区域品牌形象和区域形象。

在此基础上，大力推进农产品高质量发展、优化农产品品质，尤其是大力发展"三品一标"①认证，强化北京农产品区域品牌产品的优良品质优势。北京农产品区域品牌在品牌定位、品牌个性和品牌服务方面，品牌产品质量安全所占比重最大，也是首都消费者最为认可的首要因素。农产品质量、安全和品质水平是否达标，一方面由品质本身的性状性能指标来体现，另一方

---

① "三品一标"指无公害产品、绿色产品、有机产品和农产品地理标志。

面要通过"第三方信任"——权威认证体系来体现。通过"第三方信任"机构认证，不仅能更全面地提高农产品区域品牌质量安全等级，而且能进一步提升北京农产品区域品牌美誉度和信任度，树立良好品牌形象。因此，北京农产品区域品牌主体及其生产经营管理者要积极取得"三品一标"认证标志，同时要积极取得其他认证，如ISO9000认证、ISO14000认证、ISO9001质量管理体系和安全食品体系认证等。

7.2.1.2　建立完善农产品从生产到餐桌的全过程质量安全管理体系

建立完善农产品质量安全管理体系是制定北京农产品区域品牌发展战略的重要保障。通过严格质量控制才能增强农产品区域品牌的市场声誉和竞争力（王志刚等，2010）。北京农产品区域品牌生产运营，必须严格遵循《中华人民共和国农产品质量安全法》，重视北京农产品区域品牌质量控制和风险管理，依法保护北京农产品区域品牌，维护市场秩序，杜绝假冒伪劣。

北京的各级农业产业协会要积极牵头，龙头企业参与，合作社生产基地带领农户跟随，强化北京农产品区域品牌质量意识和质量管理；建立执行严格的农产品质量安全标准体系；制定农产品质量安全生产技术要求和操作规程并落实；强化农业生产者质量安全技能培训；强化农产品生产的信息化建设，建立严格的农产品生产记录；建立健全农业投入品的安全使用和监督制度，严格监督执行生物农药安全标准，控制农药制售源头，制定详细用药目录，引导用药，杜绝危及质量安全的行为。

重视北京农产品区域品牌质量认证。要重视食品质量安全市场准入制度（QS认证制度），企业质量管理体系认证（ISO9000认证），环境管理体系认证（ISO14000认证），HACCP管理体系认证和食品安全管理体系认证等，提高北京农产品区域品牌质量信誉和市场竞争力，有效提升消费者购买信心。

建设北京农产品区域品牌质量标准体系，提高农业质量安全检测水平。既要细化农产品内在质量的口感、营养和绿色等标准要求，又要细化农产品外在质量的形状、重量、大小和包装等标准要求；同时强化质量链管理，严控种植、采摘、产后加工包装、储藏、装运等环节的质量管理。强化农业标准化基地的质量管理，制定严格的农产品质量标准，严格监督落实，并做好信息记录控制。严格引导和管控农业有机肥料和生物农药等投入品的使用频率和使用量，实行生产全过程监督、控制和检测。鼓励各农产品生产基地进行无公害农产品生产基地认定、绿色食品标识使用权认定等。建立农产品质量监督检测中心，严查销售和违禁用药行为，保护农业生态环境，预防和治理农业污染。树立品牌意识，保护好北京农产品区域品牌。

加强良种培育和管理使用制度，优化品种结构。北京市各级政府要增加对种业的投入，加强良种资源保护，创新育种研发技术，培育一批突破性新品种，建立农业种业知名品牌。推动建立商业育种机制，同时要确保种业安全。培育"育繁推一体化"龙头企业，建立优势育种平台，鼓励与科研院所等合作。实施动植物良种工程，建设优势种子繁育基地。强化种业产销许可和市场准入管理机制，严厉打击假冒伪劣、套牌侵权等违法行为。

建立和完善北京农产品区域品牌的供应链体系。北京农产品区域品牌必须强化对包装、搬运、库存等的质量控制管理，且要加强与现代物流企业合作。同时，强化政府、农业产业协会、农业合作组织等的协调合作，建立和完善北京农产品区域品牌供应链体系。

7.2.1.3 积极推进传统农业生产工艺的非物质文化遗产认定

传统名优特农产品的生产工艺往往承载了区域深厚的历史沉淀和知识创造，是当地居民历代智慧的结晶。传统种养工艺往往具有"地方文化"的社会网络、传统延续、历史积淀、历代智慧等地方性特征，承载了区域特有的风土人情、地方性格和地方想象，不仅是中国农耕文化的原生资源优势，而且是一种稀缺的具有原生价值的文化资产。

传统北京农产品区域品牌要提升和创新，必须大力凝练和挖掘原生资源价值，提高品牌附加价值。因此，可以挖掘北京农产品区域品牌的传统精湛制作工艺，通过申报制作工艺专利或申报非物质文化遗产，对北京农产品区域品牌中凝结的古代劳动人民智慧结晶和区域特色文化传承进行保护，继而通过专利和非物质文化遗产来提高北京农产品区域品牌的知名度和美誉度。这既是很好的传承历史，又是促进农产品区域品牌创新的好方法。

7.2.2 以科技创新为手段开发和提升农产品区域品牌

资源禀赋是发展北京农产品区域品牌的重要基础，因为农产品生长受到自然条件影响。同时其又受生产技术制约，为了控制和提高农产品品质，就要在依托优质自然资源条件的基础上，用现代农业科技手段，来提高农产品种植养殖、产供销等环节的管理，提高农业科技应用水平。北京农产品区域品牌产品要获得稳定的高质量、高市场占有率、高生态效益、高经济效益和社会效益，离不开采用高新农业科技。要广泛采用生物工程技术、现代先进种植养加技术、信息控制技术和现代先进农业设施装备技术等，发展科技含量高和附加值高的名牌农产品，提高农业综合效益和市场竞争力。还要通过持续科技创新，逐步实现"高科技农业、智能化农业、信息化发展、现代化农业"。同时要加大对北京农产品区域品牌企业的扶持力度，尤其是在人才队伍建设、政府采购、引进消化吸收再创新、知识产权保护等方面要大力扶持。

7.2.3 以产业化带动北京农产品区域品牌的规模化和标准化

7.2.3.1 基于区域经济发展制定北京农产品区域品牌规划

要以《特色农产品区域布局规划（2013—2020年）》为指导，基于地方资源禀赋特色及优势区域品牌农产品，推进优势农产品区域布局规划，在最适宜的地区生产最适宜的农产品，合理安排种养业制度，配套推广应用先进适用技术，有利于充分挖掘资源、品种、技术和现代物质装备的增产潜能，提高农业资源利用率、土地产出率和劳动生产率，增强主要农产品基本供给能力。以北京农产品区域品牌发展为契机，注重特色农产品品种保护、创新和良种繁育，加强特色农产品标准化、产业化管理，打造具有鲜明特色的区域经济发展模式。

7.2.3.2 打造龙头农业企业

农业企业是发展农产品区域品牌的主体。从国内农产品区域品牌发展成功经验来看，龙头农业企业与区域品牌互为背书，是带动北京农产品区域品牌发展的最好路径。应在北京农产品区域品牌产业内，积极发挥农业龙头企业对北京农产品区域品牌的带动建设作用。要通过龙头企业带动实现北京农产品区域品牌与市场对接，发挥北京农产品区域品牌规模优势，增强产业集群吸引力、渠道优化优势与合作共赢优势。建立"龙头企业+区域品牌+农户"这样的产业模式，实现规模化生产，可提升北京农产品区域品牌附加值，树立北京农产品区域品牌形象，促进北京农产品区域品牌和企业品牌共同发展。

7.2.3.3 建设农业标准化生产基地

在推进优势农产品区域布局的基础上，北京市各区域应积极建设建成高产、优质、高效、生态、安全的现代农业生产基地和标准化示范基地，实现规模化、专业化、标准化生产。要按照标准化生产和管理要求，以种养业良种、投入品安全使用、农产品生产操作规范、农兽药残留限量、产地环境质量、产品等级规格、包装储运等为重点，加快制定和修订一批与优势农产品相关的标准。

7.2.3.4 积极发展北京农业产业集群

第一，要制定北京农业产业集群政策。北京市政府应因地制宜实施农业产业集群战略，以集群方式发展特色农业产业。第二，选择特色产业作为主导产业。统筹研究和制订区域农业发展规划，选择具有发展前途、根植地域的名优特农产品资源产业作为主导产业。第三，从农业产业集群的地域根植性出发，注重培育本地区农业企业家。第四，加大投入，建立学习和交流机制。要加强行业协会建设，多组织商品博览会等交易会。政府引导设立第三方权威评估，积极招商引资，引进工商业资本，促进农业产业集群发展。第五，建立完善农业社会化服务体系。

7.2.3.5 延长产品链

由于北京农产品区域品牌产品链比较短，绝大部分是质量不高的初级农产品，多以鲜活、未加工或初级加工的农产品为主，农产品区域品牌的资源价值的开发利用能力不足。鲜活区域品牌农产品存在不易存储和不易远销的劣势，而且绝大多数北京区域品牌农产品存在较强的季节性。因此非常有必要采取措施延长和完善北京农产品区域品牌的产品链。要积极发展科技含量高、加工程度深、产业链条长、增值水平高、出口能力强、符合综合利用和循环经济要求的优势北京农产品区域品牌的精深加工业，强化优势产业间的衔接。同时要适应市场需求，打造品牌产品的新形态，开发品牌产品的新功能。

7.2.4 大力发展和完善北京农产品区域品牌的发展模式

目前，国内农产品区域品牌发展模式主要有"龙头企业+农户""地理标志+龙头企业+农户""协会+产业集群+农户"三种模式。不管采取何种发展模式和管理模式，必须保证北京农产品区域品牌的区域公有性和产权明晰，充分发挥北京农产品区域品牌的凝聚带动效应。因此，必须保证协会的管理主导地位，最终形成"协会+龙头企业+科研产业基地+农户"的发展和管理模式，积极推进"三品一标"注册认证制度，探索北京区域品牌产权治理新机制、品牌知识产权管理新模式和品牌商标管理新方法，目的都是提高农产品区域品牌的品牌效益和品牌知名度。基于京津冀协同发展，采取措施鼓励推进北京农产品区域品牌龙头农业企业向外地扩展，实现京津冀在区域品牌上的市场协同发展和技术协同发展。

7.3 完善北京农产品区域品牌的经营与管理

完善北京农产品区域品牌经营管理，确定北京农业产业协会作为品牌拥有主体至关重要，尤其是建立"政府认定扶持、农协注册管理、企业参与、农户跟随"的北京农产品区域品牌管理发展模式是非常有必要的。

7.3.1 建立和完善北京农产品区域品牌的产权制度，规范品牌授权申请使用制度

北京农产品区域品牌作为区域公共品牌，具有排他性和非竞争性，容易导致"搭便车""囚徒困境""公地悲剧"和"危机株连"，虽然不适合用企业品牌的经营方式来经营，但可以且必须建立北京农产品区域品牌的产权制度。从各地实践经验来看，建立"政府认定扶持、农协注册管理、企业参与、农户跟随"农产品区域品牌管理发展模式是比较合理的。

通过注册集体商标和证明商标，明确北京农产品区域品牌产权边界和产权主体，明确北京农产品区域品牌拥有主体的权利与义务，通过产权激励促使品牌所有者有效经营管理品牌资产。因此，相比地方政府，北京农业产业协会作为北京农产品区域品牌的产权人，作为品牌拥有人、经营管理者主体更为合适，但需要通过法定程度来确定。具体可由北京农业产业协会为主体申请注册区域品牌、集体商标（或证明商标）、地理标志、原产地域产品保护等，并由其统一管理、保护和监督，防止北京农产品区域品牌出现"公地悲剧"。对于因区域品牌的商标权和地理标志注册所有权的主体不同，导致内耗损害整个区域品牌的利益危机事件，应该通过资产重组（政府推动或市场购并）进行协调协同化管理，实现北京农产品区域品牌的商标权、集体商标、证明商标、地理标志所有权等产权主体的统一。

北京农业产业协会要建立和完善北京农产品区域品牌申请授权使用管理规定和章程，同时建立区域品牌质量认证体系、统一的行业标准和市场准入标准。法定区域内任何企业、合作社、生产基地和农户等主体，需要按照规程要求积极完善产品生产管理体系，积极向北京农业产业协会申请使用。北京农业产业协会进行资格审查，只有通过资格审查和产品质量达到规定标准后，协会才会授权其使用区域品牌标识系统；同时通过官方媒介渠道，如品牌网站以及政府官网进行资格审查公告宣传。同时，北京农业产业协会应该

对北京农产品区域品牌实行质量保证金制度，加强对被许可人的管理和监督。一旦被许可人不能按规定条件生产经营，北京农业产业协会要及时终止与该被许可人之间的许可使用合同。同时按照合同要求，对质量保证金进行扣减，并及时通过官方媒介和渠道，对解除使用品牌商标资格者进行公告宣传，以避免再发生损害区域品牌声誉的行为；如造成损失的，还应赔偿损失，可直接用质量保证金冲抵。

7.3.2 完善注册商标和产品认证，规范和保护北京农产品区域品牌发展

基于政府支持，第一，北京农业产业协会要积极申请注册农产品区域品牌，科学设计品牌标识系统，树立良好的品牌形象；第二，北京农业产业协会要向工商部门、农业部门、质检部门等相关部门积极申请注册集体商标、证明商标、农产品地理标志、原产地产品保护等，依此来提高品牌声誉和品牌信用；第三，北京农业产业协会要根据区域内区域品牌农产品的传统生产工艺等，积极申报专利技术和非物质文化遗产。第四，北京农产品区域品牌不但要在我国国内注册，而且要争取在国外进行注册，提高国际竞争力。第五，积极注册北京农产品区域品牌的网络域名。网络域名是指互联网上的网络系统的名称。随着互联网及移动互联网在全球普及，对北京农产品区域品牌来说，网络域名也是一种必须占有的网络商标，是一种知识产权。特别是在互联网时代，必须认识到网络域名是一种新的战略资源，北京农产品区域品牌必须加强网络域名的注册和认证，防止域名被国外企业抢注。

北京农业产业协会要建立专门监督管理部门，主要管理北京农产品区域品牌的统一使用、管理、保护和监督，从法律角度防止北京农产品区域品牌被共享、侵犯和不规范使用。通过建立完整的北京农产品区域品牌经营管理标准，如品牌申请、资格审查、授权使用、使用规则、产品质量标准、品牌推广标准、定期监督检查等，建立和完善北京农产品区域品牌合理的"财权事权统一、激励约束相容"的品牌治理机制，在确保北京农产品区域品牌的

整体权益的同时，兼顾受让人和使用人的权益，从而有效规避农户短期经营所导致的"搭便车""囚徒困境""公地悲剧"等北京农产品区域品牌的负外部性，最大限度地限制"品牌同源"农产品、外地农产品等假冒假借北京农产品区域品牌的乱象，充分发挥北京农产品区域品牌的品牌伞效应。同时，北京农业产业协会要建立严格的打击假冒伪劣制度，做好科技防伪工作，加强细节管理制度建设，维护北京农产品区域品牌的合法权益和品牌形象。

7.3.3 以"三品"建设保证北京农产品区域品牌产品的质量安全

北京农产品区域品牌生产经营必须严格按照《中华人民共和国农产品质量安全法》《中华人民共和国食品安全法》《中华人民共和国动物防疫法》等来进行。北京农业产业协会要积极牵头，龙头企业参与，合作社生产基地带领农户跟随，依法严格区域品牌农产品质量管理，建立严格的农产品生产质量安全标准体系，建立农产品标准化生产示范基地，制定保障农产品质量的生产技术要求和操作规程，建立和完善农业投入品使用制度。强化农业生产知识技能培训，建立农产品质量安全监控体系，强化不定期常态化抽检，加强行业自律管理。同时，要建立和完善区域品牌农产品的质量信息可追溯制度以及防伪标签标识系统。

区域品牌农产品的销售必须符合农产品质量安全标准，北京农业产业协会应该带领企业、合作社等区域品牌农产品生产者，积极向有关部门申请"无公害农产品""绿色食品""有机农产品"等优质产品质量认证。通过"无公害农产品"认证，北京农产品区域品牌可以提高品牌信任度，从而实现跨区域销售，打破"区域品牌走不出区域"的困境；有效解决农产品标准化生产和全程质量控制问题，解决市场准入和质量可追溯难题。

"绿色食品"已经成为国家安全、优质食品和农产品的象征，具有很强的品牌信任度和品牌忠诚度。发展北京农产品区域品牌，要充分利用"绿色食品"认证，树立和打造北京农产品区域品牌知名度。借助"绿色食品"认证标准来内强管理、外树形象，建设北京农产品区域名牌。

"有机食品"在国际上具有特殊的市场定位优势和资源比较优势。北京农产品区域品牌应通过"有机食品"认证，打造精品高端产品，创建国际高知名度北京农产品区域品牌。

7.3.4 北京农产品区域品牌的形象塑造和完善

北京农产品区域品牌通过品牌定位、品牌命名、形象设计、品牌传播等营销方式的差异化，赋予北京农产品区域品牌独特的品牌形象，建立消费者认同的品牌文化。

首先，要明确北京农产品区域品牌的品牌定位。品牌定位就是对品牌进行战略设计，以使品牌能在目标顾客心中占有一个独特的、有价值的位置。因此，北京农产品区域品牌要基于自身资源优势，在大量市场调研的基础上以目标市场需求为品牌定位的准则，针对目标市场来进行品牌定位，注意追求或创造品牌差异化，挖掘北京农产品区域品牌的地域特色、文化内涵、历史传承。注重从品种差异化、生产地域差异化（原产地效应、地理标志产品认证、区域自然生态环境）、生产方式差异化（无公害、绿色、有机）、营销方式差异化（互联网营销、上市交易、跨国贸易、个性化定制、农事节庆营销）和生活方式（时尚、健康、环保）等方面来创造差异化品牌形象。定位策略上可采用单一或多种组合品牌定位的策略，如以农产品特点为导向、以竞争为导向、以利益价值为导向、以文化传承为导向、以情感为导向等形成单一或多种组合的品牌定位策略。

其次，做好北京农产品区域品牌的命名与形象设计。品牌命名与设计要突出品牌的显性要素和隐性要素。显性因素是品牌外在的东西，可以给消费者较强的感官冲击，主要包括品牌名称、标识与图记、标志色、标志字、标志包装等。北京农产品区域品牌要基于特殊的地域或人文因素，强化产地命名，增强地域感和信任感。而农业企业则可以在通过创意设计命名的同时，加贴北京农产品区域品牌作为背书品牌，借助北京农产品区域品牌伞效应，提高自身品牌的知名度。同时，注重品牌视觉形象的设计，突出环保、科学与合理原则，以标准化、系统化和统一化的手法，设计和管理识别品牌形象的符号、标志、标志色、标志字、标准包装等，最好由专业机构来设计。

7.3.5　北京农产品区域品牌的传播推广与营销策略

北京农产品区域品牌的传播与推广，由于受地域局限，常常是区域内知名度高、区域外知名度低。北京农产品区域品牌要积极进行市场化运作，广为宣传，扩大知名度。因此，要做好品牌传播沟通的模式选择和品牌传播推广工具的选择，强化对品牌传播效果的评估。在借助传统传播推广（人员推广、广告、营业推广和公共关系建设）的同时，要采取有效措施借助移动互联网（建设网站、开展电子商务）、博客、微博、微信、视频号、抖音直播、快手直播等成本较低的自媒体平台，传播推广农产品区域品牌故事。同时，大力推动休闲农业游、都市农业游、美丽乡村游、农事节庆展览、乡村振兴游等发展，提高农产品区域品牌知名度。

广告传播借助专业媒介机构来进行推广宣传，制作高质量的广告信息内容，强化感官体验营销，如借助中央电视台、北京电视台——农业频道、生活频道、文化旅游频道等进行宣传；强化绿色、无公害、有机等品质健康元素，强化品牌形象；将品牌利益诉求和情感价值结合起来，丰富北京农产品区域品牌文化内涵；建设互联网信息平台，利用互联网、智能手机、微信、微博、抖音、快手、网红、农业电商平台等进行广告宣传，积极打造电子商务交易平台。

通过公益活动、媒体报道、主题活动、会议展览等进行品牌公共关系建设。同时要实施整合营销传播，增加品牌宣传投入，善于利用展销会、博览会、招商会、专题报道和公共关系等多种手段，进行品牌整合宣传，提高公众对农产品区域品牌整体形象的认知度和美誉度。要重视现代物流体系的建设，广泛运用现代配送体系、电子商务等方式，积极开展上市交易和实施跨国贸易，提高农产品区域品牌价值和知名度。

农事节庆活动是强化北京农产品区域品牌传播、发展北京农产品区域品牌的新型营销手段。因为农事节庆活动具有植根于原产地域的内容仪式的不可复制性，举办特色农事节庆活动，可提高北京农产品区域品牌知名度和影响力，树立良好区域形象，如举办大兴西瓜节、平谷桃花节等。各地区域政府、农业协会、文化和旅游局、农业农村局等职能部门要发起并组织实施。

同时要积极开拓营销渠道。北京农产品区域品牌要采取灵活机动的经营模式，或直接面对市场，或农超对接，或农社对接，或农文旅融合，建立特供、直供或专供等多元化营销模式。另外，可实施网络营销，通过建立农业电商平台，进行互联网营销，或者采取微博、视频直播和网红等自媒体营销。

7.4 强化北京市政府调控与扶持引导

7.4.1 北京市政府从宏观上扶持调控北京农产品区域品牌发展

提供公共物品、纠正市场失灵是政府的重要职责。在推进北京农产品区域品牌发展中，北京市政府不但要向社会提供公共产品和服务，而且要为社会经济发展制定指导性的长期规划和发展战略，以避免和克服市场可能带来的短视行为。

在北京农产品区域品牌化发展过程中，存在外部性、信息不对称等问题，存在市场失灵现象，需要北京市政府的介入，北京市政府有责任对北京农产品区域品牌进行保护（产品认证和产地认证），规范和建立良好市场秩序，建立农产品质量标准体系和农产品质量监督检测体系等。具体地说，第一，提供北京农产品区域品牌化所必需的科学研究、技术推广以及标准化、生态化环境建设与保护等；第二，维护北京农产品区域品牌的公益性；第三，建立完善北京农产品区域品牌的品牌价值评估体系，完善品牌管理体制；第四，提供品牌成长所需的政策、制度与法治环境、市场准入制度及相关法律法规等。因此，推进北京农产品区域品牌发展已经成为北京市政府履行公共管理职能的具体要求。

7.4.2 制定发展北京农产品区域品牌的产业政策、财政政策、金融政策和人才政策

首先要巩固区域特色农业主导产业地位，强化北京农产品区域品牌发展。做好北京农产品区域品牌布局规划；实施政策倾斜，加快北京农产品区域品牌的培育，加强对优势特色农产品的保护；建立规模化、市场化的优势北京农产品区域品牌生产基地，实现区域品牌特色化发展；其次，扶持和壮大龙头农业企业，促进产业集群发展。再次，优化产业组织结构，鼓励北京农业产业协会、农业合作社等组织建设；最后，借助乡村振兴战略的实施，加大投入，推动北京美丽乡村建设，推动农产品区域品牌高质量发展。

北京市政府要通过财政税收政策，扶持鼓励北京农产品区域品牌市场主体发展。在资金投入上，要投入发展扶持资金，加大农业担保贴息补贴，提供低息或无息的小额金融贷款，解决发展北京农产品区域品牌的资金瓶颈问题。建立完善对农业产业化和北京农产品区域品牌化的各种补贴机制。鼓励名特优北京农产品区域品牌主体多元融资，如通过证券市场融资、设立发展基金等。同时引导工商企业、国家龙头农业企业、上市公司、社会资本以及跨国企业向名优北京农业区域品牌投资。

北京农产品区域品牌发展离不开有战略决策能力的农业企业家，也需要有品牌意识、有科技知识、会经营管理、精通营销推广、擅长电子商务的新知识型农民。北京市政府要积极优化农业人力资源结构，出台相关激励政策，鼓励北京优秀人才、本科生、硕士、博士等到北京农产品区域品牌产业来就业、创业和发展。通过建立完善的激励机制，调动人才投入农业的积极性，采用落户、住房、差异化补贴、技术入股转让、建立科研创业基地等方式，为北京农产品区域品牌发展提供人才储备动力。积极引进国内外优秀人才，建立集科研、推广应用为一体的科技服务体系，鼓励建立产学研合作

协调发展机制。同时要加强培训，提高农民文化素质和农业专业科学技术素质。

7.4.3 基于区域经济发展，制定北京农产品区域品牌发展规划

基于区域经济发展规划，研究制定北京农产品区域品牌产业重点发展规划，确定合理的实施步骤和阶段性目标，明确北京农业区域品牌发展的方向和重点。同时，借鉴国际国内农业品牌发展的成功经验。利用WTO规则中的"绿箱政策"，北京市政府要加大对农业产业的公共投入，强化北京农业基础设施建设，加强农田水利设施建设，加强农业信息化基础设施建设，加强科研创新和科技推广，促进北京农产品区域品牌产业走上现代农业高质量发展道路。

7.4.4 建立和完善公平、有序的市场竞争环境和市场竞争机制

实践证明：品牌发展离不开有序的市场环境和市场机制。欧美等发达国家的世界级品牌之所以这么多，与这些国家发达的市场经济、有序的市场环境和市场竞争机制密切相关。因此，北京市政府要依法建设一个良好公平的市场秩序，为品牌发展创造良好的环境条件。同时要出台科技政策、法律法规、财政政策、税收政策和金融投资政策等，扶持弱势农业发展，尤其是要大力扶持北京农产品区域品牌的发展。

通过进一步完善市场经济体制，北京市政府部门在尊重市场经济规律的前提下，强化依法执政意识和服务社会意识，完善市场相关法规法制建设。严格执行《中华人民共和国市场准入法》《中华人民共和国产品质量法》《中华人民共和国标准化法》《中华人民共和国专利法》《中华人民共和国商标法》《中华人民共和国反不正当竞争法》和《中华人民共和国知识产权法》等法律法规，强化北京市政府的市场监督监管职能。

针对北京农产品区域品牌，要强化依法保护监督，规范市场竞争，强化质量监督，维护企业合法权益。加大打击假冒伪劣产品的力度，依法查处虚

假广告宣传，保护注册商标专用权和区域品牌知识产权。严厉打击不正当竞争行为，培育和保护北京农产品区域品牌和名牌，创造有利于品牌发展的市场环境。

7.4.5 大力扶持和培育北京农产品区域品牌主体

采取扶持性政策，支持以区域品牌经营管理为主的北京各区农业协会组织化建设，鼓励拥有区域品牌民事责任的协会主导区域品牌经营管理、龙头企业及农业企业积极跟随和广大农户积极参与的经营管理模式，彻底从产权制度上解决因产权不清而导致的"所有者虚位"和"公地悲剧"等公共产品难题，做到"品牌产权很清晰、品牌申请有准则、授权使用有标准、市场监督有秩序"。

积极鼓励北京域内龙头企业、农业合作社带领广大农户，形成"协会品牌授权——龙头企业+农户、企业+农户、合作社+农户"的多层次、多体系区域品牌发展模式，实现北京农产品区域品牌快速市场化。

建立产业发展基金，加大对域内龙头农业企业的资金投入；通过品牌影响力、品牌价值评估等手段，选择条件优越的龙头农业企业，确定为农业品牌发展的明星企业。在这些明星企业中，投入产业资金，结合这些企业所在产业区域特征以及该产业区域的北京农产品区域品牌，引导明星企业成为北京农产品区域品牌产业的龙头农业企业，并以这些企业的品牌发展带动北京农产品区域品牌发展，走上共同繁荣。

构建北京农产品区域品牌特许经营模式。建立完整的北京农产品区域品牌经营管理标准，如品牌所有、品牌申请、授权使用、使用规则、产品质量标准、品牌推广标准、定期监督检查等管理标准，建立和完善北京农产品区域品牌合理的"财权事权统一、激励约束相容"的品牌治理机制，在确保北京农产品区域品牌的整体权益的同时，兼顾受让人和使用人的权益，从而有效规避农户短期经营所导致的"搭便车""公地悲剧"等北京农产品区域品牌的负外部性，充分发挥北京农产品区域品牌效应。

7.4.6 规范北京农产品区域品牌评价与认定

北京要建立科学合理的品牌认定方法，建立切实可行的品牌评价指标体系。北京要采取有效措施，组织域内品牌积极参加省部级、国家级的农产品区域名牌产品认定评价，形成一批辐射带动作用强、发展影响力大、品牌效益好、品牌声誉好、品牌信用高的北京农产品区域品牌。

目前有关农产品区域品牌的认定和评价，有地理标志认定、无公害农产品认定、绿色食品认定和有机农产品认定等。但仅地理标志认定，之前就有原国家质量监督检验检疫总局、原国家工商总局和农业农村部三家国家级认证评定机构，如何减少多头管理和资源浪费，建立规范统一的认证和评定机构，是目前农产品区域品牌发展的一个难题。同时要加强对现有品牌评价机构的管理和监督，提高品牌认定与评价质量。

虽在农业农村部的领导下，初步建立起了国家层面的著名农产品区域品牌发展评价指标体系和评价认定方法，建立了以知名评价、质量评价和市场评价为主，经营评价为辅，兼顾发展评价和效益评价的农产品区域品牌综合评价体系，但是在实践中还需要进一步完善。

7.4.7 推进农产品品质保证体系和标准化体系建设，确保农产品质量安全

重视北京农产品区域品牌的质量认证、质量管理认证和环境管理认证。

建立北京农产品区域品牌产品品质保证体系。农产品品质保证是树立品牌的基础工作，产品品质保证不能仅重视检验指标的简单设定和质量追溯体系的建立，还应该从质量保证体系上加强建设。目前，北京农产品区域品牌一般是由农业相应协会持有，质量保证体系建设基础薄弱，北京市政府应加强扶持。目前的质量认证有：食品质量安全市场准入制度（QS 认证制度），ISO9000 系列认证，ISO14000 认证，HACCP 管理体系认证，食品安全管理体系认证；中国地理标志、地理标志保护产品和农产品地理标志等认证；无

公害产品认证、绿色食品认证和有机食品认证等。质量认证可有效提升消费者对北京农产品区域品牌的质量信心，增强北京农产品区域品牌产品竞争力。

积极推进农产品标准化体系建设，建立完善农产品三大标准化体系。农业标准化体系主要包括农业标准体系、农业质量监测体系和农产品评价认证体系。农业标准体系包括涵盖农业生产的产前、产中、产后等各个环节的标准体系，是农产品标准化体系的重要基础，可使农业生产有章可循、有标可依。建立农产品质量监测体系，可以有效监督农业投入品管控和农产品质量管理。农产品评价认证体系主要评价农产品状况、监督农业标准化进程、促进品牌名牌战略实施。同时，要建立农业质量监督管理体系，健全社会综合服务体系。

实施农业标准国际化战略，推动与国际标准接轨。积极引进国际农业标准，加强具有出口导向优势的北京农产品区域品牌产品标准化示范区建设；加强北京农产品区域品牌出口产品质量安全检疫检测体系建设，建设具有国际性、专业性的重点质量检测中心。

制定行业标准，实施严格的质量控制。制定并执行北京农产品区域品牌产品链质量标准，包括基地、良种、产品原材料、制作工艺、产品资质要求、包装规模等标准，建立良好产业发展秩序。制定产品标准，实施严格的产品质量分级标准，利用无公害、绿色、有机产品认证标准来进行北京农产品区域品牌产品标准化体系建设与认证。同时，借鉴西方发达国家先进的农产品标准化体系，如美国或欧盟的标准化体系。

7.4.8 建立完善北京农产品区域品牌的审检制度和打假机制

完善法律法规保障机制，规范北京农产品区域品牌发展。健全知识产权保护制度，完善地理标志认定评价机制，积极鼓励北京农产品区域品牌主体申请注册中国地理标志、地理标志保护产品和农产品地理标志等集体商标和证明商标，保护北京农产品区域品牌的合法权益。依法打击北京农产品区域品牌使用中的"搭便车"假冒侵权行为。

建立完善北京农产品区域品牌年审年检制度。对获得集体商标和原产地商标、地理标志等的北京农产品区域品牌展开年度质量资格检查，对存在产品质量事件或影响区域品牌发展事件的要依法依规处理；同时要建立和完善不定期对北京农产品区域品牌产品质量进行抽检的制度，针对抽检发现产品质量事件和影响区域品牌发展事件的经营主体要依法进行处理。

加强对北京农产品区域品牌使用主体的自律行为教育，加强自我监督和自我保护。通过相关的教育活动，使区域内的品牌使用主体明白区域品牌滥用、假冒带来的后果，进而达到北京农产品区域品牌的自我约束、自我监督、自发维护。依法严厉制裁假冒、滥用北京农产品区域品牌等违法行为，包括经济制裁和法律制裁，如禁止其再从事同类产品经营活动，并将违法企业行为公之于众。

7.5 建立促进农产品区域品牌发展的国家层面制度

7.5.1 建立完善农产品区域品牌管理体系

建立农产品区域品牌产品品质保证体系。农产品品质是建设品牌的基础，产品品质保证除了要重视检验指标的简单设定和质量追溯体系建立外，还应该从质量保证体系上加强建设。建立农产品区域品牌管理体系。发展农产品区域品牌，惠及区域内所有农业生产者，品牌组织、管理需要将着力点放在品牌维护体系建设工作上。要健全品牌认定、品牌鉴别、品牌标识、品牌授权、品牌保护和品牌宣传制度，形成品牌管理的科学体系。这项工作需要管理领域专家和农业专家的指导，更需要农业协会予以引导并向国家相关部门建议，取得政府的支持。建立农产品区域品牌的品牌信用评价体系。信用作为一种评价农产品区域品牌的体系，是一个集合了品质、管理、价值、美誉度和文化的终极标志。建立、规范和实施品牌信用评价或评级体系，可以从更高层次促进农产品区域品牌建设，也必将更进一步对具有中国区域特色的农产品走向国际起到促进作用。

7.5.2 促进建立农产品区域品牌管理体制和国家发展机制

我国农产品区域品牌管理制度存在的主要问题是管理机构多、认定机构不统一、品牌建设缺乏规范指导，缺乏统一的认定标准和权威的认定机构，导致部分农产品品牌重复认证，影响了认证有效性且造成资源浪费。区域品牌的建设有政府主导的（成立专门的办公室或局），也有政府指导、企业牵头的，还有行业协会主管的，没有系统的管理，缺乏建设区域品牌的有效激励机制，企业或协会建设区域品牌的动力不足。区域品牌作为新兴概念近年来不断受到关注，但因其公共性特性及管理部门意识薄弱，目前对区域品牌的保护工作不甚理想。因此，建立统一的农产品区域品牌管理体制，统一的管理和认定机构，可保障我国农产品区域品牌健康发展。

建立农产品区域品牌管理体制，探索建立起以农业农村部系统统一领导为主的管理体系。健全品牌发展评价、品牌营销推广、品牌培育和品牌保护制度，形成品牌管理科学体系。这项工作需要管理领域专家和农业专家的指导，也需要协会予以引导，更需要国家相关部门的支持。

农产品区域品牌的形成发展惠及区域民众，核心是"区域共享"，表现形式是"农产品品牌"。因此，必须建立国家发展机制，强化农产品区域品牌的制度化管理和标准化管理。

7.5.3 谋划农产品区域品牌发展顶层设计

农产品区域品牌发展应该根据不同生产地域、经济条件和社会发展等实际情况，实施分类管理。我国农产品区域品牌可分为三大类：第一类是拥有优越的自然条件，具有资源、经济和社会三重优势的区域，这些区域的农产品区域品牌发展的数量和种类在全国都名列前茅。第二类是资源、经济和社会发展都处于中等地区，因有优越地理条件或悠久人文历史，推动农产品区域品牌较好发展。第三类是资源较弱和经济较弱区域的农产品区域品牌。因此，农产品区域品牌发展要充分利用区域区位比较优势，通过挖掘原生资源价值潜力和技术创新，提高农产品附加值，打造著名农产品区域品牌。

同时根据产品的不同消费用途，农产品区域品牌也可以分为培育具有国际竞争力和出口优势的农产品区域品牌（国际品牌和世界品牌）、保障国家安全战略的农产品区域品牌（国家品牌）、用以满足国内消费者需求的内销型农产品区域品牌（区域性品牌）。

要创立有关农产品区域品牌发展和培育的咨询服务机构，充分发挥行业产业协会、中介组织和媒体在实施农产品区域品牌发展中的作用，提供专业化服务，科学引导不同类型和层级的农产品区域品牌科学进行定位品牌，提高品牌意识，合理制定品牌发展战略和具体实施步骤。

要夯实农产品区域品牌的发展基础。首先要保护优势品种和资源。品种资源有两种形成条件：一是先天自然地理条件，不同地理条件的差异会导致生长不同的品种资源；二是后天培育，通过技术创新或引种的产物。其次要传承和优化地方传统加工工艺。地方传统加工工艺是我国人类智慧的结晶，经过这些传统工艺加工的农产品会变成声誉悠久流传、代表地区形象的农产品区域品牌。最后要开发历史文化资源和保护传统产地声誉。总之，每一个农产品区域品牌的发展，都是以某种优势资源为主导，综合运用多种资源的结果。

各级政府和农业经济管理部门应当按照调整农业产业结构的要求，确定重点农产品区域品牌，特别是技术含量高、市场容量大、附加值高、高效益、低能耗的农产品区域品牌，将其列入品牌发展战略规划，优先引导做大做强。

7.5.4　形成基于国家层面的农产品区域品牌发展新机制

一是根据国家整体发展规划，在不同阶段，选择不同重点发展产业，设立产业发展基金，确定农产品区域品牌目录。第二，通过品牌影响力、品牌价值评估等手段，在重点发展行业中，选择条件优越的企业，确定为农业品牌发展的明星企业。第三，在这些明星企业中，投入产业资金，结合这些企业所在产业区域的特征及该产业区域的区域品牌，引导明星企业成为农产品区域品牌产业领域的龙头企业，通过企业品牌带动农产品区域品牌发展，做强农产品区域品牌。

7.6　本章小结

本章基于对北京农产品区域品牌发展初级阶段和发展影响因素作用机理的研究分析，为了引导和提高北京农产品区域品牌发展质量，主要从区域优势挖掘与培育、农业产业优势发挥、农产品区域品牌经营管理机制建立与完善、地方政府强化扶持调控、国家顶层设计等方面提出相应对策和建议。第一，大力培育区域优势，实现名优区域品牌农产品定位差异化。从挖掘北京域内特色，建设美丽乡村，促进乡村振兴、保护和发挥自然资源优势、挖掘区域特色文化优势，丰富品牌文化内涵、充分发挥传统工艺传承优势等方面来建设农产品区域品牌。第二，大力发掘和完善北京农业产业优势。以优势、特色农产品为依托，挖掘培育北京农产品区域品牌；以"三品"认证为核心，形成优势北京区域品牌农产品主导产业和产业带；构建农产品从生产到餐桌的全过程质量安全管理体系；积极推进传统农业生产工艺的非物质文化遗产认定工作。以科技创新为手段开发和提升北京农产品区域品牌。以产业化来带动北京农产品区域品牌的规模化和标准化；基于区域经济发展制定北京农产品区域品牌规划；建设北京龙头农业企业；建设北京农业标准化生产基地；发展北京农业产业集群；延长产品链；完善北京农产品区域品牌的发展模式。第三，完善北京农产品区域品牌经营管理。明确和完善北京农产品区域品牌产权制度，规范授权申请使用制；完善注册商标和产品认证，规范保护北京农产品区域品牌；以"三品"建设保证北京农产品区域品牌产品质量安全；塑造北京农产品区域品牌形象；强化北京农产品区域品牌营销推广。第四，强化北京市政府扶持引导。北京市政府从宏观上扶持调控北京农产品区域品牌发展；制定和完善利于北京农产品区域品牌发展的产业政策、财政金融政策和人才政策等；制定北京农产品区域品牌战略规划或指导性意见；建立完善公平有序的市场竞争环境和市场竞争机制；规范北京农产品区域品牌的评价、认证和认定活动；大力扶持和培育北京农产品区域品牌主体；建立健全农产品品质保证体系和标准化体系；建立和完善严格的审查检查机制，严格打假制度。第五，建立促进农产品区域品牌发展的国家层面制度。促进建立农产品区域品牌管理体系；促进建立农产品区域品牌国家发展机制；促进制定农产品区域品牌发展顶层设计；形成国家层面的农产品区域品牌发展新机制。

8 北京农产品区域品牌化机理研究结论

本书对北京农产品区域品牌化机理进行了较为深入的研究,并提出了发展对策。因此,本章作为全书的结束部分,在前文分析和研究的基础上,对全书进行总结,归纳主要研究结论、对策建议、研究不足与未来展望。

8.1 主要结论

8.1.1 北京农产品区域品牌发展现状研究结论

北京农产品区域品牌整体发展态势良好,发展速度快,发展地域性强,发展分布区域间差异大,优势地域内集聚发展和类别集中;北京农产品区域品牌也存在一些问题和障碍,主要表现在农产品区域品牌发展受重视不够,生产主体品牌意识弱,农产品区域品牌产品链短、初级农产品占大多数,农产品区域品牌管理制度滞后、缺乏统一管理和顶层设计。在京津冀协同发展大背景下,发展农产品区域品牌已成为北京农业品牌高质量发展和满足人民日益增长的美好生活需要的重要举措。

8.1.2 北京农产品区域品牌发展影响因素案例研究结论

北京农产品区域品牌高质量发展成功是在北京各区域优势因素、北京农业产业优势因素和品牌经管优势因素等影响基础上的政府扶持优势调节的结果,同时也受到区域优势、农业产业优势、经营管理优势和政府扶持优势等关键因素之下的具体因素的影响。

8.1.3 北京农产品区域品牌发展影响因素模型通过检验

北京农产品区域品牌发展影响因素模型成立，表明北京农产品区域品牌发展是北京市政府在北京区域优势、北京农业产业优势和品牌经管优势等的正向影响作用之上大力扶持调节的必然结果。

（1）北京区域优势通过对经营管理优势发挥正向影响从而间接影响北京农产品区域品牌发展。自然地理环境、人文因素和历史工艺传承是促进农产品区域品牌发展的重要因素。基于对自然地理环境的依赖刚性，农产品成长受自然条件的影响大。农产品区域品牌发展离不开特定传统性和地方性的情境地域空间，地域空间中承载的自然地理和历史文化传统是提升品牌价值的基石。自然地理环境为农产品区域品牌的"区域地方性"提供了自然功能价值，赋予了农产品区域品牌一种"符号性"的象征意义，展示其地方性的独特身份。人文因素和历史工艺传承则为农产品区域品牌塑造出一种动态的、不被凝固在时间中的情感价值、生活方式和行为模式，带给消费者心理上的共鸣。地理环境保护开发、人文因素挖掘和历史工艺传承有效治理将对农产品区域品牌发展所依赖的区域优势的发挥起到决定性作用。

（2）北京农业产业优势通过正向影响经营管理优势从而间接影响北京农产品区域品牌发展。农产品区域品牌是基于农业产业化发展和产业竞争力的提升而逐步形成、发展和强大起来的。大量相互关联的农产品生产基地、农业企业、农户和科研机构集聚在特定区域内，在产业协会等经济组织和龙头企业的带领下，建立提供综合服务的区域特色农业经营服务网络，继而通过农产品区域品牌化制度设计，优化资源配置。因此，农产品区域品牌是农业产业规模化优势、农业产业现代化优势和农业产业经营服务一体化优势等产业特色化发展的必然结果。产业规模化促进农产品区域品牌的发展和传播，产业现代化利于农产品区域品牌的维护。产业现代化程度以及农业产业经营服务一体化是农产品区域品牌发展的重要产业保障。

（3）品牌经营管理优势对农产品区域品牌发展成为农产品区域名牌起着最为关键的保证作用。建立农产品区域品牌产权治理机制，更有利于发挥品牌授权、监督规范、服务指导和营销推广等品牌经营管理优势。农产品区域品牌发展离不开基于产业协会的品牌拥有者的经营管理。依法确立产业协会的农产品区域品牌产权拥有主体地位，实行品牌授权，能有效克服"搭便车"，避免"公地悲剧"。建立农产品标准化生产体系、实施严格质量监控和质量认证、规范品牌授权申请使用制度等，进行监督规范和各种服务指导，建立和完善农产品区域品牌营销管理和市场推广体系，增强品牌经营意识，将对农产品区域品牌健康发展起到非常重要的作用。

（4）北京农产品区域品牌发展离不开基于三大优势之上的政府大力扶持调节。北京市各级政府对北京农产品区域品牌发展的政策支持、发展机制及顶层设计、实施区域营销等的扶持，对区域优势、产业优势和经营管理优势的发挥起着重要的正向调节作用。

8.1.4　北京农产品区域品牌发展对策研究结论

基于北京农产品区域品牌发展现状、发展机理、案例研究和实证研究结果，本书探究性提出北京农产品区域品牌发展对策。

8.1.4.1　大力培育区域优势，推进北京农产品区域品牌发展

挖掘北京区域品牌的地域特色，调动产区利益相关者共同维护、塑造优势区域形象的积极性；挖掘区域特色文化优势，丰富品牌文化内涵；充分发挥区域历史文化、传统工艺传承优势；保护和发挥自然资源优势，促进农业发展与环境保护的和谐统一。

8.1.4.2　发掘和完善北京农业产业优势

首先应该以优势、特色农产品为依托，挖掘培育北京农产品区域品牌。以"三品一标"认证为核心，形成优势北京区域品牌农产品主导产业和产业

带；完善农产品从生产到餐桌全过程的质量安全管理体系；推动传统农业生产工艺的非物质文化遗产认定。其次要以产业化带动北京农产品区域品牌的规模化和标准化。基于区域经济发展规划制定北京农产品区域品牌规划；发展北京产业化龙头企业；建设农业标准化生产基地；积极发展农业产业集群。最后要完善和延长北京农产品区域品牌的产品链。

8.1.4.3 完善品牌经营管理机制

首先要建立产权明晰、管理科学的北京农产品区域品牌产权制度，规范品牌授权申请使用制度。其次要强化注册商标和产品认证，以"三品一标"来提高北京农产品区域品牌产品质量。同时要塑造和完善北京农产品区域品牌的形象，建立北京农产品区域品牌营销推广体系。

8.1.4.4 强化北京市政府扶持

首先，北京市政府要从宏观上扶持和调控北京农产品区域品牌发展，制定北京农产品区域品牌发展政策，如产业政策、财政政策、金融政策和人才政策等。其次，制定北京农产品区域品牌战略规划或指导性意见，建立完善公平有序的市场竞争环境和市场竞争机制。同时要规范北京农产品区域品牌的评价、认证和认定活动，建立健全农产品品质保证体系和标准化体系。最后，要大力扶持和培育北京农产品区域品牌主体，建立和完善严格的审查检查机制，严格打假制度。

8.1.4.5 促进建立和完善农产品区域品牌发展的国家层面制度

一是促进建立科学规范的国家农产品区域品牌管理体系。建立农产品区域品牌的质量保证体系、品牌管理体系和品牌信用评价体系。二是促进建立统一国家农产品区域品牌管理体制，是我国农产品区域品牌健康快速发展的重要制度保障。三是促进建立农产品区域品牌发展的顶层设计和国家发展机制，制定和完善农产品区域品牌发展战略规划。四是形成基于国家层面的农产品区域品牌发展新机制。

8.2 不足与展望

本书虽然采用定性和定量研究方法，基于京津冀协同视角研究了北京农产品区域品牌发展现状和品牌化发展机理，并通过多案例研究和实证研究，验证了北京农产品区域品牌发展影响因素机理模型，根据研究和品牌实践，提出了北京农产品区域品牌高质量发展对策。但囿于时间、精力和能力局限，对农产品区域品牌产权治理模式、品牌发展评价机制和品牌发展顶层设计等研究不够。这些方面也是未来需要进一步深入研究的。随着农产品区域品牌的进一步发展，期待可以对农产品区域品牌发展管理进行更加深入的研究和实证分析。

参考文献

[1] Aaker D A. The Value of Brand Equity [J]. Journal of Business Strategy, 1992, 36 (3): 87-97.

[2] Angela T, Sharron K, Andrew M. Marketing Regional Foods in the UK: An Exploratory Consumer Study [Z]. 52nd EAAE Seminar-Parma, 1997.

[3] Angela T, Filippo A, Giovanni B, et al. Regional Foods and Rural Development: The Role of Product Qualification [J]. Journal of Rural Studies, 2007, 23 (1): 12-22.

[4] Anholt S. The Anholt-GMI City Brands Index How the World Sees the World's Cities [J]. Place Branding, 2006, 2 (1): 18-31.

[5] Amin A. Regions Unbound: Towards a New Politics of Place [J]. Geografiska Annaler (Series B), 2004, 86(1): 33-44.

[6] Anderson R P, Jolibert A. Meta-analysis of Country of Origin Effects [J]. Journal of International Business Studies, 1995, 26 (4): 883-900.

[7] Arvidsson A. Brands: A Critical Perspective [J]. Journal of Consumer Culture, 2005, 5 (2): 235-258.

[8] Babcock B A, Clemens R. Geographical Indications and Property Rights: Protecting Value-Added Agricultural Products (Briefing Paper 04-MBP 7) [P]. Ames: Iowa State University, Midwest Agribusiness Trade, Research and Information Center, 2004.

[9] Bilkey W J, Eric N. Country of Origin Effects on Product Evaluations [J]. Journal of International Business Studies, 1982 (Spring/Summer): 89-99.

[10] Bombrun H, Sumner D A. What Determines the Price of Wine? The Value of

Grape Characteristics and Wine Quality Assessments [Z]. AIC Issues Brief, University of California, Agricultural Issues Center, 2003.

[11] Boyne S, Hall D. Place Promotion through Food and Tourism: Rural Branding and the Role of Websites [J]. Place Branding, 2004, 1 (1): 80-92.

[12] Brooks E. Products and Prejudice: Measuring Country-of-Origin Bias in U. S. Wine Imports [Z]. University of California, Santa Cruz Center for International Economics, 2003.

[13] Brown G, Chalip L, Jago L, et al. The Sydney Olympics and Brand Australia [C] //Morgan N J, Pritchard A, Pride R. Destination Branding: Creating the Unique Destination Proposition. Butterworth Heinemann, Oxford, UK, 2002.

[14] Cai L A. Cooperative Branding for Rural Destinations [J]. Annals of Tourism Research, 2002, 29 (3): 720-742.

[15] Caldwell N, Freire J. The Differences between Branding A Country, A Region and a City: Applying the Brand BoxModel [J]. Journal of Brand Management, 2004, 12 (1): 50-61.

[16] Chao P. Partitioning Country of Origin Effects: Evaluations of a Hybrid Product [J]. Journal of International Business Studies, 1993, 24 (2): 291-306.

[17] Dooley G, Bowie D. Place Brand Architecture: Strategic Management of the Brand Portfolio [J]. Place Branding, 2005, 1 (4): 402-419.

[18] Doreen Massey. Space, Place and Gender [M]. Minneapolis: University of Minnesota Press, 1994.

[19] Erickson G M, Johansson J K, Chao P. Image Variables in Multi-attribute Product Evaluations: Country-of-origin Effects [J]. Journal of Consumer Research, 1984, 11 (9): 694-699.

[20] Eugene D J, Nebenzahl I D. National Image and competitive Advantage-the Theory and Practice of Country of Origin Effect [M]. Copenhagen: Copenhagen Business School Press, 2001.

[21] Freire J R. Other Tourists: A Critical Factor for a Geo-brand-building Process

[J]. Place Branding, 2006, 2（1）: 68-83.

[22] Fonell C, Larcker D F. Evaluating Structural Equation Models with Unobservable Variables and Management Error [J]. Journal of Marketing Rasearch, 1981, 18（1）: 39-50.

[23] Knight G A, Calantone R J. A Flexible Model of Consumer Country-of-Origin Perceptions [J]. International Marketing Review, 2000, 17（2）: 127-145.

[24] Allen G. Place Branding: New Tools for Economic Development [J]. Design Management Review, 2007, 18（2）: 60-68.

[25] Glaster B, Strauss A. The Disicovery of Grounded Theory: Strategies of Qualitative Research [M]. London: Wiedenfeld and Nicholson, 1967.

[26] Grabow B. Stadtmarketing: Eine Kritische Zwischenbilanz [R]. Deutsches Institut für Urbanistik, Difu Berichte, 1998.

[27] Granovetter M. Economic Action and Social Structure: The Problem of Embeddedness [J]. American Journal of Sociology, 1985, 91（3）: 481-510.

[28] Gregory D, David B. Students' Corner Place Brand Architecture: Strategic Management of the Brand Portfolio [J]. Place Branding, 2005, 1（4）: 402-419.

[29] Gardner B, Levy S. The Product and the Brand [J]. Harvard Business Review, 1955, 33（3/4）: 33-39.

[30] Gilmore F. A Country-Can It Be Repositioned? Spain-The Success Story of Country Branding [J]. Journal of Brand Management, 2002, 9（4/5）: 281-293.

[31] Gnoth J. Leveraging Export Brands through a Tourism Destination Brand [J]. Journal of Brand Management, 2002, 9（4/5）: 262-280.

[32] Zeynep G C, Durairaj M. Cultural Variationsin Country of Origin Effects [J]. Journal of Marketing Research, 2000, 37（8）: 309-317.

[33] Hall D. Destination Branding, Niche Marketing and National Image Projection in Central and Eastern Europe [J]. Journal of Vacation Marketing, 1999, 5（3）:

227-237.

[34] Hankinson G. Relational Network Brands: Towards a Conceptual Model of Place Brands [J]. Journal of Vacation Marketing, 2004, 10 (2): 109-121.

[35] Han C M, Terpstra V. Country of Origin Effects for Uninationaland Bi-national Products [J]. Journal of International Business Studies, 1988, 19 (Summer): 235-255.

[36] Han C. Min: Testing the Role of Country Image in Consumer Behavior [J]. European Journal of Marketing, 1989, 24 (6): 24-40.

[37] Hayes D J, Lence S H. A New Brand of Agriculture? Farmer-owned Brands and Reward Innovation [J]. The Magazine of Food, Farm, and Resource Issues, 2002, 17 (3/5): 6-10.

[38] Holt D. Toward a Sociology of Branding [J]. Journal of Consumer Culture, 2006, 6 (3): 299-302.

[39] Hudson R. Regions and Regional Uneven Development Forever? Some Reflective Comments Upon Theory and Practice [J]. RegionalStudies, 2007, 41 (9): 1149-1160.

[40] Isreal D N, Eugene D J. Measuring the Joint Effect of Brand and Country Image in Consumer Evaluation of Global Porducts [J]. Journal of Marketing Pacrtice: Applied Marketing Science, 1997, 3 (3): 190-197.

[41] Jackson P, Russell P, Ward N. The Appropriation of 'Alternative' Discourses by 'Mainstream' Food Retailers [M] //Damian M, Holloway L, Kneafseg M. Alternative Food Geographies: Representation and Practice. Amsterdan, Netherlands & Oxford UK: Elsevier, 2007.

[42] Jaffe E D, Israel D. Nebenzahl, National Image and Competitive Advantage: The Theory and Practice of Country-of-origin Effect [M]. Copenhagen: Copenhagen Business School Press, 2001.

[43] Johansson J K, Douglas S P, Nonaka I. Assessing the Impact of Country of Origin on Product Evaluations: A New Methodological Perspective [J]. Journal of

Marketing Research, 1985, 22(11): 388-396.

[44] Kavaratzis M. From City Marketing to City Branding: Towards a Theoretical Framework for Developing City Brands [J]. Journal of Place Branding, 2004, 1 (1): 58-73.

[45] Kavaratzis M. Place Branding: A Reviewof Trends and Conceptual Models [J]. The Marketing Review, 2005, 5 (4): 329-342.

[46] Kerr G, Johnson S. A Reviewof a Brand Management Strategy for a Small Town-Lessons Learnt [J]. Place Branding, 2005, 1 (4): 373-387.

[47] Kevin L K. Brand Synthesis: The Multidimensionality of Brand Knowledge [J]. Journal of Consumer Research, 2003, 29 (12): 595-600.

[48] Kotler P, Asplund C, Rein I, et al. Marketing Places Europe: Attracting Investments, Industries, Residents and Visitors to European Cities, Communities, Regions and Nations [M]. London: Pearson Education Ltd, 1999.

[49] Liefeld J P, Heslop L A, Papadopoulos N, et al. Dutch Consumer Use of Intrinsic, Country of Origin, and Price Cues in Product Evaluation and Choice [J]. Journal of International Consumer Marketing, 1996, 9 (1): 57-81.

[50] Lury C. Brands: The Logos of the Global Economy [M]. London: Routledge, 2004.

[51] Mathews J A. Cultural Industries and Production of Culture [M]. London and New York: Roultledge, 2004.

[52] Miehael W. Embeddedness, the New Food Economy and Defensive Localism [J]. Journal of Rural Studies, 2003, 19 (1): 23-32.

[53] Mihalis K. Place Branding: A Review of Trends and Conceptual Models [J]. The Marketing Review, 2005, 5 (4): 329-342.

[54] Mihailovich P. Kinship Branding: A Concept of Holism and Evolution for the Nation Brand [J]. Place Branding, 2006, 2 (3): 229-247.

[55] Molotch H. Place in Product [J]. International Journal of Urbanand Regional Research, 2002, 26(4): 665-688.

[56] Morgan N J, Pritchard A, Pride R. Destination Branding: Creating the Unique Destination Proposition [M]. Oxford: Butterworth-Heinemann, 2002.

[57] Nagashima A. A Comparison of Japanese and US AttitudesTowards Foreign Products [J]. Journal of Marketing, 1970, 34 (1): 68-74.

[58] Nagashima A. A Comparative "Made In" Product Image Survey among Japanese Businessmen [J]. Journal of Marketing, 1977, 41 (3): 95-100.

[59] Narayana C L. Aggregate Images of American and Japanese Products: Implications on International Marketing [J]. Columbia Journal of World Business, 1981, 16 (2): 31-35.

[60] Nebenzahl E D, Eugene D J, Shlomo I L. Towards a Theory of Country Image Effect on Product Evaluation [J]. Management International Review, 1997, 37 (1): 27-49.

[61] Netemeyer R, Krishnan B, Pullig C, et al. Developing and Validating Measures of Facets of Customer-based Brand Equity [J]. Journal of Business Research, 2004, 57(2): 209-244.

[62] Nickerson N, Moisey R. Branding A State from Features to Positioning: Making It Simple? [J]. Journal of Vacation Marketing, 1999, 5 (3): 217-226.

[63] Papadopouls N, Heslop L. Country Equity and Country Branding: Problems and Prospects[J]. Journal of Brand Management, 2002, 9 (4-5): 294-314.

[64] Nobili V. The Role of European Capital of Culture Events within Genoa's and Liverpool's Branding and Positioning Efforts [J]. Place Branding, 2005, 1(3): 316-328.

[65] Nunnally J. Psychometric Theory [M]. New York: McGraw-Hill, Inc., 1978.

[66] Weber R P. Basic Content Analysis [M]. Newbury Park. CA: Sage, 1990.

[67] Wernerfelt B. Umbrella Branding as a Signal of New Product Quality: An Example of Signaling by Posting a Bond [J]. Rand Journal of Economics, 1988, 19(3): 458-66.

[68] Wolfe K, McKissick J. An Evaluation of the 'Grown in Georgia' Promotion (CR-

01-39）[R]. University of Georgia, Center for Agribusiness and Economic Development, 2004.

[69] Osondu A N. Country of Origin in International Marketing: A Strategy for UK Firms [J]. Executive Accountant, 1996, 22（4）: 9-13.

[70] Paul C. Partitioning Country of Origin Effects: Consumer Evaluations of a Hybrid Product [J]. Journal of International Business Studies, 1993, 24（2）: 291-306.

[71] Phau I, Preneergast G. Conceptualizing the Country of Origin of Brand [J]. Journal of Marketing Communications, 2000, 6（3）: 159-170.

[72] Palmer A. Destination Branding and the Web [C]// Morgan N J, Pritchard A, Pride R. Destination Branding: Creating the Unique Destination Proposition. Butterworth-Heinemann, Oxford, UK, 2002.

[73] Pant D R. A Place Brand Strategy for the Republic of Armenia: "Quality of Context" and "Sustainability" as Competitive Advantage [J]. Place Branding, 2005, 1（3）: 273-282.

[74] Kaynak E, Papadopoulous N, Heslop L A. Product-Country Images: Impactand Role in International Marketing [M]. International Business Press, 1993.

[75] Parameswaran R, Pisharodi R M. Facts of Country Image: An Empirical Assessment [J]. Journal of Advertising, 1994, 23（3）: 43-61.

[76] Peterson R A, Jolibert A J P. A Meta-analysis of Country-of-Origin Effects [J]. Journal of International Business Studies, 1995, 26（4）: 883-900

[77] Quelch J, Jocz K. Positioning the Nationstate [J]. Place Branding, 2005, 1（3）: 229-237.

[78] Roth M S, Romeo J B. Matching Product Category and Country Image Perceptions: A Framework for Managing Country-of-Origin Effects [J]. Journal of International Business Studies, 1992, 23（3）: 477-97.

[79] Ryan C. The Politics of Branding Cities and Regions: The Case of New Zealand [C]//Morgan N J, Pritchard A, Pride R. Destination Branding: Creating the Unique Destination Proposition. Butterworth-Heinemann, Oxford, UK, 2002.

［80］Schamel G. Individual and Collective Reputation Indicators of Wine Quality［R］. Australia: University of Adelaide Centre for International Economic, 2000.

［81］Schamel G, Anderson K. Wine Quality and Varietal, Regional and Winery Reputations: Hedonic Prices for Australia and New Zealand［J］. The Economic Record, 2003, 79 (246): 357–369.

［82］Schooler R D. Product Bias in the Central American Common Market［J］. Journal of Marketing Research, 1965, 2 (4): 394–397.

［83］Seppo K R. Success Factors of Place Marketing: A Study of Place Marketing Practices in Northern Europe and the United States［D］. Finland: Helsinki University of Technology, 2003.

［84］Thode S F, Maskulka J M. Place-based Marketing Strategies, Brand Equity and Vineyard Valuation［J］. Journal of Product & Brand Management, 1998, 7(5): 379–399.

［85］Supphellen M, Nygaardsvik I. Testing Country Brand Slogans: Conceptual Development and Empirical Illustration of a Simple Normative Model［J］. Journal of Brand Management, 2002, 9 (4/5): 385–395.

［86］Ikuta T, Yukawa K, Hamasaki H. Regional Branding Measures in Japan: Effort in 12 Major Prefectural and City Governments［J］. Place Branding and Public Diplomacy, 2007, 3 (2): 131–143.

［87］Tse D K, Gorn G J. An Experiment on the Salience of Countryof Origin in an Era of Global Brands［J］. Journal of International Marketing, 1993, 1 (1): 57–76.

［88］Vermeulen M. The Netherlands, Holiday Country［C］//Hauben T, Vermeulen M, Patteeuw V. City Branding: Image Building and Building Images. NAI Uitgevers, Rotterdam, 2002.

［89］白光, 马国忠. 中国要走农业品牌化之路［M］. 北京: 中国经济出版社, 2006.

［90］蔡靖杰. 基于品牌权益视角的福建农产品品牌竞争力评价［D］. 福州: 福建农林大学, 2010.

[91] 曹垣. 创建区域品牌提升农产品竞争力 [J]. 农业现代化研究, 2007（1）: 69-72.

[92] 柴俊武, 万迪昉. 品牌资产的界定及评估模型评介 [J]. 南开管理评论, 2005（1）: 42-46

[93] 常国山. 地方特色农产品区域品牌建设策略探索 [J]. 梧州学院学报, 2009（5）: 21-24.

[94] 陈丽莉, 易加斌, 刘晓晶. 黑龙江省农产品品牌竞争力评价指标体系研究 [J]. 2012（6）: 114-118

[95] 陈建光. 科学谋划农产品区位品牌是现代农业商品化的选择 [J]. 农民致富之友, 2009（1）: 3-5.

[96] 陈方方, 丛凤霞. 地域品牌与区域经济发展研究 [J]. 山东社会科学, 2005（3）: 124-126.

[97] 陈维军. 文献计量法与内容分析法的比较研究 [J]. 情报科学, 2001（8）: 884-886.

[98] 陈新岗. "公地悲剧"与"反公地悲剧"理论在中国的应用研究 [J]. 山东社会科学, 2005（3）: 75-78.

[99] 陈霜华. 泰国农业现代化对我们的启示 [J]. 经济问题探索, 2001（2）: 126-128.

[100] 陈亚. 论农产品区域品牌发展 [J]. 统计与管理, 2013（5）: 101-102.

[101] 陈姝婷. 集群品牌形象对消费者购买意向影响的实证分析 [D]. 吉林: 吉林财经大学, 2010.

[102] 崔俊敏. 基于农业产业集群的地理标志产品产业化发展 [J]. 商业时代, 2009（18）: 98-100.

[103] 崔丽. 多轮驱动品牌农业加速度 [N]. 农民日报, 2015-01-10.

[104] 戴菲, 章俊华. 规划设计学中的调查方法6——内容分析法 [J]. 中国园林, 2009（4）: 72-77.

[105] 邓恢华, 杨建梅. 从集群品牌视角探讨广州汽车产业集群竞争力的提升 [J]. 南方经济, 2005（9）: 59-61.

［106］杜秋霞.北京平谷完善大桃地理标志产品保护形成体系［N］.中国质量报，2011-09-29.

［107］符国群，佟学英.品牌、价格和原产地如何影响消费者的购买选择［J］.管理科学学报，2003（6）：21-26.

［108］方彬楠.大兴西瓜产业带带活西瓜经济［N］.北京商报，2011-07-08.

［109］冯林，秦燕.特色农产品品牌识别系统构成要素研究［J］.经济研究导刊，2011（24）：1-4.

［110］高泽.品牌原产地对消费者购买意向的影响研究［D］.吉林：吉林大学，2009.

［111］高洪儒，周其春，张君，等.五常市稻米产业发展优势分析［J］.福建稻麦科技，2014（1）：84-85.

［112］关纯兴.区域农产品品牌协同管理研究［J］.学术探索，2012（6）：74-79.

［113］郭红生.区域农产品品牌的文化营销［J］.商场现代化，2006（11）：91-92.

［114］郭锦墉.江西特色农产品区域品牌经营的思考［J］.中国农业资源与区划，2005（4）：51-54.

［115］何迪.农业产业集群与区域品牌建设分析［J］.通化师范学院学报，2011（3）：31-33.

［116］何吉多，朱清海，李雪.基于产业集群的农产品区域品牌生成机理研究［J］.乡镇经济，2009（1）：103-104.

［117］何频.论地域文化与区域特色经济［J］.生产力研究，2006（4）：1-2.

［118］韩秉智，王瑛.西北民族地区发展农业产业集群的思考——以宁夏为例［J］.安徽农学通报（上半月刊），2010（23）：1-2.

［119］黄俐晔.农产品区域品牌研究——基于主体—机制的角度［J］.贵州社会科学，2008（4）：97-101.

［120］黄俐晔.农产品区域品牌建设主体和机制分析［J］.科技管理研究，2008（5）：51-53.

［121］洪文生.产业集群区域品牌建设构想——以"安溪铁观音"为例［J］.华东经济管理，2005（9）32-35.

[122] 胡大力，谌飞龙，吴群.企业品牌与区域品牌的互动[J].经济管理，2006（5）：44-48.

[123] 胡晓云.中国农产品区域公用品牌的价值评估研究[J].中国广告，2010（3）：126-132.

[124] 胡晓云，余耀锋，许雪斌.以构建强势农产品区域公用品牌为主体目标的中国农事节庆影响力评价模型研究[J].广告大观（理论版），2011（4）：18-28.

[125] 胡正明，王亚卓.农产品区域品牌形成与成长路径研究[J].江西财经大学学报，2010（6）：64-68.

[126] 胡正明，蒋婷.区域品牌的本质属性探析[J].农村经济，2010（5）：89-92.

[127] 胡宇婧.区域品牌形成与培育研究[D].江门：五邑大学，2014.

[128] 霍苗，李凯，李世杰.根植性、路径依赖性与产业集群发展[J].科学学与科学技术管理，2011（11）：105-111.

[129] 贾根良，张峰.传统产业的竞争力与地方化生产体系[J].中国工业经济，2001（9）：1-3.

[130] 蒋廉雄，朱辉煌，卢泰宏.区域竞争的新战略：基于协同的区域品牌资产构建[J].中国软科学，2005（11）：107-116.

[131] 金镛准，李东进，朴世桓.原产国效应与原产地效应的实证研究——中韩比较[J].南开管理评论，2006（2）：44-51.

[132] 金荣祥，朱希伟.专业化产业区的起源与演化：一个历史与理论角度的考察[J].经济研究，2002（8）：74-82.

[133] 晋雪梅.关于农产品品牌价值评价体系构建及分析[J].中国棉花加工，2012（3）：33-35.

[134] 姜涛.农业科技创新的现状分析与展望——以湖北省为例[J].农业展望，2012（3）：48-51.

[135] 景娥.宁夏枸杞产业集群竞争优势来源模型的构建与分析[J].安徽农业科学，2010（1）：532-535.

[136] 李平，曹迎峰.案例研究方法：理论与范例——凯瑟琳·艾森哈特论文集[M].北京：北京大学出版社，2012.

[137] 刘丽，周静.基于产业集群农产品区域品牌建设的几点思考[J].农业经济，2006（11）：52-53.

[138] 刘军萍，王爱玲.北京创意农业发展的若干问题探讨[J].农产品加工，2010（1）：60-64.

[139] 李秉龙.农业经济学[M].北京：中国农业大学出版社，2008.

[140] 李本乾.描述传播内容特征，检验传播研究假设——内容简介[J].当代传播，2000（1）：47-51.

[141] 李崇光.农产品营销学[M].北京：高等教育出版社，2004.

[142] 李安周.关中-天水经济区现代农业区域品牌建设模式探究——基于原产地形象的视角[J].安徽农业科学，2011（20）：154-156.

[143] 李东.五常市农民收入影响因素及对策研究[D].哈尔滨：东北农业大学，2013.

[144] 李东进，安钟石，周荣海，等.基于Fishbein合理行为模型的国家形象对中国消费者购买意向影响研究——以美、德、日、韩四国国家形象为例[J].南开管理评论，2008（11）：40-49.

[145] 李怀祖.管理研究方法论[M].西安：西安交通大学出版社，2004.

[146] 李秀丽.农业知识产权评估研究[D].保定：河北农业大学，2012.

[147] 李园.基于钻石模型的宁夏枸杞产业竞争力分析[J].广东农业科学，2011（24）：157-159.

[148] 李永刚.企业品牌、区域产业品牌与地方产业集群发展[J].财经论丛，2005（1）：22-27.

[149] 李亚林.湖北省农产品区域品牌发展研究：现状、原因及发展对策[J].湖北社会科学，2010（10）：66-69.

[150] 李炜.产品要"绿"关键在源头——全国绿色食品原料标准化生产基地建设走笔[J].农村工作通讯，2011（20）：27-30.

[151] 梁文玲.基于产业集群可持续发展的区域品牌效应探究[J].经济经纬，

2007（3）：114-117.

［152］林升栋.区域产业品牌案例研究［M］.厦门：厦门大学出版社，2011.

［153］林振岩.多变量分析SPSS的操作与应用［M］.北京：北京大学出版社，2007.

［154］刘国栋，王坤.绿海甜园、都市庭院——大兴西瓜都市型农业发展之路［J］.蔬菜，2012（1）：1-3.

［155］陆国庆.区位品牌：农产品品牌经营的新思路［J］.中国农村经济，2002（5）：59-62.

［156］卢岚，邱先磊，王敬.中国特色的农业标准化体系研究［J］.中国软科学，2005（7）：69-75

［157］卢东，曹忠鹏，周琇.地理品牌个性在旅游市场中的应用［J］.资源开发与市场，2008（5）：468-470.

［158］马清学.农产品区域品牌建设模式研究［J］.河南师范大学学报，2010（1）：142-144.

［159］马清学."信阳毛尖"茶区域品牌保护与推广研究［J］.农业经济，2009（2）：91-92.

［160］孟翔毅.品牌趋同研究综述［J］.合作经济与科技，2009（21）：46-47.

［161］牟子平，吴文良，雷红梅.寿光蔬菜产业化历程及其支撑体系研究［J］.科技进步与策，2004（9）：152-154.

［162］毛良虎.地域品牌株连危机的预警机制［J］.商业研究，2008（11）：143-147.

［163］佚名.中宁走向世界杞乡的"崛起密码"［N］.宁夏日报，2013-09-16.

［164］牛若峰.农业产业化经营的组织方式和运营机制［M］.北京：北京大学出版社，2000.

［165］牛永革，李蔚.低介入状态下的地理品牌和企业品牌——以山西老陈醋为例［J］.经济管理，2005（9）：93-96.

［166］彭代武，李亚林，戴化勇.农产品区域品牌竞争力提升研究［J］.现代商贸工业，2009（11）：93-94.

[167] 瞿艳平，徐建文.区域品牌建设与农产品竞争力 [J].中国农业科技导报，2005（7）：65-67.

[168] 钱丽芸，朱竑.地方性与传承：宜兴紫砂文化的地理品牌与变迁 [J].地理学，2011（10）：1166-1171.

[169] 任春红，孙丽辉.基于区域品牌的产业优势维度研究及其深度访谈——兼论集群产业优势对区域品牌形成的作用机理 [J].市场营销导刊，2009（1）：55-63.

[170] 沈鹏熠.农产品区域品牌资产影响因素及其作用机制的实证研究 [J].经济经纬，2011（5）85-89.

[171] 沈鹏熠.农产品区域品牌的形成过程及其运行机制 [J].农业现代化研究，2011（5）589-591.

[172] 史守海，丁洪荣.关于农产品创世界名牌的思考 [J].商业研究，2008（8）71-73.

[173] 邵建平，任华亮.区域品牌形成机理及效用传导对西北地区区域品牌培育的启示 [J].科技管理研究，2008（3）：133-134.

[174] 盛亚军，卞志刚，赵冬梅，等.吉林省绿色农产品品牌文化含量测度实证研究——以皓月品牌为例 [J].税务与经济，2008（2）：104-108.

[175] 孙丽辉.基于中小企业集群的区域品牌形成机制研究——以温州为例 [J].市场营销导刊，2007（3/4）：54-58.

[176] 孙丽辉，盛亚军，徐明.国内区域品牌理论研究进展述评 [J].经济纵横，2008（11）：121-124.

[177] 孙丽辉，毕楠，李阳，等.国外区域品牌化理论研究进展探析 [J].外国经济与管理，2009（2）：40-49.

[178] 孙双娣.我国农产品品牌建设及策略探析 [J].现代商贸工业，2009（24）：113-114.

[179] 田圣炳.原产地形象作用机制——一个动态的综合模型 [J].经济管理，2006（1）：44-47.

[180] 唐胜辉.湖南粮食产业发展现状与对策研究——以水稻为主要分析对象

[J].湖南商学院学报,2012（3）:13-20.

[181] 涂平.营销研究方法与应用［M］.北京:北京大学出版社,2008.

[182] 王爱红.农产品品牌营销分析［J］.商业研究,2009（12）:139-141.

[183] 王博文,姚顺波,杨和财.法国原产地保护制度对推进我国优势农产品发展的启示——基于法国葡萄酒原产地保护实证分析［J］.经济地理,2010（1）:114-117.

[184] 王长峰.知识属性、网络特征与企业创新绩效［D］.济南:山东大学,2009.

[185] 王重鸣.心理学研究方法［M］.北京:人民教育出版社,1998.

[186] 王福江.五常市打造优质农产品质量安全体系［J］.中国质量万里行,2011（6）:1-2.

[187] 王志刚,谭梦琳,包书政.日本农产品区域品牌保护制度及启示［J］.中国农学通报,2010（16）:63-67.

[188] 王艳.论农产品区域品牌［J］.江苏商论,2008（10）:56-58.

[189] 王海忠,赵平.品牌原产地效应及其市场策略建议——基于欧、美、日、中四地品牌形象调查分析［J］.中国工业经济,2004（1）:78-86.

[190] 王庆.区域品牌建设实证研究——以福建省农产品区域品牌为例［J］.哈尔滨学院学报,2009（9）:62-65.

[191] 王寒.我国农产品地理标志发展现状分析［J］.西安电子科技大学学报,2008（4）:101-105.

[192] 王发明.创意产业集群化:基于地域根植性的理论演进及其政策含义［J］.经济学家,2010（5）:63-66.

[193] 王晓娟.知识网络与集群企业竞争优势研究［D］.杭州:浙江大学,2007.

[194] 王远.基于农产品区域品牌建设的政府职能研究［D］.青岛:中国海洋大学,2011.

[195] 王丹.中国对日农产品贸易研究［D］.北京:首都经济贸易大学,2009.

[196] 汪伟.农产品原产地形象对消费者购买意向的影响研究［D］.重庆:重庆

工商大学，2013.

[197] 韦光，左停.农业产业集群发展与"地理标志"区域品牌建设——基于SWOT分析框架的战略选择研究[J].经济界，2006（2）：90-96.

[198] 吴传清，李群峰，朱兰春.区域产业集群品牌的权属和效应探讨[J].学习与实践，2008（5）：23-28.

[199] 吴迪，李晓林.中宁枸杞[J].中国民族，2012（6）：1-2.

[200] 吴菊安.产业集群与农产品区域品牌建设[J].农业经济，2009（5）：39-41.

[201] 吴坚，符国群.品牌来源国和产品制造国对消费者购买行为的影响[J].管理学报，2007（5）：593-594.

[202] 吴明隆.结构方程模型——AMOS的操作与应用[M].重庆：重庆大学出版社，2010.

[203] 西蒙·安霍特（Simon Anholt）.如何打造区域品牌——基于个性、形象和声誉的视角[M].于正东，译.北京：国家行政学院出版社，2010.

[204] 夏雷.以区域品牌为重点推进农产品品牌经营策略[J].湖南农业科学，2007（5）：4-8.

[205] 夏曾玉，谢健.区域品牌建设探讨——温州案例研究[J].中国工业经济，2003（10）：44.

[206] 熊明华.地域品牌的形象建设与农业产业化[J].中国农业大学学报（社科版），2004（2）：26-29.

[207] 熊爱华.农业集群品牌建设模式研究[M].北京：经济科技出版社，2010.

[208] 熊爱华.区域品牌培植模式比较研究[M].北京：中国财政经济出版社，2009.

[209] 熊爱华.区域品牌与产业集群互动关系中的磁场效应分析[J].管理世界，2008（8）：176.

[210] 许基南，李建军.基于消费者感知的特色农产品区域品牌形象结构分析[J].当代财经，2010（7）：71-78.

[211] 许文苹, 陈通. 中国 GI 农产品品牌化制约因素分析 [J]. 电子科技大学学报, 2012 (1): 89–94.

[212] 许庆武. 地方特色大米产业创新发展研究 [D]. 武汉: 武汉理工大学, 2011.

[213] 徐璐. 创业型企业组织服务导向及其绩效作用机制研究 [D]. 杭州: 浙江大学, 2008.

[214] 薛桂芝. 论我国农产品区域品牌的创建 [J]. 农业现代化研究, 2010 (6) 688–691.

[215] 叶晓明. 农产品区域品牌形象与品牌忠诚关系研究 [D]. 杭州: 浙江工商大学, 2011.

[216] 易丹辉. 数据分析与 EVIEWS 应用 [M]. 北京: 中国人民大学出版社, 2008.

[217] 易正兰. 农业产业集群与农业区域品牌互动分析——以库尔勒香梨品牌为例 [J]. 新疆财经, 2009 (6): 75–77.

[218] 易正兰. 农业产业集群与农产品供应链管理结合探讨 [J]. 农村经济, 2008 (8): 25–27.

[219] 姚晓红. 山东省农产品品牌竞争力评价研究 [D]. 济南: 山东财经大学, 2012.

[220] 严群英. 传统区域品牌的困境与创新路径研究 [J]. 市场论坛, 2010 (2): 19–21.

[221] 杨建梅等. 区域品牌的生成机理与路径研究 [J]. 科技进步与对策, 2005 (12): 22–24.

[222] 杨蕾. GI 的沿革 [N]. 青岛财经日报, 2007-03-11.

[223] 杨国枢, 等. 社会及行为科学研究法 [M]. 重庆: 重庆大学出版社, 2006.

[224] 杨迎春. 吉林市农业产业化发展对策研究 [D]. 长春: 吉林农业大学, 2005.

[225] 袁登华. 创业目标驱动与行动效能研究 [D]. 杭州: 浙江大学, 2004.

[226] 赵锁劳，杨江龙.多种现代食品的概念辨析[J].山西农业科学，2003（12）：76-78.

[227] 郑海涛，周海涛.广东专业镇集群品牌发展战略研究[J].华南师范大学学报（社科版），2005（3）：54-58.

[228] 郑秋锦，许安心，田建春.农产品区域品牌战略研究[J].科技和产业，2007（11）：63-66.

[229] 郑秋锦，许安心，田建春.农产品区域品牌的内涵及建设意义[J].产业与科技论坛，2008，（2）：88-89.

[230] 朱竑，钱俊希.空间象征性意义的研究进展与启示[J].地理科学进展，2010（6）：643-648.

[231] 朱玉林，康文星.基于农业产业集群的区域品牌需求与供给分析[J].求索，2006（7）：35-37.

[232] 张传统，陆娟.农产品区域品牌购买意愿影响因素研究[J].软科学，2014（10）：96-99.

[233] 张传统，陆娟.Research on Development Characterisitics and Brand Spillover Effects of Agricultural Product Regional Brands in China[J].Inmateh-Agricultural Engineering，2014（4）：97-104.

[234] 张传统，陆娟.食品标签信息对消费者购买决策的影响研究[J].统计与信息论坛，2012（9）：106-111.

[235] 张可成，王孝莹.我国农产品品牌建设分析[J].农业经济问题，2009（2）：22-24.

[236] 张光宇，吴程彧.浅论区域品牌[J].江苏商论，2005（4）：69-70.

[237] 张娣杰，盛丽婷，刘壮.农产品区域品牌建设与农业区域经济增长[C]//第六届（2011）中国管理学年会——城市与区域管理分会场论文集，2011.

[238] 张月莉.农业产业集群区域品牌资产形成机理研究[J].安徽农业科学，2012（22）：11465-11467.

[239] 周发明.论农产品区域品牌建设[J].经济师，2006（12）：235-236.

［240］周华.基于农产品区域品牌创建的政府职能定位研究——以江苏沿海欠发达地区为例［J］.中国市场，2009（41）：45-48.

［241］周洪霞.山东省农业产业集群品牌建设模式研究［D］.济南：山东财经大学，2012.

［242］卓建国.农产品营销现状与对策分析［J］.安徽行政学院学报，2009(25)：113-116.

［243］钟伦纳.应用社会科学研究法［M］.香港：商务印书馆（香港）公司，1992.

附 录

附录1：测量量表

北京农产品区域品牌发展影响因素测量量表（1-4）

1. 区域优势测量量表

自然地理环境	非常不同意					非常同意	
1. 当地土壤地质条件适宜农产品生长	1	2	3	4	5	6	7
2. 当地气候水质条件适宜农产品的生长	1	2	3	4	5	6	7
3. 当地日照气温条件适宜农产品生长	1	2	3	4	5	6	7
人文因素	非常不同意					非常同意	
1. 当地形成了有关某农产品的生活习俗	1	2	3	4	5	6	7
2. 当地形成有关某农产品的特有的文化现象	1	2	3	4	5	6	7
3. 当地民间流传着有关某农产品的故事传说	1	2	3	4	5	6	7
历史工艺传承	非常不同意					非常同意	
1. 当地农产品生产历史悠久	1	2	3	4	5	6	7
2. 当地拥有丰富灿烂的文化	1	2	3	4	5	6	7
3. 当地某农产品品质优良且声誉口碑好	1	2	3	4	5	6	7
4. 当地某农产品的传统种养技术先进	1	2	3	4	5	6	7

2. 农业产业优势测量量表

产业规模化	非常不同意					非常同意	
1. 该农产品产业属于当地农业主导产业	1	2	3	4	5	6	7
2. 该农产品企业数量众多	1	2	3	4	5	6	7
3. 该农产品的生产基地规模大、数量多	1	2	3	4	5	6	7
4. 当地存在众多涉农服务机构	1	2	3	4	5	6	7

续表

产业现代化	非常不同意					非常同意	
1. 农业基础设施比较完善	1	2	3	4	5	6	7
2. 农产品专业市场体系比较完善	1	2	3	4	5	6	7
3. 农业信息化发展程度比较高	1	2	3	4	5	6	7
4. 农业标准化体系发展程度比较高	1	2	3	4	5	6	7
产业经营服务一体化	非常不同意					非常同意	
1. 龙头企业规模大且辐射作用强	1	2	3	4	5	6	7
2. 农业产业具有一定的产业集群优势	1	2	3	4	5	6	7
3. 农业产业化经营体系比较完善	1	2	3	4	5	6	7

3. 经营管理优势测量量表

品牌授权	非常不同意					非常同意	
1. 品牌拥有者具有独立民事责任能力	1	2	3	4	5	6	7
2. 成功申请注册农产品区域品牌商标	1	2	3	4	5	6	7
3. 建立比较完善的品牌申请授权使用制度	1	2	3	4	5	6	7
监督规范	非常不同意					非常同意	
1. 积极制定推广品牌产品标准化	1	2	3	4	5	6	7
2. 积极推进管理、质量、产品等认证	1	2	3	4	5	6	7
3. 积极打击假冒，采用各种品牌防伪技术和手段（信息追溯、科学包装、标识管理等）	1	2	3	4	5	6	7
4. 建立完善农产品区域品牌产品供应链体系	1	2	3	4	5	6	7
5. 协调与品牌相关的各方关系和利益	1	2	3	4	5	6	7
服务指导	非常不同意					非常同意	
1. 制定并推广农产品质量标准化服务	1	2	3	4	5	6	7
2. 积极提供农产品质量检测服务	1	2	3	4	5	6	7
3. 积极提供技术维权、包装防伪、标识管理等服务	1	2	3	4	5	6	7
4. 积极提供市场信息、专业指导、技术培训等服务	1	2	3	4	5	6	7

续表

营销推广	非常不同意 非常同意
1. 积极实施互联网营销、电子商务营销、农超对接、旅游营销等	1　2　3　4　5　6　7
2. 积极举办或组织参加国内外农事节庆等展销会活动	1　2　3　4　5　6　7
3. 积极构建农产品营销管理和市场推广体系	1　2　3　4　5　6　7
4. 积极开展申请农产品区域名牌、驰名品牌认证	1　2　3　4　5　6　7

4. 政府扶持优势测量量表

政策支持服务	非常不同意 非常同意
1. 积极完善农业产业布局和规划	1　2　3　4　5　6　7
2. 积极提供税收、补贴、信贷、用地等优惠政策	1　2　3　4　5　6　7
3. 大力推进交通、水利、能源等基础设施建设	1　2　3　4　5　6　7
4. 积极完善农业（农产品）市场管理体系	1　2　3　4　5　6　7
5. 积极引导推进"三品一标"认证	1　2　3　4　5　6　7
6. 积极引导推进区域品牌农产品的安全认证、安全用药、优良品质认证等制度	1　2　3　4　5　6　7
7. 积极开展并推广农业技术教育培训	1　2　3　4　5　6　7
发展设计	**非常不同意 非常同意**
1. 出台发展农产品区域品牌的政策和奖励措施	1　2　3　4　5　6　7
2. 出台多项品牌发展和保护法规，积极打击假冒侵权	1　2　3　4　5　6　7
3. 实施名牌战略，制定农产品区域品牌发展规划	1　2　3　4　5　6　7
4. 引导"产学研"结合发展	1　2　3　4　5　6　7
区域营销	**非常不同意 非常同意**
1. 积极组织区域品牌公共营销活动，强化品牌文化建设，如利用农事节庆旅游等	1　2　3　4　5　6　7
2. 积极打造农产品品牌宣传推广媒介平台	1　2　3　4　5　6　7
3. 积极组织农业企业进行国内外考察交流	1　2　3　4　5　6　7
4. 积极推进农产品区域品牌评价、宣传和推荐活动	1　2　3　4　5　6　7

5. 农产品区域品牌美誉度测量量表

品牌美誉度	非常不同意					非常同意	
1. 这个品牌具有重要地位	1	2	3	4	5	6	7
2. 这个品牌很受欢迎	1	2	3	4	5	6	7
3. 这个品牌口碑好	1	2	3	4	5	6	7
4. 这个品牌声誉好	1	2	3	4	5	6	7

附录2：预调研调查问卷

品牌名称：　　　　　　　问卷编码：

访问员姓名：

北京农产品区域品牌研究调查问卷

尊敬的女士/先生：

您好！

我是北京农产品区域品牌化机理研究项目组的学生，对您进行访问是因为我们正在进行一项有关北京农产品区域品牌问题的学术研究调查，为了得到第一手的数据资料，我们希望了解您对相关问题的想法和感受。您回答的所有信息对我们而言都非常宝贵和重要，您回答的全部内容我们承诺都将用于学术科研，同时承诺为您保密。

被访者姓名：　　　所在部门：　　　职务：

联系电话：

被访者单位名称及地址：

第一部分 区域优势

[访问者读出] 以下是一些描述贵农产品区域品牌所在区域的区域优势的语句。请您根据您的认同程度，按照1~7分进行打分，1分代表非常不同意，7分代表非常同意。在符合您的观点的分数上画"√"。

自然地理环境	非常不同意					非常同意	
1. 当地土壤地质条件适宜农产品生长	1	2	3	4	5	6	7
2. 当地气候水质条件适宜农产品生长	1	2	3	4	5	6	7
3. 当地日照气温条件适宜农产品生长	1	2	3	4	5	6	7
人文因素	非常不同意					非常同意	
1. 当地形成了有关某农产品的生活习俗	1	2	3	4	5	6	7
2. 当地形成有关某农产品的特有的文化现象	1	2	3	4	5	6	7
3. 当地民间流传着有关某农产品的故事传说	1	2	3	4	5	6	7
历史工艺传承	非常不同意					非常同意	
1. 当地农产品生产历史悠久	1	2	3	4	5	6	7
2. 当地拥有丰富灿烂的文化	1	2	3	4	5	6	7
3. 当地某农产品品质优良且声誉口碑好	1	2	3	4	5	6	7
4. 当地某农产品的传统种养技术先进	1	2	3	4	5	6	7

第二部分 农业产业优势

[访问者读出] 以下是一些描述贵农产品区域品牌所在区域的农业产业优势的语句。请您根据您的认同程度，按照1~7分进行打分，1分代表非常不同意，7分代表非常同意。在符合您的观点的分数上画"√"。

产业规模化	非常不同意					非常同意	
1. 该农产品产业属于当地农业主导产业	1	2	3	4	5	6	7
2. 该农产品企业数量众多	1	2	3	4	5	6	7
3. 该农产品的生产基地规模大、数量多	1	2	3	4	5	6	7
4. 当地存在众多的涉农服务机构	1	2	3	4	5	6	7

续表

产业现代化	非常不同意					非常同意	
1. 当地农业基础设施比较完善	1	2	3	4	5	6	7
2. 当地形成完善的农产品专业市场体系	1	2	3	4	5	6	7
3. 当地农业信息化发展程度比较高	1	2	3	4	5	6	7
4. 当地农业标准化体系发展程度比较高	1	2	3	4	5	6	7
产业经营服务一体化	非常不同意					非常同意	
1. 当地龙头农业企业规模大且辐射作用强	1	2	3	4	5	6	7
2. 该农产品产业具有一定的产业集群优势	1	2	3	4	5	6	7
3. 当地形成比较完善的农业产业化经营体系	1	2	3	4	5	6	7

第三部分 经营管理优势

［访问者读出］ 以下是一些描述所在区域的农产品区域品牌经营管理优势的语句。请您根据您的认同程度，按照1~7分进行打分，1分代表非常不同意，7分代表非常同意。在符合您的观点的分数上画"√"。

品牌授权	非常不同意					非常同意	
1. 品牌拥有者具有独立民事责任能力	1	2	3	4	5	6	7
2. 成功申请注册农产品区域品牌商标	1	2	3	4	5	6	7
3. 建立比较完善的品牌申请授权使用制度	1	2	3	4	5	6	7
监督规范	非常不同意					非常同意	
1. 积极制定推广品牌产品标准化	1	2	3	4	5	6	7
2. 积极推进管理、质量、产品等认证	1	2	3	4	5	6	7
3. 打击假冒，积极采用各种品牌防伪技术和手段（信息追溯、科学包装、标识管理等）	1	2	3	4	5	6	7
4. 建立完善农产品区域品牌产品供应链体系	1	2	3	4	5	6	7
5. 协调与品牌相关的各方关系和利益	1	2	3	4	5	6	7

续表

服务指导	非常不同意 非常同意
1. 制定并推广农产品质量标准化服务	1　2　3　4　5　6　7
2. 积极提供农产品质量检测服务	1　2　3　4　5　6　7
3. 积极提供技术维权、包装防伪、标识管理等服务	1　2　3　4　5　6　7
4. 积极提供市场信息、专业指导、技术培训等服务	1　2　3　4　5　6　7
营销推广	非常不同意 非常同意
1. 积极实施互联网营销、电子商务营销、农超对接、旅游营销等	1　2　3　4　5　6　7
2. 积极举办或组织参加国内外农事节庆等展销会活动	1　2　3　4　5　6　7
3. 积极构建农产品营销管理和市场推广体系	1　2　3　4　5　6　7
4. 积极开展申请农产品区域名牌、驰名品牌认证	1　2　3　4　5　6　7

第四部分　政府扶持优势

［访问者读出］　以下是一些描述所在区域的政府对农产品区域品牌的扶持作用的语句。请您根据您的认同程度，按照1~7分进行打分，1分代表非常不同意，7分代表非常同意。在符合您的观点的分数上画"√"。

政策支持服务	非常不同意 非常同意
1. 积极完善农业产业布局和规划	1　2　3　4　5　6　7
2. 积极提供税收、补贴、信贷、用地等优惠政策	1　2　3　4　5　6　7
3. 大力推进交通、水利、能源等基础设施建设	1　2　3　4　5　6　7
4. 积极完善农业（农产品）市场管理体系	1　2　3　4　5　6　7
5. 积极引导推进"三品一标"认证	1　2　3　4　5　6　7
6. 积极引导推进区域品牌农产品的安全认证、安全用药、优良品质认证等制度	1　2　3　4　5　6　7
7. 积极开展并推广农业技术教育培训	1　2　3　4　5　6　7

续表

发展设计	非常不同意					非常同意	
1. 出台发展农产品区域品牌的政策和奖励措施	1	2	3	4	5	6	7
2. 出台多项品牌发展和保护法规，积极打击假冒侵权	1	2	3	4	5	6	7
3. 实施名牌战略，制定农产品区域品牌发展规划	1	2	3	4	5	6	7
4. 引导"产学研"结合发展	1	2	3	4	5	6	7
区域营销	非常不同意					非常同意	
1. 积极组织区域品牌公共营销活动，强化品牌文化建设，如利用农事节庆旅游等	1	2	3	4	5	6	7
2. 积极打造农产品品牌宣传推广媒介平台	1	2	3	4	5	6	7
3. 积极组织农业企业进行国内外考察交流	1	2	3	4	5	6	7
4. 积极推进农产品区域品牌评价、宣传和推荐活动	1	2	3	4	5	6	7

第五部分 农产品区域品牌美誉度

［访问者读出］ 以下是一些描述农产品区域品牌美誉度的语句。请您根据您的认同程度，按照1~7分进行打分，1分代表非常不同意，7分代表非常同意。在符合您的观点的分数上画"√"。

品牌美誉度	非常不同意					非常同意	
1. 这个品牌具有重要地位	1	2	3	4	5	6	7
2. 这个品牌很受欢迎	1	2	3	4	5	6	7
3. 这个品牌口碑好	1	2	3	4	5	6	7
4. 这个品牌声誉好	1	2	3	4	5	6	7

第六部分　背景资料

[访问者读出] 以下是想了解贵农产品形成农产品区域品牌后，贵单位（企业、生产基地、合作社等）所在产业所受到的影响。请您根据已发生并感知到的一些变化情况来回答：

1. 本单位（企业、基地、合作社等）创立于＿＿＿＿＿＿年。

2. 本单位（企业、基地、合作社等）员工人数＿＿＿＿＿＿，创立初期＿＿＿＿＿＿人，2012年＿＿＿＿＿＿人。

3. 本单位（企业、基地、合作社等）年产值：＿＿＿＿＿＿。

   A. 200万元以下　　　　　　B. 200万~500万元

   C. 500万~1000万元　　　　D. 1000万~1600万元

   E. 1600万~2500万元　　　　F. 2500万~4000万元

   G. 4000万~8000万元　　　　H. 8000万元以上

4. 本单位（企业、基地、合作社等）年销售额：

   A. 200万元以下　　　　　　B. 200万~500万元

   C. 500万~1000万元　　　　D. 1000万~1600万元

   E. 1600万~2500万元　　　　F. 2500万~4000万元

   G. 4000万~8000万元　　　　H. 8000万元以上

5. 贵单位（企业、基地、合作社等）性质：

   A. 国有　　　B. 集体　　　C. 个体私营　　　D. 三资

   E. 股份合作　　F. 其他

再次感谢您认真填写我们的问卷

祝贵单位（企业、基地、合作社等）发展蒸蒸日上！

附录3：正式调研问卷

品牌名称：　　　　　　　　问卷编码：

一审：　　　　　　　　　　访问员姓名：

北京农产品区域品牌研究调查问卷

尊敬的女士/先生：

您好！

我是北京农产品区域品牌化机理研究项目组的学生，对您进行访问是因为我们正在进行一项有关北京农产品区域品牌问题的学术研究调查，为了得到第一手的数据资料，我们希望了解您对相关问题的想法和感受。您回答的所有信息对我们而言都非常宝贵和重要，您回答的全部内容我们承诺都将用于学术科研，同时承诺为您保密。

被访者姓名：　　　　　所在部门：　　　　职务：
联系电话：
被访者单位名称及地址：

第一部分 区域优势

［访问者读出］ 以下是一些描述贵农产品区域品牌所在区域的区域优势的语句。请您根据您的认同程度，按照1~7分进行打分，1分代表非常不同意，7分代表非常同意。在符合您的观点的分数上画"√"。

自然地理环境	非常不同意					非常同意	
Aa1. 当地土壤地质条件适宜农产品生长	1	2	3	4	5	6	7
Aa2. 当地气候水质条件适宜农产品生长	1	2	3	4	5	6	7
Aa3. 当地日照气温条件适宜农产品生长	1	2	3	4	5	6	7
人文因素	非常不同意					非常同意	
Ab4. 当地形成了有关某农产品的生活习俗	1	2	3	4	5	6	7
Ab5. 当地形成有关某农产品的特有的文化现象	1	2	3	4	5	6	7
Ab6. 当地民间流传着有关某农产品的故事传说	1	2	3	4	5	6	7
历史工艺传承	非常不同意					非常同意	
Ac7. 当地农产品生产历史悠久	1	2	3	4	5	6	7
Ac8. 当地拥有丰富灿烂的文化	1	2	3	4	5	6	7
Ac9. 当地某农产品品质优良且声誉口碑好	1	2	3	4	5	6	7
Ac10. 当地某农产品的传统种养技术先进	1	2	3	4	5	6	7

第二部分 农业产业优势

［访问者读出］ 以下是一些描述贵农产品区域品牌所在区域的农业产业优势的语句。请您根据您的认同程度，按照1~7分进行打分，1分代表非常不同意，7分代表非常同意。在符合您的观点的分数上画"√"。

产业规模化	非常不同意					非常同意	
Ba11. 该农产品产业属于当地农业主导产业	1	2	3	4	5	6	7
Ba12. 该农产品企业数量众多	1	2	3	4	5	6	7
Ba13. 该农产品的生产基地规模大、数量多	1	2	3	4	5	6	7
Ba14. 当地存在众多的涉农服务机构	1	2	3	4	5	6	7

续表

产业现代化	非常不同意						非常同意
Bb15. 当地农业基础设施比较完善	1	2	3	4	5	6	7
Bb16. 当地形成完善的农产品专业市场体系	1	2	3	4	5	6	7
Bb17. 当地农业信息化发展程度比较高	1	2	3	4	5	6	7
Bb18. 当地农业标准化体系发展程度比较高	1	2	3	4	5	6	7
产业经营服务一体化	非常不同意						非常同意
Bc19. 当地龙头农业企业规模大且辐射作用强	1	2	3	4	5	6	7
Bc20. 该农产品产业具有一定的产业集群优势	1	2	3	4	5	6	7
Bc21. 当地形成比较完善的农业产业化经营体系	1	2	3	4	5	6	7

第三部分 经营管理优势

[访问者读出] 以下是一些描述所在区域的农产品区域品牌经营管理优势的语句。请您根据您的认同程度，按照1~7分进行打分，1分代表非常不同意，7分代表非常同意。在符合您的观点的分数上画"√"。

品牌授权	非常不同意						非常同意
Ca22. 品牌拥有者具有独立民事责任能力	1	2	3	4	5	6	7
Ca23. 成功申请注册农产品区域品牌商标	1	2	3	4	5	6	7
Ca24. 建立比较完善的品牌申请授权使用制度	1	2	3	4	5	6	7
监督规范	非常不同意						非常同意
Cb25. 积极制定推广品牌产品的标准	1	2	3	4	5	6	7
Cb26. 积极推进管理、质量、产品等认证	1	2	3	4	5	6	7
Cb27. 打击假冒，积极采用各种品牌防伪技术和手段（信息追溯、科学包装、标识管理等）	1	2	3	4	5	6	7
Cb28. 建立完善农产品区域品牌产品供应链体系	1	2	3	4	5	6	7
Cb29. 协调与品牌相关的各方关系和利益	1	2	3	4	5	6	7

续表

服务指导	非常不同意 非常同意
Cc30. 制定并推广农产品质量标准化服务	1　2　3　4　5　6　7
Cc31. 积极提供农产品质量检测服务	1　2　3　4　5　6　7
Cc32. 积极提供技术维权、包装防伪、标识管理等服务	1　2　3　4　5　6　7
Cc33. 积极提供市场信息、专业指导、技术培训等服务	1　2　3　4　5　6　7
营销推广	非常不同意 非常同意
Cd34. 积极实施互联网营销、电子商务营销、农超对接、旅游营销等	1　2　3　4　5　6　7
Cd35. 积极举办或组织参加国内外农事节庆展销会活动	1　2　3　4　5　6　7
Cd36. 积极构建农产品营销管理和市场推广体系	1　2　3　4　5　6　7
Cd37. 积极开展申请农产品区域名牌、驰名品牌认证	1　2　3　4　5　6　7

第四部分　政府扶持优势

［访问者读出］　以下是一些描述所在区域政府对农产品区域品牌的扶持作用的语句。请您根据您的认同程度，按照1~7分进行打分，1分代表非常不同意，7分代表非常同意。在符合您的观点的分数上画"√"。

政策支持服务	非常不同意 非常同意
Da38. 积极完善农业产业布局和规划	1　2　3　4　5　6　7
Da39. 积极提供税收、补贴、信贷、用地等优惠政策	1　2　3　4　5　6　7
Da40. 大力推进交通、水利、能源等基础设施建设	1　2　3　4　5　6　7
Da41. 积极完善农业（农产品）市场管理体系	1　2　3　4　5　6　7
Da42. 积极引导推进"三品一标"认证	1　2　3　4　5　6　7
Da43. 积极引导推进区域品牌农产品的安全认证、安全用药、优良品质认证等制度	1　2　3　4　5　6　7
Da44. 积极开展并推广农业技术教育培训	1　2　3　4　5　6　7

续表

发展设计	非常不同意 非常同意
Db45. 出台发展农产品区域品牌的政策和奖励措施	1　2　3　4　5　6　7
Db46. 出台多项品牌发展和保护法规，积极打假	1　2　3　4　5　6　7
Db47. 实施名牌战略，制定农产品区域品牌发展规划	1　2　3　4　5　6　7
Db48. 引导"产学研"结合发展	1　2　3　4　5　6　7
区域营销	非常不同意 非常同意
Dc49. 积极组织区域品牌公共营销活动，强化品牌文化建设，如利用农事节庆旅游等	1　2　3　4　5　6　7
Dc50. 积极打造农产品品牌宣传推广媒介平台	1　2　3　4　5　6　7
Dc51. 积极组织农业企业进行国内外考察交流	1　2　3　4　5　6　7
Dc52. 积极推进农产品区域品牌评价、宣传和推荐活动	1　2　3　4　5　6　7

第五部分　农产品区域品牌美誉度

［访问者读出］　以下是一些描述农产品区域品牌美誉度的语句。请您根据您的认同程度，按照1—7分进行打分，1分代表非常不同意，7分代表非常同意。在符合您的观点的分数上画"√"。

品牌美誉度	非常不同意 非常同意
Ea53. 这个品牌具有重要地位	1　2　3　4　5　6　7
Eb54. 这个品牌很受欢迎	1　2　3　4　5　6　7
Ec55. 这个品牌口碑好	1　2　3　4　5　6　7
Ed56. 这个品牌声誉好	1　2　3　4　5　6　7

第六部分　背景资料

［访问者读出］ 以下是想了解贵农产品形成农产品区域品牌后，贵单位（企业、生产基地、合作社等）所在产业所受到的影响。请您根据已发生并感知到的一些变化情况来回答：

1. 本单位（企业、基地、合作社等）创立于_____年。

2. 本单位（企业、基地、合作社等）员工人数_____，创立初期_____人，2012 年_____人。

3. 本单位（企业、基地、合作社等）年产值：_____。

  A. 200 万元以下　　　　　　B. 200 万~500 万元

  C. 500 万~1000 万元　　　　D. 1000 万~1600 万元

  E. 1600 万~2500 万元　　　　F. 2500 万~4000 万元

  G. 4000 万~8000 万元　　　　H. 8000 万元以上

4. 本单位（企业、基地、合作社等）年销售额：

  A. 200 万元以下　　　　　　B. 200 万~500 万元

  C. 500 万~1000 万元　　　　D. 1000 万~1600 万元

  E. 1600 万~2500 万元　　　　F. 2500 万~4000 万元

  G. 4000 万~8000 万元　　　　H. 8000 万元以上

5. 贵单位（企业、基地、合作社等）性质：

  A. 国有　　　B. 集体　　　C. 个体私营　　　D. 三资

  E. 股份合作　　　　　　　F. 其他

再次感谢您认真填写我们的问卷

祝贵单位（企业、基地、合作社等）发展蒸蒸日上